세상을
밝히는
지식교양

인간을 이해하는
아홉 가지 단어

세상을 밝히는 지식교양 ● **인간을 이해하는 아홉 가지 단어**
소수자에서 사이보그까지, 인간 존재를 묻는 철학 키워드

초판 1쇄 펴낸날 2010년 10월 15일
초판 7쇄 펴낸날 2017년 9월 5일

지은이 | 한국철학사상연구회
펴낸이 | 이건복
펴낸곳 | 도서출판 동녘

전무 | 정낙윤
주간 | 곽종구
책임편집 | 구형민
편집 | 최미혜 이환희 사공영 김은우
미술 | 조정윤
영업 | 김진규 조현수
관리 | 서숙희 장하나

인쇄·제본 | 영신사
라미네이팅 | 북웨어
종이 | 한서지업사

등록 | 제 311-1980호 1980년 3월 25일
주소 | (413-120) 경기도 파주시 회동길 77-26
전화 | 영업 (031)955-3000 편집 (031)955-3005
전송 | (031) 955-3009
블로그 | www.dongnyok.com
전자우편 | editor@dongnyok.com

ISBN 978-89-7297-624-0 04100   978-89-7297-623-3 (세트)

- 책에 실린 모든 자료의 저작권 문제 해결을 위해 최선의 노력을 다했지만,
  확인이 되지 않은 자료는 추후에 해당 저작권자와 저작권 문제를 협의하겠습니다.
- 잘못 만들어진 책은 바꿔 드립니다.
- 책 값은 뒤표지에 쓰여 있습니다.
- 이 책의 국립중앙도서관 출판시도서목록(CIP)은
  e-CIP 홈페이지(Http://www.nl.go.kr/ecip)에서 이용하실 수 있습니다.(CIP 제어번호 : CIP2010003489)

세상을 밝히는 지식교양

소수자에서 사이보그까지,
인간 존재를 묻는 철학 키워드

인간을 이해하는
아홉 가지 단어

한국철학사상연구회 지음

동녘

차례

들어가는 글 • 6   글쓴이 소개 • 346

1 소수자
세상을 향한 소수자들의 한걸음
생각 속으로 | 모두가 자유롭고 평등한 세상은 가능할까? • 12
고전 속으로 | 아리스토텔레스와 질 들뢰즈, 세계인권선언 • 20
역사와 현실 속으로 | 흑인 노예와 여성, 동성애자와 이주노동자 • 30
가상토론 | 동성애자 오스카 와일드는 진정 유죄인가? • 36

2 인 정
나를, 우리를 인정하라
생각 속으로 | 인정받고 싶은 것은 사람의 본성일까? • 46
고전 속으로 | 프리드리히 헤겔과 루스 이리가레이 • 55
역사와 현실 속으로 | 여자들의 권리장전, 인어공주 그리고 문근영 • 63
가상토론 | 다르지만 동등한 세상은 어떻게 가능할까? • 69

3 가 족
가족이라는 신화를 넘어
생각 속으로 | 가족은 영원한 제국인가? • 82
고전 속으로 | 프리드리히 엥겔스와 미셸 바렛 • 90
역사와 현실 속으로 | 혈연가족과 가정폭력을 넘어 • 98
가상토론 | 가족은 친밀함의 대명사인가? • 103

4 기 술
기술적 이브의 출현
생각 속으로 | 기술은 자아와 사회를 어떻게 바꾸는가? • 116
고전 속으로 | 하이데거, 자크 엘룰, 돈 아이디 • 124
역사와 현실 속으로 | 존스 비치 공원 앞 고가도로, 국회의사당 그리고 생명공학 • 135
가상토론 | 테크노피아의 꿈, 축복인가 재앙인가? • 141

5 이기주의
인간의 본성, 이기적일까? 이타적일까?
- 생각 속으로 | 어떻게 이기주의가 이타주의를 낳을까? • 152
- 고전 속으로 | 리처드 도킨스와 요아힘 바우어 • 163
- 역사와 현실 속으로 | 부와 권력의 세습, 살인 유전자? • 172
- 가상토론 | 이기적 유전자인가, 이타적 개체인가 • 178

6 욕망
내 속엔 내가 너무도 많아!
- 생각 속으로 | 이성적인 나는 욕망하는 나와 만날 수 없을까? • 192
- 고전 속으로 | 임마누엘 칸트와 지그문트 프로이트 • 203
- 역사와 현실 속으로 | 묻지마 살인, 아우슈비츠, 그리고 된장녀 • 215
- 가상토론 | 이성과 욕망, 어느 쪽이 인간다울까? • 220

7 개인
나의 역사, 마음에서 몸으로
- 생각 속으로 | 역사 속의 개인, '나'는 누구인가 • 234
- 고전 속으로 | 르네 데카르트와 메를로-퐁티 • 243
- 역사와 현실 속으로 | 홀로코스트, 〈펠리칸 브리프〉 그리고 존 케이지의 〈4분 33초〉 • 252
- 가상토론 | 너와 나는 진정 자유로울 수 있을까? • 258

8 덕
다시 인간으로 돌아가는 길을 묻다
- 생각 속으로 | 우리는 어떤 사람이 되어야 하는 걸까? • 272
- 고전 속으로 | 제러미 벤담과 알래스데어 매킨타이어 • 282
- 역사와 현실 속으로 | 도덕 재무장 운동, 나치의 준법과 히틀러의 연설 • 290
- 가상토론 | 20세기 윤리학은 진정 윤리적일까? • 295

9 사이보그
사이보그지만 괜찮아
- 생각 속으로 | 사이보그화, 몸이 기술의 대상이 되어도 좋은가? • 310
- 고전 속으로 | 다나 해러웨이와 한스 요나스 • 317
- 역사와 현실 속으로 | 성형, 성전환, 인공생식 그리고 사이보그화 • 328
- 가상토론 | 당신의 몸을 컴퓨터와 연결한다면? • 333

BOOK 2

세상을 밝히는 지식교양 _ 세계를 바꾼 아홉 가지 단어
권력에서 문명까지, 세계를 바꾼 인문학 키워드
▶

1 | **권력** | 누군가 우리를 지켜보고 있다
2 | **진보** | 지키는 자와 넘어서려는 자
3 | **민족** | 국가와 민족은 허구인가?
4 | **전통** | 근대가 만든 과거
5 | **소비** | 너는 얼마짜리야?
6 | **합리성** | 내 마음속의 계산기
7 | **오리엔탈리즘** | 파란 눈에 비친 노란 얼굴
8 | **환경** | 사라진 미래
9 | **문명** | 문명, 네 속엔 야만도 들어 있어!

BOOK 3

세상을 밝히는 지식교양 _ 현실을 지배하는 아홉 가지 단어
빈곤에서 신자유주의까지, 자본주의를 움직이는 사회 키워드
▶

1 | **빈곤** | 최저생계비로 한 달 살아봐!
2 | **소유** | 이 선을 넘어오지 마!
3 | **기업** | 기업사회를 넘어서
4 | **분배** | 각자에게 각자의 몫을!
5 | **정보** | 나는 접속한다, 고로 존재한다
6 | **공동체주의** | 정의로운 사회란 무엇인가?
7 | **저출산 고령화** | 평등하고 안정돼야 오래간다
8 | **노동** | 한 시간에 4,350원!
9 | **신자유주의** | 자유를 팝니다

들어가는 글

인간을 이해하는 아홉 가지 단어 사전

우리는 가끔 왜 공부하는지조차 모르면서 공부할 때가 많다. 공부하는 목표는 분명하면서도 그 이유는 모호한 것이 우리의 공부법이다. 학교 시험에서는 100점을 받고 싶고, 자격증 시험은 최하 점수를 통과하기만 하면 된다. 그보다 더 분명한 목표는 없다. 그러나 공부를 왜 해야 하는지, 무엇을 알기 위해 공부를 하는지 모르는 경우가 많다. 더 나아가 우리가 반드시 알아야 할 것들에 대해서는 그다지 공부하려고 하지 않는다. 그것은 왜일까?

어느 누구도 그것을 알고자 하는 욕구가 없다고는 말할 수 없다. 어쩌면 우리가 가장 알고 싶어 하는 것은 바로 그것인지도 모른다. 그것은 바로 우리 자신, 즉 '인간'이다. 무인도에 난파한 로빈슨 크루소가 아니라면 우리는 늘 사람과 사람 사이에서 살아가야 한다. 반드시 알아야 함에도 실은 가장 모르는 미지의 존재, 인간 그리고 세계! 그것을 알기 위해 많은 철학자들이 두꺼운 책으로 무수한 논리의 퍼레이드를 벌여왔는지도 모른다. 그럼에도 우리는 아직 인간, 심지어 자기 자신조차 잘 모르는 것 같다.

만약 누군가가 우리에게 인간, 특히 현대를 살아가는 우리를 이해할 수 있는 단어들을 말해보라고 한다면, 우리는 서슴없이 다음과 같은 단어들을 이야기할 것이다. 소수자, 인정, 가족, 기술, 이기주의, 욕망, 개인, 덕德, 사이보그! 이 아홉 개의 키워드는 검은 상자에서 우연히 꺼낸 색색의 공이 아니다. 이것들은 20세기 내내 우리의 삶을 바꿔오고, 인간 존재를 변화시켜온 핵심적인 단어들이다.

혼자 읽는 아홉 가지 단어 사전 사용법

사람들에게 인간 하면 떠오르는 단어가 무엇이냐고 묻는다면, 그 대답은 지극히 다양할 것이다. 하지만 우리가 여기에 제시한 아홉 개의 단어는 20세기 후반에서 현재에 이르기까지 인간 존재를 둘러싼 학문세계에서 가장 두드러진 변화를 보이는 의미 영역들 가운데 고르고 추린 것이다. 다시 말하자면 이 책은 '아홉 개의 단어로 이루어진 인간 사전'인 셈이다. 사전이란 책을 읽을 때 사용하는 보조 도구이다. 책을 읽다가 의미를 알 수 없는 단어가 나올 때 혼자서 찾아보는 것이 바로 사전이다. 그렇다면 이 '아홉 개의 단어로 이루어진 사전'을 어떻게 활용해야 할까?

　이 책은 바로 인간이라는 텍스트, 그것도 현대인을 읽고자 할 때 참조하는 사전이다. 혼자서도 충분히 읽고 이해할 수 있도록 했으며, 현실 속의 인간 텍스트를 파악하는 데 도움을 주고자 한다. 이 책의 구성과 각 영역의 의미는 다음과 같다.

의미 영역에 따른 구성	내용
생각 속으로	각 단어의 역사적 기원과 의미 변화 그리고 가장 핵심적인 개념들을 다양한 예시를 들어가며 소개한다.
고전 속으로	각 단어와 관련하여 꼭 만나봐야 하는 근현대 철학자들과 그들의 저서 가운데 핵심 부분을 발췌해 소개하고 해설을 곁들였다. 독자들의 이해를 돕기 위해 필자가 판단하여 출전의 번역을 수정·보완하기도 했다.
역사와 현실 속으로	각 단어와 관련된 현대적 사건이나 사용 용례를 소개하여 구체적인 역사와 현실 속에서 그 개념을 이해할 수 있도록 했다.
가상토론	각 단어와 관련된 철학자나 사상가 혹은 가상의 인물이 등장해 토론하는 상황을 가정하고, 이들의 대화 속에 단어와 관련된 개념과 배경지식 등을 담아 폭넓은 이해를 돕는다.

철학자 사르트르는 "개념이란 사유의 도구"라고 말한 바 있다. 즉 개념이란 우리가 생각하고 반성하고 판단하는 과정에 쓰이는 일종의 도구일 뿐이다. 마찬가지로 이 책 또한 인간을 이해하는 데 가장 중요하고 절실한 아홉 개의 단어를 담은 일종의 사전으로서 독자들에게 이용되기를 바라는 마음이다. 여기에 소개한 단어들은 중고등학교 과정은 물론 대학 교양 과정에서 필수적으로 요구되는 핵심 단어들이다. 이 책이 다양한 교육 현장에서 그리고 많은 독자들이 스스로 찾아 읽고 활용할 수 있는 그런 사전이 되었으면 좋겠다.

이 책을 기획하고 진행하는 데에 많은 분들이 함께 고생했다. 먼저 20여 년을 우리의 취지와 함께했고 이 시리즈의 기획에 공감해주신 동녘출판사의 이건복 사장님, 함께 기획하고 귀찮은 일들을 일일이 챙겨준 신우현 선생님, 그리고 무엇보다 좋은 글을 써주신 필자 선생님들께 진심으로 감사드린다.

2010년 9월

한국철학사상연구회 회장 최종덕, 기획자 김시천

1 소수자

세상을 향한 소수자들의 한걸음

연효숙 (연세대학교 인문학연구원 전문연구원)

생각 속으로 | 모두가 자유롭고 평등한 세상은 가능할까?
고전 속으로 | 아리스토텔레스와 질 들뢰즈, 세계인권선언
역사와 현실 속으로 | 흑인 노예와 여성, 동성애자와 이주노동자
가상토론 | 동성애자 오스카 와일드는 진정 유죄인가?

 생각 속으로

모두가 자유롭고 평등한 세상은 가능할까?

인권선언문은 진보했는가

'인권'을 어떻게 정의할 수 있을까? 인권은 '인간이 인간이라는 종에 속하기 때문에 가지는 권리'를 뜻하며, 성별·인종·국적·경제적 배경을 가리지 않고 누구나 평등하게 가지는 권리를 말한다. 인권의 의미는 하나로 규정되기보다는 오랜 역사 속에서 지속적으로 변화해왔다. 따라서 인권의 올바른 정의를 알려면 그 역사적 배경을 가장 함축적으로 담고 있는 인권선언문의 역사를 살펴볼 필요가 있다.

1948년 프랑스의 르네 카생Rene Cassin이 기초하여 국제연합UN 총회에서 채택된 '세계인권선언'은 인권을 둘러싼 서구 사회의 오랜 투쟁의 역사를 고스란히 담고 있다. 인권선언문 제2조를 살펴보면 서구 사회 인권 투쟁의 궤적을 알 수 있다.

■ 모든 사람은 인종, 피부색, 성, 언어, 종교, 정치적 견해 또는 그 밖의 견해, 민족적 또는 사회적 출신, 재산, 출생, 그 밖의 지위 등에 따른 어떠한 차별 없이, 이 선언에 규정된 모든 권리와 자유를 누릴 자격이 있다. ■

계몽주의와 함께 시작된 인권의 역사에서 인권선언문의 시초가 된 것은 1689년에 공표된 영국의 '권리장전'이다. 여기에는 특히 홉스의 생명권이 명시적으로 반영되었다. 홉스는 생명권이야말로 가장 필수적인 인간 권리이며 사회계약도 생명권을 방어하는 데 초점을 두어야 한다고 보았다. 영국을 비롯한 유럽의 계몽주의 사상가들은 아메리카의 독립에 커다란 영향을 끼쳤다. 미국의 혁명가들은 1776년에 '독립선언문'을 기초했는데, 여기에는 생명권, 자유권, 행복추구권 등을 촉구하는 내용이 담겼다.

프랑스에서는 1789년 대혁명 때 '인간과 시민의 권리선언'이 선포되었다. 이 선언은 "모든 정치적 결사의 목적은 인간의 자연적이고 침해할 수 없는 권리를 보존하는 데 있으며, 이 권리는 구체적으로 자유권, 재산권, 안전권 그리고 압제에 대한 저항권"을 포함한다. 그러나 이 선언이 사실상 '남성과 남성의 권리선언'에 불과하다고 주장한 여성 혁명가 올랭프 드 구주 Olympe de Gouges는 2년 뒤인 1791년에 '여성과 여성시민의 권리선언'을 발표했다. 그녀는 여기서 '모든 사람, 시민' 대신에 '여성과 남성'을 명기하여 프랑스 대혁명의 인권선언이 여성을 철저히 배제하고 남성만을 위한 선언문이었음을 폭로했다.

이후 19세기 이래로 수많은 인권선언이 잇따라 발표되었다. 여기에는 초기 인권선언문이 노동자 계급, 흑인 노예, 유대인, 식민지 민중, 어린이, 동성애자, 장애인 등을 배제한 사실을 폭로하고 이들을 포함해야 한다는 내용이 담겼다. 초기 계몽주의에서 20세기에 이르기까지 인권선언문은 거듭 진화해온 셈이다. 그렇다면 인류 역사에서 인권은 어떤 궤적을 밟아왔을까?

멀고도 험난했던 인권의 역사

세계인권선언 제1조에는 "모든 사람은 태어날 때부터 자유롭고, 모든 사람의 존엄성과 권리는 평등하다"라고 명시되어 있다. 세계인권선언에 나타난 이러한 인권 의식은 언제부터 싹트기 시작했을까?

고대 아테네는 직접민주주의가 구현된 사회로 잘 알려져 있다. 그러나 그 당시 투표권을 가진 사람은 귀족 남성들뿐이었으며 노예와 여성은 배제되었다. 그 이유는 고대 아테네가 철저한 노예제 사회였기 때문이다. 그리스의 유명 철학자 아리스토텔레스도 오늘날 민주주의 시각에서 보면 훨씬 보수적인 생각을 가졌었다. 그는 인간이 태어날 때부터 불평등하다고 역설했고, 여성은 남성에 비해 열등하다고 주장하며 노예제를 옹호했다. 또 민주주의가 중우정치_{衆愚政治, 다수의 어리석은 민중이 이끄는 정치를 이르는 말로, 민주주의의 단점을 부각시킨 것}로 타락할 것을 염려했으며, 귀족들이 지배하는 귀족정치를 철저히 옹호했다. 그래서 아리스토텔레스는 훗날 민주주의 이론가들로부터 인간의 불평등과 차별을 옹호한 귀족정치의 대변자로 많은 비판을 받았다.

15~16세기에 역사상 최초로 세속적이고 평등주의적인 보편 도덕이 유럽에 등장하여 계몽주의의 기치 아래 전 세계로 퍼져 나가면서 자연권과 개인의 권리를 보호하는 근대적 국민국가가 탄생했다. 이때부터 고전적인 '자유주의적 인권 담론'이 발전했는데, 이는 계몽주의 이념으로부터 발원

했다. 자유주의적 인권관은 애초에 종교의 자유와 표현의 자유를 쟁취하기 위한 투쟁으로서 출현했다. 그러나 이 인권관은 여성, 노동자 계급, 흑인 노예, 식민지 민중, 동성애자, 유대인, 타국적자 등을 배제하는 한계를 안고 있었다.

19세기 들어 자본주의가 급속하게 발전하고 자유주의 인권관이 한계를 드러내자 새로운 인권관이 요구되었다. 경제 정의를 향한 대중의 요구가 터져 나오면서 자유시장과 인권이 언제나 부합한다고 하는 고전적 자유주의 사상이 도전에 직면했는데, 이때 싹트기 시작한 것이 '사회주의적 인권 담론'이다. 사회주의자들은 왜 부르주아 계급만이 투표권을 가지는지, 나아가 자본주의 국가가 인민의 이해를 진정으로 대변할 수 있는지를 물었

■ 들뢰즈가 《천 개의 고원》에서 제시한 리좀(rhizome)적 사유를 형상화한 일러스트. '리좀'은 수평으로 자라는 특성을 지닌 뿌리줄기를 뜻하는 말로, 들뢰즈는 '리좀적 사유'를 통해 다수가 소수를 지배하고 억압하는 위계적 사유에서 벗어나 탈근대적이고 탈중심적인 새로운 사회 질서로 갈 수 있는 가능성을 제시한다.

다. 이와 같이 계몽주의 사회 이후 사회민주주의자들과 마르크스주의자들은 산업화된 자본주의 사회에서 인권 문제에 적지 않은 기여를 했다. 오늘날 인권의 주요 개념들인 보통 선거권, 사회정의, 경제적 복지, 여성 권리, 노동자 권리 등은 모두 사회주의 사상에서 기원했다.

한편, 20세기에 발발한 두 차례의 세계대전은 또 다른 인권 문제들을 제기했다. 제국주의의 팽창으로 식민지 민중의 인권이 심각하게 위협받자 국제 인권과 민족 자결권 등이 주요한 논점으로 떠올랐다. 특히 제국주의에 맞서 반식민 투쟁이 격화되면서 민족주의적 이념에 따른 민족 자결권을 요구하는 목소리가 높아졌다. 산업국가에서는 노동자의 권리가 크게 신장되었으며, 복지국가를 건설해 인권을 보호하고자 하는 움직임이 활발해졌다. 전 세계 대다수 국가에서 보통 선거권이 인정되고, 동성애자의 권리가 대폭 향상되었으며, 어린이와 청소년 그리고 소수민족도 권리를 인정받게 되었다. 그러나 선진국과 개발도상국의 기본권 사이에 벌어진 간극이 또 다른 인권 문제를 야기하여 개발도상국에서 소외된 수십억 인류의 기본권 문제는 여전히 숙제로 남아 있다.

인권의 사각지대, 소수자는 누구인가

다원화된 우리 사회에는 다양한 인간들이 살아가고 있다. 우리는 정형화되고 획일적인 삶을 거부하는 이웃들의 다채로운 모습을 주변에서 자주 만난다. 장애인, 성적 소수자, 이주노동자, 양심적 병역거부자, 탈북자, 특수종교인 등은 우리 사회에서 주류에 편입되지 못하고 소수자로 살아간다. 따져보면 무시하지 못할 숫자이지만, 이들은 다수자가 아닌 소수자의 삶을 살아가는 것이다.

그렇다면 우리 시대 소수자인 그들은 누구이며, 소수자를 어떻게 정의할 것인가? 이에 대해서는 20세기 후반 후기구조주의 철학자인 들뢰즈가 가장 잘 설명하고 있다. 들뢰즈는 가타리와 함께 쓴 《천 개의 고원Mille Plateaux》에서 다수파와 소수파를 구별했다. 그에 따르면 다수파는 한 사회의 정상적이고 표준적인 모델에 속하는 사람들로 주로 남성, 백인, 이성애자, 도시 거주자가 여기에 해당한다. 소수자는 그와 반대로 중심과 주류의 체계 밖에 놓인 사람들이다.

다수자가 한 사회에서 표준적인 기준을 가진 백인, 남성이라면 어린이, 여성, 흑인, 동성애자 등은 소수자이다. 다수자가 수적으로 적다고 하더라도 이들이 사회의 표준 모델이라면 수적으로 많은 소수자보다 다수자가 된다. 반면에 소수자는 수적으로 적은 사람들을 의미하는 것이 아니라, 그 사회의 표준 모델에서 벗어난 사람들이라고 말할 수 있다. 들뢰즈가 한 대담에서 밝혔듯이, 소수와 다수는 숫자에 따라 구별되는 것이 아니며, 오히려 소수가 다수보다 더 많을 수도 있다.

그렇다면 한 사회의 표준 모델에서 벗어난 소수자는 사회에서 소외받는 패배자가 되는 것일까? 긍정과 기쁨을 통해 생성의 철학을 말해온 들뢰즈는 오히려 소수자에게서 창조적 역량을 발견하고 기대한다. 즉 소수자는 표준적인 모델이기를 거부하고 거기서 일탈하는 한, 새로운 생성의 가능성인 '되기'의 잠재적 역량을 갖는다는 것이다. 다수자가 권력의 중심부에 서서 지배와 피지배의 관계 맺기에 몰두한다면, 소수자는 권력이나 지배의 영역과는 다른 생성의 역량에 관계한다. 소수자는 자신들의 정체성에 갇혀 머물러 있는 것이 아니라 스스로 변신을 꿈꾼다. 이렇게 변신한다는 것은 자신을 창조의 방향으로 이끈다는 것으로, 소수자의 힘은 스스로를 창조하는 데 있다.

들뢰즈는 전통 존재론의 낡은 사유의 틀과 기준을 무너뜨리고 전복한 후, 이와는 근본적으로 다른 가치 기준에 뿌리를 둔 새로운 존재론에 따라 소수자의 창조적 역량을 강화하고자 했다 전복적 존재론. 근대 서양의 사유는 플라톤 이래의 형이상학에 바탕을 둔, 모범적인 모델에 따라 자기 정체성을 마련하려는 동일성의 존재론의 흐름을 이어가는데, 들뢰즈는 이를 가지와 뿌리로 위아래를 구분하는 '수목적 사유'에 비유한다. 그는 모범적 모델을 중심에 놓고, 이에 못 미치는 자들을 주변으로 내모는 우리 사회의 위계적이고 수직적인 질서가 수목적 사유와 다르지 않다고 주장하며, 이러한 수목적 사유가 지배하는 현대 사회를 비판한다. 대신에 수평으로 자라는 특성을 지닌 뿌리줄기인 '리좀rhizome'에 비유하여, 탈위계적이고 수평적인 '리좀적 사유'를 대안으로 제시한다. 리좀적 사유는 탈근대적이고 탈중심적인 새로운 사회 질서로, 들뢰즈는 이러한 사유를 통해 다수가 소수를 지배하고 억압하는 위계적 사유에서 벗어나 소수자를 고려할 수 있는 사유의 가능성을 모색한다.

온전히 소수자를 위한 인권은 언제쯤 실현될까

우리는 다수자의 횡포에 당하며 인권을 침해받는 소수자들을 종종 목격한다. 예를 들어 코리안 드림을 안고 동남아시아에서 건너온 이주노동자들이 악덕 기업주의 횡포에 시달리며 인권을 심각하게 유린당하고 있다는 뉴스를 종종 접하곤 한다. 또 청소년과 여성의 인권 침해 사례도 끊이지 않는다. 그리고 살생을 금하는 교리에 따라 총을 들어야만 하는 국방의 의무를 수행할 수 없어서 양심적으로 병역을 거부하다 감옥에 가는 청년도 있다.

주변에서 일어나는 이러한 인권 침해 사례에 어떻게 대처해야 할까? 우리는 인간으로서 누려야 할 당연한 권리, 즉 인권을 보호받을 권리가 있으며 모든 인간은 존엄성을 가졌다고 배웠는데 현실은 그렇지 못하다. 근대 초기에는 백인, 남성, 시민 등 다수자만이 인권의 가시권에 있었고, 그 밖의 다른 부류는 모두 배제되었다. 이후 인권을 둘러싼 투쟁의 역사를 통해 그동안 관심 밖에 머물렀던 여성, 노동자, 장애인, 동성애자, 어린이, 식민지 민중 등이 점차 고려 대상이 되었다. 결과적으로 다수자를 위한 인권이 소수자를 위한 인권으로 바뀔 때 비로소 진정한 인권이 실현된다는 것을 우리는 알게 되었다.

이제 우리는 인권 개념에서 소수자가 매우 중요한 고려 사항임을 깨닫는다. 들뢰즈의 소수자 개념은 현대 사회의 인권에서 매우 중요한 개념이 되었다. 진정으로 인권을 생각한다면, 즉 인권의 사각지대를 없애려면, 다수와 소수를 이분법적으로 나누고 다수가 소수를 지배하고 억압하는 구도에서 벗어나야 한다. 진정한 인권의 틀은 그러한 이분법적 틀을 넘어서서 모두가 소수자가 되는 모델 속에서 확립되어야 마땅할 것이다. 따라서 우리는 이제 다시 묻는다. 온전히 소수자를 위한 인권이 실현되고 있는가? 그렇지 않다면 온전히 소수자를 위한 인권은 언제쯤 실현될 수 있을까?

 고전 속으로

아리스토텔레스와 질 들뢰즈, 세계인권선언

아리스토텔레스 Aristoteles (BC 384~BC 322)

아리스토텔레스는 그리스 북부 지방의 스타게이라에서 태어났다. 젊었을 때 플라톤 철학에 깊은 감동과 영향을 받았으나, 플라톤의 이데아 중심의 형이상학에 만족하지 않고 4원인설에 입각한 새로운 형이상학을 수립했다. 50세 때 플라톤의 아카데미아 학원과는 다른 리케이온 학원을 아테네에 세웠다. 그는 플라톤과 다른 독자적인 질료형상설의 형이상학과 인식론, 논리학을 집대성하고 정치학, 윤리학, 시학 분야에서도 탁월한 업적을 남겼다. 주요 저서로 《형이상학Metaphysica》, 《영혼에 관하여De Anima》, 《정치학Politica》, 《니코마코스 윤리학Ethica Nicomachea》, 《시학Poetica》 등이 있다.

아리스토텔레스, 천병희 옮김, 《정치학》,
숲, 2009.

인간 불평등의 철학적 근거

우리 모두는 생명 있는 동물이 전적으로 혹은 법칙에 의해 지배되고 있음을 관찰할 수 있다. 이는 정신이 육체를 전적으로 지배하고 이성은 감정을 법칙으로 지배하기 때문이다. 정신이 육체를 지배하고 이성이 감정을 지배하는 것은 자연스럽고 수월한 것이다. 정신과 육체, 이성과 감정이 평등하다든지 또는 육체나 감정이 정신과 이성을 지배하는 것은 언제나 해롭다. 이것은 인간에 미루어볼 때 동물에게도 똑같이 말할 수 있다. 가축은 야생동물보다 그 본성이 우월하며 모든 가축은 인간에게 지배될 때 비로소 더 좋은 생을 유지할 수 있는데, 이는 인간이 가축을 보호하기 때문이다.

남성은 천성적으로 우월하며 여성은 열등하다. 따라서 남성은 지배하고 여성은 지배당하는데, 이 원칙은 필연적으로 모든 인류에게도 적용된다. 정신과 육체, 인간과 동물 사이에 이와 같은 구별이 있는 한, 열등한 부류는 천성적으로 노예이다. 이런 모든 열등한 자들은 주인의 지배하에 있는 것이 그들을 위해서도 더 좋은 것이다. 그리고 남의 소유가 될 수 있으며 합리적으로 이해할 줄 알면서도 합리적인 이치를 스스로 터득하지 못한 자는 천성적으로 노예이다. 하등동물은 이치조차 이해하지 못하고 본능에만 순종한다. 노예나 가축의 용도는 별다를 것이 없다. 둘 다 몸을 사용해서 살아가는 데 필요한 것들을 마련하기 때문이다.

해설

아리스토텔레스의 《정치학》은 인간 본성에 대한 그의 형이상학적 전제, 즉 '인간은 이성적인 본성을 가진 존재'라는 전제가 그대로 반영되어 있다. 그는 인간이 이성과 감성, 정신과 육체 두 부분으로 구성되어 있다고 보았다. 이 가운데 이성은 냉철한 머리에 해당하는 것으로, 심장에 해당하는 감성보다 훨씬 더 우월한 능력이다. 마찬가지로 법칙을 지배하는 정신은 질료인 육체보다 더 탁월하다. 그는 이것을 인간과 동물의 관계에도 그대로 적용하여, 이성적 질서의 담지자인 인간이 한 차원 낮은 동물을 지배한다고 보았다. 이러한 아리스토텔레스의 철학은 이성/감정, 정신/육체의 전형적인 이분법적 사고인 동시에 전자가 후자를 지배하는 이성중심주의 사상이다.

아리스토텔레스의 《정치학》은 8편으로 구성되어 있는데, 발췌한 부분은 제1편의 5장 중간 부분에 해당한다. 그는 먼저 국가의 정의와 구조를 언급한 후, 국가가 가족으로 구성되어 있음을 말한다. 가족 구성원들은 주인과 노예, 남편과 부인 그리고 아버지와 자식으로 이뤄진다. 그의 이성중심주의는 국가와 가족의 질서에도 그대로 투영된다. 남성은 형상에 해당하는 정자를 가진 탁월한 이성의 소유자로, 여성은 질료에 해당하는 자궁을 가진 감정의 소유자로 보았다.

또 인간과 동물을 상하관계로 구분한 것처럼, 인간에 대해서도 이성을 소유한 주인과 이성적 능력이 결여된 노예를 구분했다. 이 경우 동물과 노예는 큰 차이가 없다. 인간 불평등을 정당화하는 아리스토텔레스의 이러한 사상은 근대 계몽주의가 천부인권설을 주장하기 전까지 서구 사회의 지배적인 사상으로 이어졌다.

세계인권선언
(1948년 12월 10일 유엔 총회에서 채택)

인간 평등의 이유와 인권의 소중함

우리는 인류 가족 모든 구성원의 존엄성과 동등한 권리 그리고 남에게 빼앗길 수 없는 권리를 가지고 있다는 점을 인정함으로써, 이러한 사항들이 전 세계의 자유와 정의와 평화의 기초가 된다는 것을 알았다. 최근에 일어났던 세계대전을 통해 우리는 인권을 무시하고 경멸했던 것이 초래한 결과를 보았다. 오늘날 인류가 바라는 지고한 열망은 모든 인간이 언론의 자유, 신념의 자유, 공포와 결핍으로부터 자유를 누릴 수 있는 세상일 것이다.

인간이 폭정과 탄압을 견디다 못해 마지막 수단으로서 반란을 일으킬 정도까지 되지 않으려면, 반드시 법치를 통해 인권을 보호해야만 할 것이다. 또 국가들 사이에서 우호관계를 촉진하는 일도 반드시 필요하다. 유엔의 여러 국민들은 예전에 만들어진 '유엔 헌장' 속에서 기본 인권에 대한 신념, 인간의 존엄과 가치에 대한 신념, 남녀의 동등한 권리에 대한 신념을 재확인했으며, 더욱 폭넓은 자유 속에서 사회 진보를 촉진하고 생활수준을 향상시킬 것을 서로 다짐했다.

유엔 회원국들은 유엔과 협력하여 인권과 기본적 자유를 모두 함께 존중하고 준수하기로 공약했다. 이러한 약속을 제대로 이행하기 위해서는 인권과 자유에 대한 공통의 이해가 중요하다. 따라서 이제 유엔 총회는 사회 속에 살고 있는 모든 개인과 모든 조직이 이 선언을 언제나 마음 깊이 간직하여 교육과 학업을 통해 이러한 권리와 자유를 존중하도록 힘쓸 것이다. 국내적으로든 국제적으로든, 계속 발전하는 진보적 조치들을 통해 이미 독립해 있는 유엔 회원국들의 국민들뿐만 아니라, 유엔 회원국들의 법적 관할 아래 있는 영토의 국민들에게도 이러한 권리와 자유를 보편적이고 효과적으로 인정하고 지키기 위해 모든 국민과 모든 국가가 '다 함께 달성해야 할 하나의 공통적인 기준'으로서 이 '세계인권선언'을 선포한다.

　제1조 – 모든 사람은 태어날 때부터 자유롭고, 모든 사람의 존엄성과 권리는 평등하다. 인간은 이성과 양심을 가지고 있으므로 서로에게 형제자매의 정신으로 대해야 할 것이다.
　제2조 – 모든 사람은 인종, 피부색, 성, 언어, 종교, 정치적 견해 또는 그 밖의 견해, 민족적 또는 사회적 출신, 재산, 출생, 그 밖의 지위 등에 따른 어떠한 차별 없이, 이 선언에 규정된 모든 권리와 자유를 누릴 자격이 있다 이하 생략.

해설

　1948년 유엔 총회에서 채택된 세계인권선언은 1789년 프랑스 혁명 당시 공표된 '인간과 시민의 권리선언' 이래 여러 곳에서 발표된 인권선언문을 총집약한 것이라고 할 수 있다. 이전의 인권선언문이 서구 사회의 역사와 문화적 배경을 바탕으로 서구 중심적 가치와 인권에 대한 생각을 담고 있었다면, 이 세계인권선언에는 인류 전체의 지혜와 총의를 모으려는 노력이 담겨 있다.
　알다시피 인류는 20세기에 발발한 두 차례의 세계대전으로 커다란 아픔과 고통을 겪었다. 서양 강대국이 자행한 제국주의 침략과 약소국가들의 식민지화는 2차 세계대전 이후 종식되었다. 1945년 2차 세계대전이 종결된 직후, 인류는 인권 유린과 생명 경시에 따른 피폐한 상황을 치유하고, 새로운 희망 아래 새롭게 출발할 것을 다짐하는 결의와 낙관적인 전망이 절실했다. 이에 따라 유엔에 가입한 각 회원국들 간의 국제적인 협력 촉구가 이 세계인권선언에 담기게 되었다.

　동서양을 막론하고 인류의 보편적인 가치는 '인간의 평등과 인권의 소중함'이다. 문화적 특수성을 고려한다고 하더라도 생명의 소중함과 인간의 존엄성은 다른 어떠한 가치보다도 우선한다. 세계인권선언은 이러한 정신을 담고 있으며, 인류가 어떠한 억압과 공포, 결핍으로부터도 자유로워야 함을 선언한다. 나아가 남녀 불평등의 오랜 악습으로부터 벗어날 것을 다시 한 번 촉구하고, 교육을 받을 권리, 인종차별에 대한 투쟁, 보다 폭넓은 자유와 개인의 기본적인 생활권 보장도 요청하고 있다.

질 들뢰즈 Gilles Deleuze (1925~1995)

생성과 긍정을 실천의 존재론으로 해석한 프랑스 철학자. 파리에서 태어났고 소르본 대학에서 철학을 전공한 뒤, 파리 8대학에서 미셸 푸코의 뒤를 이어 교수로 있다가 1987년에 은퇴했다. 1995년 아파트에서 투신자살하여 생을 마감했다. 초기에는 베르그송, 칸트, 니체, 스피노자 등을 독창적으로 해석하면서 플라톤 이래 서구 형이상학을 비판하고 차이의 존재론을 정초했다. 1969년 이후에는 활발하게 현실 참여활동을 했던 정신분석학자 펠릭스 가타리와 공동 저술을 하며 철학적 지평을 더욱 넓혀나갔다.

　주요 저서로 《프루스트와 기호들 Proust et les signes》(1964), 《스피노자와 표현의 문제 Spinoza et le problème de l'expression》(1968), 《차이와 반복 Différence et

Répétition》(1968), 《의미의 논리Logique du sens》(1969), 《프랜시스 베이컨-감각의 논리Francis Bacon, Logique de la Sensation》(1981), 《시네마 I, IICinéma I, II》(1983, 1985) 등이 있다. 가타리와의 공저로는 《안티 오이디푸스Anti-Oedipe》(1972), 《카프카-소수적인 문학을 위하여Kafka. Pour une littérature mineure》(1975), 《천 개의 고원Mille Plateaux》(1980) 등이 있다.

> 질 들뢰즈·펠릭스 가타리, 김재인 옮김,
> 《천 개의 고원-자본주의와 분열증 2》, 새물결, 2001.

소수자/다수자, 소수자-되기의 철학

소수자라는 개념은 매우 복합적이다. 소수자는 음악, 문학, 언어학을 참고할 뿐만 아니라 법률, 정치도 참고한다. 소수자와 다수자는 양적으로만 대립하는 것이 아니다. 다수자는 스스로를 평가하는 기준인 도량형 원기, 즉 표현이나 내용의 상수를 갖고 있다. 일정한 기준 또는 표준을 '이성애자-유럽인-표준어 사용자-도시 거주자-성인-남성-백인'이라고 가정해보자. '성인 남자 인간'은 모기, 아이, 여자, 흑인, 농부, 동성애자 등보다 수적으로 적더라도 다수자임이 분명하다. 이는 그가 두 번 나타나기 때문인데, 한 번은 일정한 기준 속에 나타나고 한 번은 일정한 기준을 이끌어내는 변수 속에 나타난다. 다수자는 권력 상태 또는 지배 상태를 전제로 하며, 결코 그 반대는 아니다. 다수자는 표준을 전제하며, 결코 그 반대는 아니다. 게다가 마르크스주의는 거의 항상 서른다섯 살 이상의 자격을 갖춘 남성 국민 노동자의 관점에서 헤게모니를 이끌어냈다. 그러나 일정한 기준이 아닌 어떤 다른 규정이 수와 무관하게 본성적으로 소수적인 것으로, 현재의 체계를 벗어나 있는 것으로 고려될 수 있다. 당신의 선택이 일정한 기준의 한계를 넘지 않는다는 조건으로 당신에게 선택지를 주는 선거활동이나 다른 모든 활동에서 이 점이 잘 드러난다. 그러나 이 지점에서 모든 것은 역전된다. 왜냐하면 다수자는 추상적 표준으로 평가되는 한에서는 결코 그 누구도 아니며, 항상 아무도 아닌 자이기 때문이다. 하지만 소수자는 그가 표준형으로부터 벗어나는 한에서 모든 사람이 될 수 있으며, 모든 사람의 잠재적 역량을 가질 수 있다. 다수자는 엄연히 존재하지만, 그것은 아무도 아닌 자에 불과하며, 모든 사람의 소수자-되기와 대립된다. 이 때문에 우리는 일정한 기준을 갖고 등질적인 체계에 놓인 다수적인 것과 하위-체계로서의 소수자와 잠재적이고 창조되었고 창조적인 생성으로서의 소수적인 것을 구분해야만 한다. 새로운 표준을 만들어내는 과정에서 다수자는 중요하지 않다. 다수자-되기란 없다. 다수자는 결코 생성이 아니다. 생성에는 오직 소수자-되기만이 있다.

소수자와 여성-되기

남성의 생성은 그토록 많은데 왜 남성-되기는 없는 것일까? 그것은 우선 남성이 유달리 다수적인 반면, 생성들은 소수적이며 모든 생성은 소수자-되기이기 때문이다. 우리가 이해하기에 다수성은 상대적으로 더 큰 양이 아니라, 어떤 상태나 표준, 즉 그와 관련해서 더 작은 양뿐만 아니라 더 큰 양도 소수라고 말할 수 있는 상태나 표준의 규정이며, 예컨대 남성-어른-백인-인간 등을 의미한다. 다수성이 지배 상태를 전제하는 것이지 그 역은 아니다. 인간보다 모기나 파리가 더 많은지를 아는 것이 문제가 아니라, '남성'이 어떻게 우주 속에서 하나의 기준을, 그와 관련하여 남성들이 필연적으로 다수성을 형성하는 기준을 구성했는지를 아는 것이 문제이다. 도시에서의 다수성은 투표권을 전제하며, 투표권을 소유한 자들—그 수가 얼마가 되었건 — 사이에서만 수립되는 것이 아니라 투표권을 갖지 않은 사람들에게도 행사된다. 이와 마찬가지로, 세상에서의 다수성은 남성의 권리나 권력을 이미 주어진 것으로 전제한다. 바로 이런 의미에서 여성, 아이 그리고 동물, 식물, 분자는 소수자이다. 아마도 남성-기준과 관련한 여성의 특별한 위치가 소수자인 모든 생성들이 여성-되기를 통과하도록 만드는 것 같다. 그렇지만 생성이나 과정으로서의 소수와 집합이나 상태로서의 소수성을 혼동해서는 안 된다. 가령 유대인, 집시 등은 특정한 조건에서는 소수자를 형성할 수도 있다. 하지만 그것은 아직 소수자를 생성하게 하기에는 충분하지 않다. 상태로서의 소수성 위에서 우리는 재영토화되거나 재영토화되게 만들기 때문이다. 하지만 생성 속에서는 탈영토화된다.

해설

들뢰즈처럼 분명하게 '소수자' 개념을 철학적으로 해명한 철학자는 흔치 않다. 그는 소수자 개념을 '다수자'에 대비시켜 그 뜻을 극명하게 밝히고 있다. 다수자란 한 사회에서 중심과 주류에 놓인 사람들, 힘과 권력을 지닌 사람들이다. 남성, 백인, 부유층, 도시 거주자, 성인 등 다수자는 여성, 흑인유색인, 빈민층, 농촌 거주자, 어린이 등인 소수자에 비해 사회를 주도하는 중심 권력자들이다. 들뢰즈는 소수자를 억압하는 사회 체계를 탈피하는 것이 윤리적으로 절실한 문제라고 생각했다. 우리가 추구해야 할 행복한 사회는 누구도 억압받지 않는 진정으로 자유로운 사회가 아니겠는가?

그렇다면 과연 이렇게 자유로운 사회는 실현 가능할까? 들뢰즈는 이에 대해 우리가 스스로 가치 기준을 바꿔나갈 필요가 있다고 역설한다. 즉 현재의 일방적이고 획일적인 가치에서 벗어나 자신을 새롭게 바꿔갈 것을 제안한다. 이것이 바로 들뢰즈의 '생성의 철학'이자 '소수자-되기'의 근본 정신이다. 사회의 주류와 중심과 표준을 향해 질주하지 말고 오히려 이에 맞서는 소수자 정신으로 돌아갈 필요가 있다는 것이다.

들뢰즈는 '소수자-되기'의 첫 번째 생성의 출발점을 우선 '여성-되기'로 설정한다. 역사적으로 보더라도 남성은 다수자에, 여성은 소수자에 속한다는 것은 분명하다. 남성-되기는 없다. 이는 다수자인 남성이 다수자가 된다는 것은 소수자-되기의 방향에 역행하기 때문이다. 그래서 남성의 '여성-되기'가 필요하다. 물론 들뢰즈는 여성의 '여성-되기'도 필요하다고 보았다. 현실에서 여성은 비록 소수자일지라도 아직 자신의 소수자적 역량을 깨닫지 못하고 있기 때문이다. '여성-되기'를 출발점으로 하여 '소수자-되기'는 동물-되기, 아이-되기 등으로 이어진다. 이러한 되기生成 철학의 궁극적 의미는 고정된 현 지배 체제에 문제의식을 갖고 새로운 사회를 만들어가는 것이라고 할 수 있다.

역사와 현실 속으로

흑인 노예와 여성, 동성애자와 이주노동자

노예는 짐승에 불과할 뿐, 인간이 아니란 말인가

1828년 링컨의 나이 스무 살 때, 오래전부터 꿈꿔왔던 장거리 여행의 기회가 찾아왔다. 그는 미시시피 강을 따라 여행하다가 항구 도시 뉴올리언스에 도착하여 한 달 정도 그곳에 머물렀다. 어느 날 항구 주변을 거닐던 링컨은 노예를 사고파는 노예시장을 둘러보았다. 그곳에서 많은 흑인 노예들이 도망가지 못하도록 쇠사슬에 묶여 있고, 백인들에게 짐승 취급당하는 모습을 보았다. 한쪽에서는 노예 경매가 진행되고 있었는데, 노예 상인들은 흑인 소녀를 꼬집고 찌르고, 껑충껑충 뛰어다니게 하면서 노예의 건강 상태를 점검하고 있었다. 이 광경을 지켜본 링컨의 마음속에는 소리 없는 분노심이 끓어올랐다. "노예제도는 분명 없어져야 해! 나라에서 이런 제도를 그대로 두는 것을 보면 뭔가 잘못돼도 크게 잘못됐어!"

―전광,《백악관을 기도실로 만든 대통령 링컨》, 생명의말씀사, 2003

미국은 1830년대 노동 집약적인 면화 생산에 크게 의존하고 있던 남부 주들이 노예제 폐지에 계속 저항하자 노예제도를 둘러싸고 긴장이 고조되었다. 산업화한 북부와 농업 위주의 남부 사이에 경제 갈등이 악화되어 결국 1861년에 남부가 미국 연방을 탈퇴하면서 남북전쟁이라는 내전으로 치닫게 되었다. 처음에는 단순히 연방을 재통합하려던 링컨 대통령은 1863년에 남부 아메리카 지역의 노예 해방을 선언했다. 전쟁이 종료되었을 때 이 포고문은 미합중국 '연방헌법 수정조항' 제13조로 자리 잡았고, 이로써 미국 내 모든 주에서 노예들이 권리를 얻게 되었다.

여성의 권리는 남성보다 한 수 아래인가

■

올랭프 드 구주는 프랑스 혁명의 정신을 담은 '인간과 시민의 권리선언'에 맞서 '여성과 여성시민의 권리선언'을 발표한 여성 혁명가이다. 선언문의 머리말에 "모든 여성이 자신의 비참한 운명과 사회에서 잃어버린 자신의 권리를 깨달을 때에야 비로소 혁명은 완수될 것이다"라고 쓰면서 묻기를, "남성이여, 현재 당신들이 누리고 있는 권리가 정당하다고 생각합니까? 말해보시오. 무엇이 당신에게 여성을 억압할 통치 권력을 부여했습니까? 당신의 힘이? 당신의 능력이?" 그녀는 남녀의 조화와 협동을 강조했고, "모든 지적 능력을 갖춘 한 성을 독재적으로 지배하려는" 남성의 주장을 비웃어야 한다고 역설했다. 구주는 루이 16세의 재판에 왕을 변호하겠다는 공개서한을 작성한 것이 화근이 되어 왕정복고에 동조한다는 혐의를 받게 되었다. 1793년 구주는 반혁명 기도 혐의로 체포되어 11월 2일 법정에서 사형 선고를 받고 그 다음 날 단두대에서 처형되었다. 올랭프 드 구주는 단두대의 이슬로 사라지면서, "여성이 단두대에 오를 권리가 있다면, 의정 단상에도 오를 권리가 있다"고 외쳤다. — 마리트 룰만, 이한우 옮김, 《여성 철학자》, 푸른숲, 2005

■

1791년 9월 3일, 파리 국민회의는 1789년 8월 26일에 공표된 '인간과 시민의 권리선언'의 원칙들에 따라 마련된 새로운 헌법을 통과시켰다. 그로부터 며칠이 지나 올랭프 드 구주는 '여성과 여성시민의 권리선언'이라는 제목의 법률안을 발표했다. 그녀는 이 선언을 통해 1789년의 선언이 남성의 입장만 대변할 뿐이며, 여성들은 거의 모든 시민권, 특히 정치활동에서 배제되었다고 비판했다.

프랑스 혁명은 '평등'을 명분으로 내걸었지만 구주가 보기에 이혼권, 상속권, 시민권, 교육권 등에서만 부분적인 개선이 이루어졌을 뿐, 민법이나 형법, 공공 업무 등에서 행해지는 여성에 대한 차별은 본질적으로 변한 것이 없었다. 구주는 프랑스 혁명이 강조한 박애정신이 남성들만의 형제애에 불과하다고 신랄하게 비판했다.

동성애는 죄악이며 마땅히 죗값을 치러야 하는가

■

"우리 눈이 마주쳤을 때 나 자신이 창백해지고 있다는 사실을 알아차렸다. 기이한 공포감이 나를 덮쳤다. 나는 내 존재 전체, 영혼 전체, 아니 내 예술까지도 빨아들이도록 허락할 수 있을 만큼 그토록 매혹적인 사람을 만났다는 사실을 알았다." 1891년 서른일곱 살의 오스카 와일드는 스무 살의 옥스퍼드 대학생 앨프레드 더

글러스와의 첫 만남을 이렇게 썼다. 와일드는 이 미소년과 단번에 동성애에 빠졌고, 이로 인해 기소되어 유죄 판결을 받았다. 2년간의 수감생활을 마친 후 와일드는 위선적이고 이중적인 도덕관을 갖고 있는 사람들을 향해 다음과 같이 썼다.

"뚜렷한 도덕관을 갖고 있는 사람은 하나같이 무정하고 잔혹하며 복수심에 불타고 편협하며 인간성에 대한 이해심이라고는 털끝만큼도 갖고 있지 않다. 나는 지금까지 그렇지 않은 사람은 한 사람도 만난 적이 없다. 도덕적인 인간이라고 불리는 자들은 한마디로 짐승이다. 나는 하나의 부자연스런 미덕을 택하느니 차라리 50가지의 부자연스런 악덕을 택하겠다."

— 페터 풍케, 한미희 옮김, 《오스카 와일드》, 한길사, 1990.

■

성적 소수자에 대한 탄압은 중세 기독교 사회 이후 서구에서 계속되었다. 그들은 동성애를 도덕적 타락과 문란, 방탕의 극치로 생각했으며 이를 죄악시했다. 19세기 이후 유럽 대륙에서는 동성애를 점차 합법화하기 시작했으나 유독 영국만은 동성애 문제에서 후진적이었다. 《행복한 왕자The Happy Prince》의 동화 작가로 우리에게 잘 알려진 오스카 와일드Oscar Wilde는 실제로 동성애자였으며, 동성애 혐의로 감옥에 구금되어 2년 동안 실형을 살기도 했다.

오스카 와일드는 법정에서 자신의 사랑을 "플라톤 철학에 기초해서든, 미켈란젤로와 셰익스피어의 작품에 기초해서든, 전혀 부자연스럽지 않은 것"이라고 항변했다. 그의 동성애 재판은 도덕적으로 엄혹했던 빅토리아 시대가 20세기 초 동성애자들에게 보낸 무서운 경고로 기록되었다.

■ 네팔 이주노동자 미누의 강제 추방을 반대하는 시위. 대한민국은 18년 동안 한국에서 살며 한국 사회와 이주 노동자를 연결하는 역할을 한 미누를 2009년 10월 강제로 추방했다. 당국의 무자비한 강제 추방 단속은 이주 노동자가 사망하는 결정적 원인이 되기도 한다.

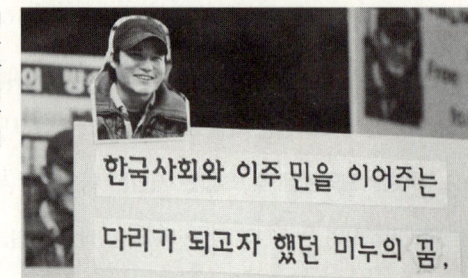

이주노동자의 짓밟힌 인권, 이대로 좋은가

■

추위로 귀가 얼어붙던 2004년 1월 밤, 서울시청 앞 성공회대성당 앞뜰에서 야외 록밴드 공연이 시작되고 있었다. 관객들은 여느 공연과 마찬가지로 경쾌한 곡이 연주될 때마다 소리를 지르고 깡충깡충 뛰면서 리듬을 따라하고 있었다. 그러나 모인 관객들과 밴드 구성원의 다양한 얼굴색, 옷에 적힌 구호의 비장함, 그리고 '단속철폐'라는 밴드의 이름은 이 공연의 특별함을 알 수 있게 해주었다. 밴드의 구성원들은 네팔과 미얀마, 베트남 등지에서 온 이주노동자들이었다. 이들은 그동안의 강제 추방 정책에 떠밀려 자살한 외국인 이주노동자들을 위한 추모곡과 강제 추방 정책에 맞서 농성하는 현실을 담은 노래를 불렀고, 공연장 주변에는 그간 자살한 사람들의 대형 사진들이 놓여 있었다. 예고되었던 강제 추방 단속 시작일인 2003년 11월 16일이 되기 직전부터 발생한 이주노동자들의 자살로 당시에 이미 아홉 명이 세상을 떠난 상태였다. 그해가 저물어갈 무렵에는 한국에 불법 입국한 외국인 노동자들의 연쇄 자살이 이어졌다. 도대체 왜 갖가지 얼굴색의 외국인 노동자들이 한국의 도처에서 농성을 했고, 또 죽어갔을까? 남의 나라에서 자살까지 하게 된 배경은 무엇이었을까?

— 박채란,《국경 없는 마을》, 서해문집, 2004.

■

1980년대 후반, 국내 중소기업과 건설현장 등 이른바 3D 직종에 인력이 부족해지자 이 자리를 이주노동자들이 메우기 시작했다. 1988년 이후 빠르게 증가한 이주노동자 수는 오늘날 40만 명에 달한다. 한국에 와서 대체 노동력으로 일하는 외국인 노동자들의 처참한 인권 현실 중 가장 심각한 문제는 임금 체불이다. 무리한 연장 근로, 야간과 휴일 근로를 강요하고도 최소한의 월급조차 주지 않는 임금 체불은 외국인 노동자들의 생존을 위협하고 있다. 산업재해도 자못 심각한 문제이다. 한국에서 일하다 본국으로 돌아갔거나 지금까지 일하고 있는 이주노동자 가운데 많은 사람이 산업재해를 당했다. 이들은 이후 적절한 보상과 치료를 받지 못하고 장애인이 되기가 다반사이다.

 가상토론

동성애자 오스카 와일드는 진정 유죄인가?

21세기에 접어든 지금, 지구촌에는 차별과 억압이 줄어들고 인권의 사각지대도 사라졌을까? 인종, 성, 민족, 계급, 종교, 성적 취향 등에 관계없이 누구든지 법 앞에 평등하며 인간다운 삶을 누리고 있을까? 1863년 링컨 대통령의 노예해방 선언에도 불구하고 피부색 때문에 여전히 보이지 않는 인종 차별이 존재하는 것은 아닐까? 21세기는 여성의 시대가 될 것이라고 흔히들 말하지만, 아직도 여성이라는 이유만으로 차별받는 것은 왜일까? 최근 들어 우리 사회에서는 아시아 여러 나라에서 온 이주노동자의 인권 유린 문제가 종종 불거져 나오고 있고, 성적 소수자인 동성애자의 인권 문제는 이제야 겨우 관심사로 떠올랐다.

최근 한 인터넷 방송국이 첨단 타임머신 장비를 설치하여, 시공을 초월한 세계의 권위 있는 석학들을 온라인 정규 프로그램인 '토론광장 아고라'에 불러올 수 있게 되었다. 오늘은 '인권과 소수자' 문제를 집중적으로 다루는 가상토론이 준비되었다. 토론자는 직접민주주의의 전통을 자랑하는 그리스 철학자 아리스토텔레스 선생과 1968년 5월의 이른바 '68혁명'의 이념을 지지했던 프랑스 철학자 들뢰즈 선생이다.

인간은 태어나면서부터 평등한가

사회자 안녕하십니까? 고대와 현대를 대표하는 세기의 두 석학, 아테네 출신의 아리스토텔레스 님과 프랑스 출신의 들뢰즈 님을 모시고 '인권과 소수자'라는 주제로 잠깐 얘기를 나눌까 합니다.

아리스토텔레스 아―함! 2500년 동안 고이 잠들어 있던 나를 흔들어 깨운 간 큰 사람은 누구신가? 엇, 들뢰즈 님 아니신가? 자네와는 오늘 처음 만나지만, 자네의 유명세는 익히 들어서 알고 있지!

들뢰즈 어이쿠! 고명하신 아리스토텔레스 님을 이렇게 만나뵙다니 정말 영광입니다. 선생님의 명성은 귀가 따갑도록 들었지요.

사회자 예, 세계에서 둘째가라면 서러울 두 명망가를 모신 자리라 저도 가문의 영광입니다. 이제 흥분을 가라앉히고 바로 토론을 시작하도록 하겠습니다. 먼저 "인간은 태어날 때부터 평등한가"라는 질문이 있습니다. 1948년 유엔에서 제정한 세계인권선언 제1조를 보면, "모든 사람은 태어날 때부터 자유롭고, 모든 사람의 존엄성과 권리는 평등하다"라고 명시되어 있거든요. 두 분 다 들어보셨을 텐데, 여기에 대해 어떻게 생각하시는지요?

아리스토텔레스 난 그 생각에 반댈세! 인간이 태어날 때부터 평등하다고? 여보게들! 인간은 저마다 능력이 다르기 때문에 결코 평등할 수가 없네.

■ 아일랜드의 대문호 오스카 와일드. 동성애 혐의로 감옥에 구금되어 2년 동안 실형을 살기도 했던 그의 동성애 재판은 도덕적으로 엄혹했던 빅토리아 시대가 20세기 초 동성애자들에게 보낸 무서운 경고로 기록되었다.

들뢰즈 선생님, 그건 굉장히 위험한 생각이 아닐는지요? 물론 개인마다 능력은 다르겠지만, 그렇다고 기회와 제도를 차별해서는 안 되지 않을까요? 근대 계몽주의 이래 만인이 법 앞에 평등하다는 생각은 우리 시대에는 이미 상식이 되었거든요.

아리스토텔레스 글쎄, 그 정신은 좋고, 나도 처음에는 다수의 사람들이 다스리는 민주주의를 좋게 생각했지. 하지만 그게 잘못될 경우 배가 산으로 가더란 말이지. 어리석고 무지한 대중이 뭘 알아서 자기 뜻을 주장하고 대표자를 뽑겠나! 그보다는 똑똑한 소수의 귀족들이 지배하는 게 낫지! 한 사람이 지배하면 독재가 되기 쉽고, 민주주의처럼 다수에게 권리가 있으면 중우정치로 빠지기 쉽거든. 역시 탁월한 능력을 지닌 소수의 귀족 계층이 지배해야 나라가 제대로 다스려지는 법이지. 그래서 난 귀족정치를 가장 탁월한 정치제도라고 생각하네. 정신적으로 또 육체적으로 탁월한 능력을 지닌 우리 아테네인들을 누가 따를 수 있겠나?

사회자 아리스토텔레스 님이 귀족정치를 강력하게 옹호하셨는데, 이게 현대 민주주의 사회에서 실현될 수 있을까요? 어떻게 생각하십니까, 들뢰즈 님?

들뢰즈 우흡! 너무 무리한 주장 아닐까요? 전 아리스토텔레스 님의 생각에 전적으로 반대합니다. 아니, 고대 그리스는 노예 사회였고 신분의 불평등도 있었고 교육의 정도도 달랐지만 현대 사회에서 귀족정치라! 한마디로 귀신 씨나락 까먹는 소리이고 가당치도 않은 말씀입죠! 근대 시민사회를 지나면서 이미 대부분의 사람들이 교육의 기회를 누리고 있는 데다 능력 여부를 떠나서 모든 권력은 국민으로부터 나온다는 것은 부정할 수 없는 보편적 진리가 되었죠. 물론 그리스의 직접민주주의에서 출발한 대의민주주의가 민의를 제대로 반영하지 못한다는 반론이 있기는 합니다. 하지만 누구나 법 앞에 평등하다는 엄연한 현실에서 특히 인권을 생각한다면,

귀족정치는 반인권의 전형이 아닐까요?

사회자 예, 들뢰즈 님이 강력하게 반론을 펴주셨습니다. 이제 이 문제를 남성과 여성의 성 평등 문제로 가져가볼까요?

아리스토텔레스 내가 예전에 쓴 책 중에 영원한 고전의 목록에 올라 있는 《정치학》이 있다네. 여기서 나는 '남성은 천성적으로 우월하고 여성은 열등하다'고 말했지. 그 생각은 지금도 변함이 없다네. 아무렴!

들뢰즈 옛날 옛적 아테네에서 날아오신 아리스토텔레스 님! 세상이 얼마나 천지개벽을 했는지 모르시는군요. 요즘 페미니스트들이 들으면 난리칠 소리를 하고 계십니다. 우리 프랑스에는 올랭프 드 구주라는 멋진 여성이 있어요. 1791년에 '여성과 여성시민의 권리'라는 걸 발표해서 프랑스 여성 해방의 선구자로 불리고 있지요. 그 선언에서 그녀가 프랑스 혁명 정신이 담긴 '인간과 시민의 권리선언'을 남성중심주의라고 통렬하게 비판했는데, 들어는 보셨는지요? 남성과 여성은 생물학적으로 차이가 있지만, 이 때문에 여성을 차별하고 억압해서는 안 되지요. 남성과 여성은 단지 '차이'가 나는 존재라는 겁니다.

차이는 차별을 정당화하는가

아리스토텔레스 이상하구만! 내가 가진 생물학적 지식으로 보면 말이지, 남성은 정자를 갖고 있고, 여성은 난자를 갖고 있지. 그런데 태어날 2세의 본성을 결정하는 것은 아버지의 씨앗인 정자란 말일세. 난자를 가진 여자들은 그저 뱃속에서 씨앗을 키우기만 하는, 한마디로 그릇에 불과한 존재라고!

들뢰즈 에이, 아리스토텔레스 님! 그 말씀은 선생님의 낡은 형이상학에서 유래한 설명이잖아요. 현대 생물학이 얼마나 발전했는지 모르시는 말씀이죠. 이 논의는 차치하더라도 남성이 여성보다 우월하다는 설명은 대단한 형이상학적 편견입니다. 그러니까 이를 근거로 남성이 여성을 억압할 아무런 이유가 없는 거죠. 여성들이 가부장제 사회에서 소수자로 살아야만 했던 부당함을 비판하고, 누구도 억압받지 않는 새 질서를 만들어야 하지 않을까요?

아리스토텔레스 그것 참! 세상 말세네, 말세야…… 우리 아테네 여성들은 가정적이고 참 순종적인데 말이야! 현대 여성들은 진짜 드센가 보군. 내가 당최 당할 수가 없구먼. 쯧쯧! 아, 옛날이여!

사회자 그럼 들뢰즈 님은 억압받지 않는 새 질서의 지침을 만들어보셨나요?

들뢰즈 물론이죠! 제가 지은 불후의 명작,《천 개의 고원》에서 저는 남성의 여성-되기, 소수자-되기를 역설했죠! 무슨 얘기냐고요? 좀 어렵죠? 쉽게 말해 '입장 바꿔 생각하기'로 보시면 됩니다. 지금의 고정된 기득권을 뛰어넘어 새롭게 변신하면 된다는 뜻이지요. 즉 기득권층인 남성이 여성으로 변화해가고, 다수의 강자가 소수자 되기를 주저하지 않는다면, 누가 누구를 지배하고 억압하는 낡은 질서는 사라지지 않을까요?

아리스토텔레스 글쎄, 사람들이 그렇게 쉽게 변할까? 한줌도 안 되는 기득권과 권력을 내놓지 않으려고 안간힘을 쓰는 게 인간 본성인데 말이야……

사회자 예, 아리스토텔레스 님의 말씀도 일리는 있죠! 저 역시 편안하고 쉬운 삶이 좋은데, 그러다 보면 사회의 소수자들을 외면하기 십상이죠. 특히 최근에는 동성애자들이 성적 취향이 다르다는 이유로 정말 마음고생, 몸고생 하는 걸 많이 보거든요.

들뢰즈 동성애 말이 나와서 그런데요. 아리스토텔레스 님! 제가 정말 궁금한 게 있어요. 그리스 사회에서는 정말 동성애를 허용했었나요? 제 동료 푸코Michel Paul Foucault가 쓴 《성의 역사Histoire de la sexualité》를 읽어보면, 그리스 사회에서는 동성애를 금기시하지 않았다고 하던데요.

아리스토텔레스 이 문제만큼은 내가 목소리 높여서 자신 있게 말할 만하지! 옛날 그리스 사회에서는 동성애가 자유로웠다네. 우리 사부인 플라톤 선생님의 왕사부 소크라테스 님도 이성애자이자 동성애자였거든! 한껏 자유로울 것 같은 지금 시대에 동성애 따위가 문제가 되다니…… 말로만 자유, 자유 떠들지만 현대인들은 알고 보면 참 위선자야!

사회자 성적 취향의 문제는 참 미묘한 게 사실입니다. 그러고 보면 기독교가 지배한 중세시대부터 동성애를 금기시한 것이지, 그 옛날 그리스는 더 자유로웠다고 말할 수 있을까요?

들뢰즈 예, 맞습니다! 아리스토텔레스 님의 말씀대로 그리스 시대에는 동성애가 도덕적으로 전혀 문제가 되지 않았던 것 같아요. 중세 기독교 사회 이후 동성애를 죄악으로 보고 금기시한 것이지요. 진정으로 인권을 생각한다면, 성적 취향이 다르다는 이유로 동성애자를 억압하는 일은 없어야 합니다. 제 철학적 동지였던 푸코도 동성애자였는데 같은 동성애자의 권리 보호에 노력을 기울였죠. 그런가 하면 아일랜드 작가 오스카 와일드는 동성애 혐의로 기소되어 중노동을 겸한 2년간의 실형을 살기도 했죠.

아리스토텔레스 어째 그런 일이! 아테네 시민들이 들으면 실소를 금치 못하겠군. 아무튼 아테네인들은 탁월하고 우수한 민족인 것만은 사실이야.

들뢰즈 적어도 동성애에 관한 한 아리스토텔레스 님과 아테네 사회로부터 한 수 배웠네요.

사회자 자, 짧지 않은 시간, 인권과 소수자에 관해 이야기를 나누다 보니 시간이 후딱 지나가버렸네요. 아쉽지만 다음 만남을 기약하며 이쯤에서 토론을 마치겠습니다.

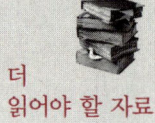
더
읽어야 할 자료

책

■ 미셸린 이샤이, 조효제 옮김, 《세계인권사상사》, 길, 2005.

인권의 정의와 이를 둘러싼 6대 쟁점을 다룬 책. 인류가 인권을 쟁취하기까지 그 역사적 발자취를 시대별로 상세하게 정리했다. 각 시대마다 인권 확립에 기여한 주요 사상들과 사건들을 연관 지어 설명한 인권의 고전이다.

■ 박경태, 《소수자와 한국 사회》, 후마니타스, 2008.

한국 사회 내 인종적·민족적 소수자의 현실을 고발한 책. 특히 이주노동자, 화교, 혼혈인이 겪는 차별과 고통을 상세히 보여주고 소수자도 행복할 수 있는 진정한 다문화 사회를 모색한다.

■ 시몬느 드 보부아르, 조홍식 옮김, 《제2의 성》, 을유문화사, 1993.

"여성은 태어나는 것이 아니라 만들어지는 것이다"라는 유명한 말이 담긴 여성 문제 필독서. 역사적으로 여성이 어떻게 만들어져왔는지 그 철학적 배경을 분석하면서, 여성들이 타자가 아닌 주체로 설 것을 외친 보부아르의 대표 저서이다.

■ 프란츠 파농, 이석호 옮김, 《검은 피부, 하얀 가면 – 포스트콜로니얼리즘 시대의 책읽기》, 인간사랑, 1998.

서구 중심주의와 식민주의를 비판한 탈식민주의 이론서. 흑인 노예는 해방되었지만 서구 식민주의가 인종차별주의로 교묘하게 포장되어 여전히 억압과 통제의 심리적 메커니즘으로 작동하고 있음을 분석한다.

영화

■ 박광수, 〈아름다운 청년, 전태일〉, 1995.

1960년대 평화시장 봉재공장에서 재봉사로 일하며 노동자 인권운동을 펼치다가 분신한 전태일의 일대기를 다룬 영화. 그 당시 노동자들의 열악한 노동 환경과 인권 유린 실태를 사실적으로 그린 작품이다.

■ 이누도 잇신, 〈메종 드 히미코〉, 2005.

사회적으로 민감한 소재인 동성애를 다룬 영화로 성적 소수자들을 따뜻한 시선으로 그렸다. 어릴 때 엄마와 자기를 버리고 간 게이 아버지를 증오하던 딸이 게이들이 모여 사는 양로원에서 소소한 일상을 함께하며 그들에게 마음을 열어가는 이야기이다.

■ 김미례, 〈동행 – 비정규직에 관한 짧은 보고서〉, 2002.

비정규직 여성 노동자들의 삶과 애환을 다룬 다큐멘터리로 비정규직 여성 권리찾기 운동본부가 기획, 제작했다. 한 여성 활동가의 일상을 통해 비정규직 노동자들이 권리와 희망을 찾아가는 이야기를 그렸다.

2 인정

나를, 우리를 인정하라

이정은 (연세대학교 외래교수)

생각 속으로 | 인정받고 싶은 것은 사람의 본성일까?
고전 속으로 | 프리드리히 헤겔과 루스 이리가레이
역사와 현실 속으로 | 여자들의 권리장전, 인어공주 그리고 문근영
가상토론 | 다르지만 동등한 세상은 어떻게 가능할까?

 생각 속으로

인정받고 싶은 것은 사람의 본성일까?

어때, 내 말이 맞지?

친구와 의견이 다를 때, 내 의견을 친구가 받아들일 때까지 싸운 적은 없는가? 친구와 말다툼을 벌이고 언성을 높이는 이유는 친구의 의견이 틀렸다고 생각했기 때문일 것이다. 그러나 옳고 그름을 판가름할 필요가 없는, 그저 하나의 의견에 지나지 않는 경우도 있다. 가령 "오늘 점심은 뭘 먹을까"라고 물을 때 나는 피자를, 친구는 된장찌개를 선택한다면 친구의 말이 틀렸다고 할 수는 없다. 그런데도 당신은 친구가 피자를 선택하도록 신경전을 벌인다. 식욕을 충족시키려는 소소한 다툼뿐만 아니라 학문적 주장에 이르기까지 자신의 의견이 관철되도록 혈전을 벌이기도 한다.

생각을 조금만 바꾸면 그리 대단한 것도 아닌데 일상에서 이런 일이 반복되는 이유는 무엇일까? 평소에 친구가 내 말을 순순히 받아들이면 기분이 좋아진다. 왜 그럴까? 사람들은 심리적으로든 사회적으로든 타인보다 능력이 있다는 걸 인정받고 싶어하기 때문이다.

사람들은 본성적으로 타인에게 인정받고 싶어하는 욕구가 있다. 인정받으면 가슴이 뿌듯하고 자부심도 생긴다. 그리고 인정받으면 실생활에서 대우가 달라지고 삶이 편해진다. 새로운 사업을 구상하는 회의를 한다고 가정해보자. 여러 사람이 기획안을 가져와서 토론할 때, 같은 이야기를 해도 실력을 인정받는 사람의 말이 더 설득력 있게 들린다. 그 사람의 기획안이 채택될 가능성이 높으며, 전체 과정을 주도적으로 조율하는 권한도 갖게 된다. 상당히 노력해서 기획안을 만들어도 능력이 없거나 능력이 없다고 간주되면 헛수고가 되기 십상인 경우와 비교해보라!

삶의 현장에서 자신의 주장이 쉽게 받아들여지는 것과 무시되는 것에는 엄청난 차이가 있다. 그래서 인정 욕구가 삶에 어떤 변화를 야기하는지 고민한 사람들이 많다. 특히 18~19세기에 독일에서 활동한 철학자들은 인정 욕구를 문화와 역사 발전의 원동력이라고까지 주장했다.

난 이런 사람이야, 날 인정해줘

철학자 칸트는 사회와 문화가 발전하려면 인간의 이기적 욕구가 필요하며, 타인과 비교하여 남보다 우월해지고 싶어하는 욕구는 삶의 중요한 원동력이라고 말했다. 그는 《단순한 이성의 한계 안에서의 종교 Die Religion innerhalb der Grenzen der blo en Vernunft》에서 인간의 목적을 실현하는 데 필요한 요소로서 '소질'과 '경향성'을 제시하는데, 소질 중에는 자기애에 해당하는 '인간성의 소질'이 있다. 자기애는 자기만 들여다보면서 자아도취에 빠지는 나르시시즘 narcissism을 의미하는 것이 아니라 '타인과의 관계'에서 발휘되는 자기 사랑이다.

사람은 타인에게 비추어 자신을 평가한다. 인간은 혼자서도 행복과 불행을 느끼지만, 타인과 비교할 때 그런 감정이 더 분명해지고 더 요동친다. 나도 모르게 친구와 나를 비교하고, 친구와 내가 '동등해졌으면 좋겠다'는 생각과, 내가 친구보다 '더 능력이 있으면 좋겠다'는 생각을 하게 된다. 실제로 그런 일이 일어나면 행복감을 느낀다. '자기 사랑'은 타인과 비교하여 서로 동등해지고자 하는 '평등 욕구', 타인보다 내가 더 우월해지고자 하는 '우월 욕구'를 통해 실현된다.

큰 문제를 일으키지 않는다면 대충 살아도 되는데, 사람들은 왜 평등해지려고 할까? 평등하지 못하면 힘이 세고 권력이 있는 사람이 그렇지 않은 사람을 함부로 대하면서 폭력과 억압을 일삼는 일이 생기기 때문이다. 그래서 사람들은 타인이 자신의 권리를 빼앗지 못하도록 평등을 법적으로, 제도적으로 명문화하려고 한다.

인류 역사상 만인은 평등하며 동등한 존엄성과 인격성을 지닌다고 인정받은 것은 그리 오래되지 않는다. 과거 역사는 오랫동안 계급사회였고, 주인이 하인을 죽여도 처벌받지 않는 시기도 있었다. 1789년 프랑스 혁명에 이르러서야 모두가 자유로운 인격적 존재라는 권리장전이 마련되고, '평등 욕구'를 제도적으로 실현하는 전기를 이루었다.

평등을 제도적으로 실현하는 것은 평등 욕구 이외에 '우월 욕구'와도 관련이 있다. 인간은 타인에게서 평등함을 인정받고 싶어하는 욕구를 지닌다. 동시에 타인이 자기보다 능력 있는 것을 좋아하지 않는다. 그래서 타인이 나보다 우월해지기 전에 내가 우월해지려고 하고, 그것을 실현하기 위해 타인을 '지배하려는 욕구'를 드러내기도 한다.

우월 욕구를 발휘하는 감정에는 질투심과 경쟁심이 있다. 친구보다 능력 있는 사람이 되려고 경쟁심을 발휘하면 친구와 대립하게 된다. 그러나 그 과정에서 남들이 생각하지 못한 컴퓨터를 발명하거나 새로운 이론을 발견하기도 한다. 나의 경쟁심이 상대와의 충돌을 야기하지만, 사회와 문화를 발전시켜서 인류 전체에 도움을 주기도 하는 것이다. 칸트가 쓴 논문들에서는 이것을 사회 발전에 반대되는 욕구이지만, 결국 사회 발전을 가져오는 사회성이기 때문에 '반사회적 사회성'이라고 부른다. 경쟁심과 반사회적 사회성은 타인보다 우월해지고 싶은 욕구, 우월하다고 인정받고 싶은 욕구와 관련이 있다.

평등 욕구와 우월 욕구는 타인과 비교하는 가운데 나타나지만, 근본적으로는 선한 욕구이다. 거시적으로는 사회 발전에, 미시적으로는 개인의 심리적 욕구 충족에 필요하기 때문이다. 단지 경쟁심이 과도하면 타인에 대한 폭력과 사회적 악덕으로 이어질 수 있으므로, 정도를 잘 조절하는 것만 신경 쓰면 된다. 평등 욕구와 우월 욕구는 타인에게 인정받고 싶은 사회적 욕구이며, 인간에게 근원적인 '인정 욕구'이다.

사귀는 사람끼리 왜 싸우는 걸까

인정 욕구가 제대로 실현되지 않는 사회는 삶이 피폐해지고 악행이 만연한다. 그래서 사람들은 평등과 우월을 인정하는 사회를 만들기 위해 싸움을 벌인다. 이렇듯 자신의 권리와 주체성을 서로 인정하는 사회를 만들기 위해 벌이는 싸움이 '인정 투쟁'이다. 인정 투쟁은 헤겔 이전에 피히테 Johann Gottlieb Fichte도 언급하기는 했지만, 헤겔의 《정신현상학 Phänomenologie des Geistes》에서 '주인과 노예의 변증법'을 통해 정교하게 나타난다.

인정 투쟁을 벌이는 인간은 처음에는 각각 권리와 존엄성을 지니는 독립적 자유인이다. 그러나 자유롭게 활동하는 가운데 서로의 욕구가 충돌

▬▬▬▬ 우리는 서로 다르기 때문에 서로를 비교하면서 내가 크니까 더 잘났고, 내 주장이 옳으니 내가 우월하다고 생각한다. 인정 투쟁의 일차적 동기는 인정 욕구이지만, 인정 욕구를 발휘하게 만드는 '비교'와 비교를 야기하는 인간 간의 '차이', 존재자들 간의 '차이'가 더 근본적이다.

한다. 자신의 욕구와 권리를 지키려고 하다 보면 상황이 급변하여 전쟁에까지 이르게 된다. 전쟁은 끊임없이 죽고 죽이는 과정이다. 아무리 용감해도 죽음의 그림자는 누구에게나 두렵기 때문에 전전긍긍하는 사람이 생긴다. 그러나 싸움에서 지면 자유와 권리를 침해당하므로, 자유를 상실하느니 차라리 죽기 살기로 싸우겠다는 사람도 있다. 죽음을 무릅쓰고 싸우는 사람과 죽음이 두려워 전전긍긍하는 사람 간의 싸움에서 죽기 살기로 싸우는 사람이 이기는 것은 당연하다. 싸움에서 승패가 갈리면, 승자는 패자를 자기에게 종속시키고 노예처럼 함부로 부린다.

죽음이 두려워 생명을 보존하려던 패자는 자유와 권리를 빼앗긴 채 마치 노예처럼 승자를 위해 봉사한다. 생명을 보존했으니 억압을 받아도 괜찮다고 생각한다면, 비록 노예가 아니어도 '노예근성'을 지닌 사람이다. 그러나 생명 보존이 아무리 중요해도 패전 후에 억압을 받으면, 평등 욕구와 우월 욕구로 인해 누구나 괴로움을 겪는다. 그래서 현재 상태를 거부하고 자유를 얻는 싸움을 벌이라고 인정 욕구가 충동질한다. 이로 인해 인정 투쟁이 재현되고 반복된다. 인정 투쟁은 개인의 권리와 존엄성을 실현하는 과정이며, 자유와 평등을 전 세계로 확산시키고 제도화하는 원동력이다.

전쟁이 아니어도 인정 투쟁은 일상생활에서 '소소하게' 재현된다. 인정 투쟁이 이렇게 반복되는 이유는 무엇일까? 일차적으로, 평등과 인정이 제대로 실현되지 않은 사회에 살고 있기 때문이다. 그러나 더 중요한 이유는, 인간이 획일적으로 동일하게 태어나지 않는다는 데 있다. 우리는 인간이라는 점에서는 동일하지만, 생김새와 성격 그리고 능력 면에서는 모두가 다르다. 서로 다르기 때문에 서로를 비교하고, 길고 짧은 것을 대보게 된다. 내가 크니까 더 가치 있고 더 잘났고, 내 주장이 옳으니 내가 우월하다고 생각하게 된다. 인정 투쟁의 일차적 동기는 인정 욕구이지만, 인정 욕구를 발휘하게 만드는 '비교'와 비교를 야기하는 인간 간의 '차이', 존재자들 간의 '차이'가 더 근본적이다.

세상에는 굉장히 많은 종류의 차이가 있지만, 차이를 어떻게 받아들이는가에 따라 사회가 달라진다. 가장 눈에 띄고, 차이 때문에 불평등한 구조가 만들어지는 대표적 예로 인종차별과 성차별을 들 수 있다. 남녀의 몸 차이는 외형상 가장 분명하게 드러나는 생물학적 차이이기 때문에, 성차별은 그 어느 것보다도 일찍부터, 그 어느 것보다도 심각하게 생겨났으며, 여성을 고통스럽게 했다.

몸의 차이에서 쉽게 눈에 띄는 여성의 특징은 '임신'이다. 임신을 하려면 남자와 여자가 같이 노력해야 하지만, 아이를 출산하는 것은 여자이기 때문에 출산과 양육을 '여자의 사명'처럼 간주하기도 했다. 그러다 보니 자연스럽게 다른 일은 여자에게 걸맞지 않다고 하면서, 여자는 사회 지도자가 될 만한 지적 능력을 타고나지 못했다는 식으로 몰고 가기도 했다. 이런 주장을 펼치는 사람은 남성 보수주의자들이다. 보수주의자는 가사노동이 여자의 타고난 본분이자 사명이며, 여자는 사회활동을 할 만한 능력이 없다고 주장한다. 당연히 이성 능력도 남자보다 떨어진다고 하면서 남성 지배적인 삶의 구조를 만들었다. 사회 결정권은 남자에게 주어지고, 남자의 생각과 판단을 여자에게도 동일하게 적용했다. 남자의 관점에서 여자를 오판해도, 그것을 교정할 장치가 없었다.

그래서 남자의 이런 생각이 잘못된 것이라는 비판이 일기 시작했다. 남자와 다른 몸을 지녀도 여자의 지적 능력이 떨어지는 것은 아니며, 여자도 남자와 동등한 이성을 지닌다고 하면서 여자의 권리와 존엄성을 회복하려는 자유주의 여성주의자가 등장했다. 이들은 오랜 시간에 걸쳐 여자는 남자와 평등하며, 여자도 능력 있는 존재가 될 수 있다는 점을 증명했다. 루터Martin Luther의 종교개혁 영향을 받은 개신교 신자와 계몽주의 영향을 받은 학자들이 '남녀의 동등한 능력'과 '남녀의 동등 교육'을 주장하면서 변화가 일어났다. 18세기 영국의 울스턴크래프트Mary Wollstonecraft, 19세기 영국의 밀John Stuart Mill과 테일러Harriet Taylor 부인은 여자가 능력이 없는 것은 무능력하게 태어나서가 아니라 교육을 받지 못해 '능력을 계발할 기회'가 없었기 때문이라고 하면서 '여성 교육'을 주장했다. 권리, 주체성, 이성적 결단력과 도덕적 책임감을 계발할 여성 교육이 필요하며, 여성에게도 사회 참여를 위한 선거권과 참정권을 부여해야 한다고 외쳤다.

그러나 자유주의 여성주의자는 남녀가 동등한 능력을 지닌다는 점을 강조하는 과정에서 남녀 차이를 무시하고 남녀 동등성의 척도를 남자에게 맞춘다. 그 결과 여성적 특징은 남성적 특징보다 열등한 것으로 무시되고, 여성적 특징을 지닌 여자도 무시하는 결과를 낳았다. 그래서 이리가레이

Luce Irigarey는 정신분석학의 도움을 받아 여자의 몸에 기초하는 여성적 특징, 여성의 성욕, 여성적 체험의 가치를 주장하게 된다. 남자와 여자는 몸의 차이가 있으며, 경험의 차이에서 생겨나는 성격과 특징의 차이도 있다. 이때 여성적 특징은 남자가 경험하지 못하는 것과 관련이 있으며, 남성적 특징보다 더 소중한 의미를 지니는 것들도 있다고 주장하면서 가치를 반전시킨다.

남녀의 특징은 다르지만, 문제는 이것들에 우열을 매기고 가치 평가를 불균등하게 하는 것이다. 서로 동등한 가치와 동등한 권리를 지닌 존재라는 점을 인정할 때만이 상호 인정이 실현되며, 그렇지 않으면 인정 투쟁은 반복될 수밖에 없다.

남자도 육아 휴가를 받으면 어떨까

인간은 평등 욕구와 우월 욕구를 충족시키기 위해 오랜 기간 인정 욕구와 인정 투쟁을 지속해왔다. 특히 남녀 차이는 불평등을 정당화할 수 없는 요소임에도 남녀 불평등의 근거가 되어왔다. 차이를 비교하면서 우열을 매기고, 자신과 차이가 있는 존재는 열등하며 자신의 지배를 받아야 한다는 생각을 완전히 떨쳐버려야만 사회가 변할 수 있다. 인종차별주의, 여성차별주의, 종차별주의 모두에서 자신과 다른 존재는 열등하다는 편견에서 벗어나야 하듯이, 남자의 일과 여자의 일을 나누는 데서도, 여자의 일이 가치가 없다고 생각하는 편견에서도 벗어나야 한다.

인정 욕구를 제대로 실현하려면 자신과 다른 존재도 자신과 동등한 가치를 지니며, 여성적 특징과 남성적 특징은 서로 가치를 비교할 수 없는 절대성을 지닌다는 점을 자각해야 한다. 서로를 '절대적 가치를 지닌 존재'로 인정한다면, 상대방의 일도 스스럼없이 할 수 있다. 남녀의 몸이 다소 차이가 있어도, 남자나 여자나 모두 아이를 양육할 수 있고 가사노동도 섬세하게 잘할 수 있다. 단지 '가치 있는 남성'이 '가치 없는 여성의 일'을 해서는 안 된다는 편견에 사로잡혀 있었기 때문에, 남성은 여성의 일이나 여성적 특징을 진작시킬 기회를 멀리했던 것뿐이다. 무엇보다도 아이는 부모의 합작품이다. 부모 중 한 명이 아이를 아무리 잘 길러도 다른 한 명이 아이에게 무관심하거나, 끊임없이 가정폭력을 가하거나, 정신이상 행위를 한다면 아이는 정상적으로 자랄 수 없다. 그렇듯이 남녀는 동일하게 아이의 미래를 좌우한다.

생물학적 차원에서 차이가 있어도 남녀는 동등한 권리와 기회를 부여받고 인정받아야 한다. 설령 남녀가 다르다고 해도 남자는 여자의 일을, 여자는 남자의 일을 서로 교차해서 하다 보면, 공유하는 체험이 누적되어 서로 간의 정신적·심리적 차이를 이해하고 극복하게 된다. 여자뿐만 아니라 남자도 출산휴가, 육아휴가를 받을 권리를 주장하고 이를 실현시켜야 하며, 이렇게 해서 상대방의 일이 지닌 가치와 교차관계를 인정할 때 진정으로 상호 공존하는 삶의 구조를 만들 수 있다.

고전 속으로

프리드리히 헤겔과 루스 이리가레이

프리드리히 헤겔 Georg Wilhelm Friedrich Hegel (1770~1831)

근대 독일 관념론 철학자 중 헤겔은 동등성과 차이 문제를 상호 인정 개념으로 적용할 만한 주장을 펼치고 있다. 헤겔은 《정신현상학 Phänomenologie des Geistes》(1807)의 '자기의식' 장에서, 주인과 노예의 변증법을 주체적인 두 인간의 상호 인정을 위한 죽기 살기 싸움, 즉 인정 투쟁으로 전개하고 있다. 인간에게는 인정받고 싶어하는 욕구가 있으며, 그 인정 욕구를 권리, 존엄성, 자유와 평등, 주체성의 실현으로 전개하면서 인간의 사회 공동체를 형성하는 기반을 드러내고 있다.

> 헤겔, 《정신현상학》
> 원전 번역

대립 속에서 가능한 상호 인정

사람은 자연 그리고 다른 인간과 관계를 맺을 때 두 종류의 의식을 지닌다. 하나는 사물을 경험하고 사물에 대해 파악하는 의식, 즉 '대상의식'이다. 다른 하나는 경험하고 파악되는 대상이 바로 자기 자신일 경우이다.

인간은 사물과 대상을 파악하는 자기 자신을 알고 자기 자신을 반성하는 의식, 즉 '자기의식'을 지닌다. 이렇게 대상의식과 자기의식을 지니는 인간은 동일하게 대상의식과 자기의식을 지니는 다른 인간과 만난다. 나의 자기의식과 타인의 자기의식은 서로 만나고, 충돌하고, 화해한다.

"자기의식나은 또 하나의 자기의식타인과 절대적으로 맞서 있으며, 그렇게 대립하면서 자유롭게 존재한다. '대립'하는 자기의식은 인정받을 때만 존재하며, '인정받는 것'일 때만 자기 자신으로 존재한다. 자기의식은 홀로 존재할 수 있지만, 그러나 동시에 다른 자기의식과 대립하고 대립을 통일시키면서 인정받을 때만 자신의 '무한성'을 실현하게 된다.

무한성 개념을 구성하는 요소는 다양하게 구별되지만, 동시에 구별되지 않는 것으로 인식된다. 자기의식은 다른 자기의식과 구별되지만, 구별을 지양하며 구별을 서로 관계지우고 통일시킬 때 자기의식의 무한성 개념이 실현되기 때문이다. 구별되는 것이 이렇게 이중 의미로 파악되는 것은 자기의식의 본질 때문이다. 자기의식은 고립되고 고정되어 있는 것이 아니라, 1) 스스로 무한한 운동을 펼치면서 자신과 반대되는 것과 만나고 대립한다. 2) 자신과 반대되는 것으로 자신을 변화시킨다. 자기의식이 이렇게 자신을 이중화하고, 이중화를 정신적으로 통일시키는 것이 바로 '인정'이다.

자기의식나은 다른 자기의식타인을 만날 때, 자기를 상실하고 자기로부터 벗어난다. 내가 자신을 상실한다면, 타인이 자신이라고 생각할 수 있다. 이때 타인을 자신이라고 생각하는 것은 타인과 자기가 직접적으로 하나라는 의미가 아니라, 타인 속에서 자신을 본다는 것이다. 타인 속에서 자신을 보게 되면 타인에 대한 낯설음이 지양된다.

타인을 지양한다는 것은 어떤 의미인가? 첫째, 자기의식이 타인의 자립성을 지양한다는 것이다. 타인이 자립적 존재라는 것을 지양하는 것은 자신이 본질적 존재라는 것을 확신하는 것이다. 그러나 둘째, 타인이 바로 자신이라는 것이다. 그렇다면 타인을 지양하는 것은 바로 자기를 지양하는 것이다. 인정은 이러한 두 가지 지양을 통해 실현된다. 다른 자기의식도 자기의식₁처럼 자신을 이중화한다. 이렇게 서로를 인정하는 운동을 반복하여 상호 인정관계로 들어선다." 인정받기 위한 싸움은 상호 인정이 이루어질 때까지 지속된다.

해설

헤겔은 인간이 혼자 사는 존재가 아니라, 태어나는 순간 이미 공동체 속에 던져지는 공동체적 존재라고 본다. 그래서 내가 나를 알게 되고, 나의 본래성을 확립하는 것도 다른 인간과 만나고 관계하면서 가능해진다.

이 세상 사람들 모두가 싫어져서 그들 모두가 사라지고 나 혼자 살면 좋겠다고 생각해본 적이 있는가? 만약 실제로 그렇게 된다면, 헤겔의 입장에서 보면 그런 사람은 자기의 본래성도 자기의식도 확립할 수 없게 된다.

참다운 나를 확립하려면 나 혼자서는 불가능하다. 나는 다른 인간과 만나야 하며, 다르다는 점 때문에 서로 대립하는 과정을 거친다. 이때 대립을 피하거나 대립을 무시하면 참다운 나를 정립할 수 없다. 인간이 지닌 무한한 가능성은 차이를 지니는 타인과의 대립 속에서, 그 대립을 극복하는 과정에서 실현될 수 있다. 그러므로 나와 다른 타인의 차이를 말살하면 타인을 무시하는 것이 된다. 내가 타인을 무시한다면, 반대로 타인도 나를 무시한다.

> 상대방에 대한 무시는 서로가 서로를 거부하는 데서 그치지 않고, 자신의 가능성과 무한성을 실현할 기회도 상실하게 만든다. 헤겔은 내가 타인과 다르지만, 그 다른 점을 인정할 때 타인도 나의 다른 점을 인정하게 된다고 생각한다. 게다가 참다운 나의 무한한 가능성은 나 혼자서나 아무 관계가 없는 타인을 통해서가 아니라, 나와 대립하는 타인을 통해서, 그 대립을 극복하는 데서 이루어지기 때문에, 나의 본래성과 나에 대한 인식을 실현하려면 반드시 타인의 본래성과 타인의 존재가 필요하다.

루스 이리가레이 Luce Irigaray (1934~)

양자의 동등성과 차이 문제를 남자와 여자의 비교를 통해 설명한 학자 중 한 명이 이리가레이다. 이리가레이는 남자와 여자가 동등함에도 생물학적으로 몸의 차이 때문에 생겨나는 차이들이 있다고 주장한다. 남녀의 성 차이를 통해 여성의 특징들을 여성주의 시각에서 접근하는 이리가레이는 파리에서 정신분석학과 철학을 동시에 담아내는 여성주의적 글들을 발표했다. 그 중 《나, 너, 우리—차이의 문화를 위하여 Je, Tu, Nous: toward a Cluture of difference》(1993)를 통해 남녀의 차이를 주장하면서, 남성적 가치와 여성적 가치 문제를 독특하게 주장한다.

루스 이리가레이, 박정오 옮김,《나, 너, 우리—차이의 문화를 위하여》, 동문선, 1998.

남녀 차이와 대립을 인정하는 참된 문화

여성 문제에 관심 있는 여자들 중 보부아르의《제2의 성 Le Deuxieme Sexe》을 읽지 않은 여자가 있을까? 그 책을 읽고 자극받지 않은 여자가 있을까? 그 책을 읽은 여자는 여성주의자페미니스트가 되었을 것이다. 보부아르는 여성 착취를 거론하면서 문제의 중요성을 상기시킨다. 그녀의 책을 읽은 모든 여성은 혼자라는 외로움을 떨쳐버리게 된다. 보부아르는 여성이 억압이나 속임을 당하지 않고 자신감을 갖도록 격려하는 진정한 여성 중 한 명이다. 그런데 나는《제2의 성》을 읽었어도 보부아르에게 전혀 가까워지지 않았다. 세대 차이 때문일까? 세대 차이는 아닌 것 같다. 보부아르는 평생에 걸쳐 젊은 여자들과 잘 어울렸으며, 서로 영향을 주고받으면서 여성 문제를 해결했기 때문이다.

보부아르와 사르트르는 그들의 책과 활동에서 항상 정신분석을 경계한다. 나는 정신분석학자로 훈련받았기 때문에, 나의 이론에 정신분석학이 중요한 영향을 미쳤다. 나는 여성의 정체성을 '성적인 것'으로 이론화한다. 의식 발달과 역사 발달을 성적 결정론과 관련하여 해석하며 정신분석이 내 철학의 중요한 단계를 차지한다.

   정신분석학 교육을 받았다는 것은, 여성 해방에 대한 나의 생각이 남성과 여성 간의 단순한 평등을 넘어선다는 것을 함축한다. (…) 여성이 이러저러한 권리를 얻도록 시위를 권장하고 참여하는 일들은 (…) 단순히 권리를 요구하는 데 그치지 않고 성문화된 성 평등으로, 남녀의 대등한 권리 실현으로 나아가야 한다. 이때 남녀는 다르기 때문에 본질적으로 다를 수밖에 없는 권리를 도출해야 하며, 여성들뿐만 아니라 부부들도 다른 자아를 따르는 것을 허용해야 한다. 단지 어머니로서가 아니라 여성으로서 자신의 가치를 발견할 때, 비로소 여성은 이러한 권리들을 누릴 수 있게 된다.

여성으로서 평등을 주장하는 것이 나에게는 여성 억압에 대해 제대로 반대하는 것처럼 보이지 않는다. 평등을 요구하는 것은 비교 대상을 전제로 한다. 평등을 주장할 때 여자들은 누구에게, 무엇에 대해 동등해지기를 원하는가? 남자에게? 봉급 문제에서? 공공기관에서? 도대체 어떤 기준에 대해? 여성들을 겨냥하여 평등을 주장하면 안 되는가? 피상적으로 평등을 요구하면 평등의 근거는 충분하다. 그러나 수단의 관점에서 보면 여성 해방은 유토피아적이다. 왜냐하면 여성 착취는 성차별에 기초하며, 그래서 해결책도 성차별을 통해서만 가능하기 때문이다 달리 말하면 성 차이를 고려해야 한다. 그에 반해 근대와 현대의 일부 여성주의자는 귀에 거슬릴 정도로 '성의 중성화'를 요구한다. 성 차이를 고려하지 않고 성의 중성화에 기초하여 여성 해방을 부르짖는다면 인류 종말을 가져올지도 모른다. 인류는 생산과 재생산 2세 생산을 책임지는 두 성으로 구성된다. 만약 성 차이를 제거하고자 한다면, 역사에 존재했던 그 어떤 형태의 파괴보다도 더 과격한 계획적 대량학살을 원하는 것이다. 우리에게 중요한 것은 중성화가 아니라 남녀 양성, 각 성에 속하는 각각의 가치를 정당하게 규정하는 것이다. 양성을 존중하는 각각의 성 문화를 정성들여 만드는 것이 급선무이다.

우리 세대는 양성 모두가 생식적인 것을 넘어서서 창조적 부부관계를 형성하도록 하는 긍정적 윤리관을 결여하고 있다. 아직도 새로운 가치관 창조를 가로막는 장애물은 수세기 동안 문명을 지배해온 가부장적, 남성 중심적 지배 모델이다. 남근 지배적 모델의 영향력은 여성 해방을 가능케 하는 새로운 가치관 창조를 지속적으로 가로막고 있다. 여성의 성욕을 문화적 가치의 중요한 잣대로 간주하면서, 여성에 대한 남성의 일방적 힘을 제어하고 권력 균형을 부여하는 것은 사회 정의 실현과도 관련이 있다. 오늘날 이 문제는 보부아르가 《제2의 성》을 쓰던 시기보다 훨씬 더 명확해졌고 훨씬 더 중요하다.

해설

이리가레이는 여성의 삶을 개선하기 위해 선구적으로 노력한 보부아르Simone de Beauvoir를 존경한다. 그러나 보부아르와 다른 입장을 취하고 있기 때문에 보부아르를 비판하면서 자신의 주장을 펼치고 있다. 보부아르는 몸 차이가 있어도 남녀가 이성적·정신적 능력 면에서는 동등하다고 말한다. 남녀의 이성적 동등성을 주장하기 위해 보부아르는 때로는 여성의 몸을 무시하고, 프로이트의 정신분석학을 토대로 남녀의 성 차이, 성욕 차이를 주장하는 이론들을 거부한다. 남녀의 생물학적 차이뿐만 아니라 성격적 차이도 거부한다.

그에 반해 이리가레이는, 남녀는 생물학적으로 차이가 있기 때문에 그 차이를 인정해야 하며, 오히려 차이를 부각시켜야 한다고 주장한다. 차이가 있음에도 성의 중성화를 요구하는 것은 오히려 여성에게 억압이 되고 여성 해방에 방해가 된다는 것이다. 자유주의 여성주의자나 보부아르처럼 남녀가 동일하다는 전제에 기초하여, 여자도 남자처럼 되려고 하고 여자를 중성화시키는 사회와 문화를 만드는 것은 남녀평등이 아니라, 오히려 남녀 불평등을 강화하는 방식이 될 수 있다.

이런 일이 일어나지 않도록 이리가레이는 여성의 몸을 세세하게 살피고, 여성의 몸을 지녔기 때문에 여성만이 경험할 수 있는 것들, 남성은 이해할 수 없는 것들을 찾아내어 그런 부분들을 부각시켜야 한다고 본다.

성이나 성욕 면에서도 여성은 남성과 달리 남성적 측면과 여성적 측면을 모두 경험할 수 있는 신체 구조를 가지고 있고, 그와 관련된 무의식적 장치들이 있다고 한다. 이런 부분을 살려서 여성을 단일하게가 아니라 복수적으로 이해해야 하고, 그에 걸맞은 대안들을 제시해야 한다.

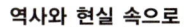

역사와 현실 속으로

여자들의 권리장전, 인어공주 그리고 문근영

프랑스 대혁명은 반쪽이다

■

근대 초기에 중대한 정치적 변화가 있을 때면 여성들도 동원되었다. 신분이 낮은 여성들은 오래전부터 종종 정당한 요구가 거부되거나 당국이 의무를 소홀히 했을 때 폭동에 참가하는 것뿐만 아니라 심지어 폭동을 주도하는 데도 아주 익숙해 있었다. 곡물이나 빵 가격이 너무 높거나 과세가 부당할 때, 공동 경작지가 폐쇄되는 경우 또는 종교적 변란이 일어나는 경우에 그랬다. 1648~52년의 '프롱드의 난' 때도 몇몇 지역에서 여성들이 일으킨 폭동이 전국적인 반향을 불러일으켰다.

— 조르주 뒤비·미셸 페로, 조형준 옮김, 《여성의 역사 3》(상), 새물결, 1998.

■

역사적으로 자유와 평등을 보편적으로 인정한 결정적 사건은 '프랑스 혁명'이다. 사람들은 길거리에 쏟아져 나와 죽음을 무릅쓰고 자유를 외쳤고, 그 결과 권리장전이 만들어졌다. 프랑스 혁명은 근대에 계속해서 누적

프랑스 혁명을 묘사한 들라크루아의 1830년 작품 〈민중을 이끄는 자유의 여신〉. 그러나 혁명을 통해 만들어진 권리장전에서 혁명의 선두에 섰던 여성들의 권리는 배제되고 말았다.

된 인간 존엄성에 대한 자각, 계몽주의, 자본주의 확산에 따른 대중 사회 형성이라는 시대적 영향들이 한데 어우러져 인정 욕구를 제도로 실현하는 기폭제가 된다.

그러나 프랑스 혁명은 '반쪽의 혁명'이라고 비판받는다. 프랑스 혁명을 통해 만들어진 권리장전에는 여자들의 권리가 배제되었기 때문이다. 남자가 혁명을 주도했으니 당연히 남자의 권리가 우선시되어야 한다고 생각할 수도 있다. 그러나 삶의 현장에서 일어나는 부조리에 맞서 여자들이 폭동과 혁명을 주도한 사례들이 이처럼 문헌으로 남아 있다. 그런데도 혁명의 선두에 선 여자들의 얘기는 프랑스 혁명을 회고할 때 거론되지 않는다. 권리장전의 자유, 평등, 박애는 남자만의 자유, 남자만의 평등, 남자만의 박애가 된다.

이런 문제점을 깨달은 여자들이 '여자들의 권리장전'을 만들기로 결의한다. 올랭프 드 구주는 1791년에 권리장전의 남성형 명사를 '여성형', '어머니', '딸'과 같은 단어로 바꾸어 '여성시민의 권리선언'을 발표한다. 시대의 화두로서 현실 파급력은 없었지만, 여자들의 권리장전에 담긴 정신을 실현하기 위한, 그리고 남녀평등을 인정받고 싶은 욕구를 관철시키기 위한 기나긴 운동이 지속되어 오늘날의 남녀평등에까지 이르렀다.

남녀가 어우러져 혁명을 일으켰는데, 왜 여성의 혁명적 행위와 여성의 권리는 인정받지 못하고 배제되었을까?

인어공주, 왕자님은 날 사랑하나요?

■

만일 왕자가 다른 아가씨와 결혼을 하면 인어공주는 불멸의 영혼은커녕 거품이 되어 사라질 운명이었습니다. 왕자가 인어공주를 품에 안고 아름다운 이마에 입을 맞추었습니다.

'왕자님은 나를 그 누구보다도 사랑하나요?'

인어공주는 아름다운 눈빛으로 물었습니다.

"……너는 그 누구보다도 나에게 헌신적이잖아. 게다가 너는 언젠가 내가 만났던 아가씨와 꼭 닮았어. 예전에 내가 탄 배가 난파되어 아가씨들이 모여 지내는 교회 근처 바닷가로 밀려간 적이 있었어. 그 중 가장 어린 아가씨가 나를 발견해 내 생명을 구해주었지. 나는 그 아가씨를 겨우 두 번밖에 보지 못했고, 다시 만날 수 있을지도 알 수 없지만, 내가 이 세상에서 사랑할 수 있는 유일한 여자는 바로 그 아가씨야……" 라고 왕자가 말했습니다.

'아아, 왕자님은 내가 왕자님의 목숨을 구해주었다는 걸 모르는군요! ……나보다 그 아가씨를 사랑하다니요!'

인어공주는 깊은 한숨을 내쉬었습니다.

— 안데르센, 《인어공주》

■

일상생활에서 여성적 특징으로 많이 거론되는 것 중 하나가 타인을 위한 '희생'이다. 그러나 아무리 아름답고 고귀한 희생일지라도, 그 사실이 제대로 전달되지 않거나 인정받지 못하면 불행해진다. 동화 《인어공주》가 단적인 예이다. 인어공주는 인간 왕자와 결혼하고 싶은 욕구를 충족시키기 위해 마녀에게 혀를 주는 대가로 인간이 되었어도, 그리고 죽을 목숨을 다해 왕자를 살렸어도, 자신이 어떤 상황에서 왕자를 구했는지, 왕자를 얼마나 사랑하는지, 왕자를 만나기 위해 혀와 목소리를 어떻게 희생했는지를 전혀 말해 줄 수 없다. 잃어버린 목소리는 왕자와의 대화를 불가능하게 만든다. 혀를 상실한 것은 단지 목소리를 상실한 데 그치지 않고, 자신이 어떤 사람인지를 '알리는 능력'과 애인으로 '인정받을 가능성'까지 상실한 것이 된다. 인어공주의 외모가 아무리 출중해도 감정과 생각을 교환할 수 있는 말을 상실함으로써 희생에 대한 교감이 사라지고 공주의 희생은 철저히 묻히게 된다.

일반적으로 남을 위한 희생적 사랑, 헌신적 사랑은 남녀 모두에게 적용되지만, 일상에서는 남자보다 여자에게 더 많이 요구한다. 희생적 삶을 살지 않는 어머니나 아내에게 불평하는 것도 그런 이유에서이다. 게다가 여자들 스스로도 헌신적 사랑으로 자신의 존재 가치를 인정받으려고 한다. 이때 헌신과 희생을 당연시하다 보면, 주변 사람들이 그가 희생한다는 사실을 제대로 파악하지 못하게 된다. 특히 우리 사회는 여자에게 다소곳함과 얌전함을 요구하고, 여자가 큰 소리로 얘기하거나 주도적으로 대화를 이끌어가는 것을 싫어하는 경향이 있다. 그래서 자신의 생각과 의견을 주체적으로 말하지 않고 조용히 침묵을 지키는 여자들이 많다. 자발적 침묵이든 타인이 강요한 침묵이든, 침묵하는 여성은 목소리를 잃어버린 인어공주와 비슷하다. 희생도 중요하지만 희생을 인정하고 상호 교감하는 것도 중요하다. 그래야만 인어공주와 같은 비극이 사라질 수 있다.

타인이 나를 위해 희생할 때, 그것을 당연하게 여기거나 그 사실을 파악하지 못한 적은 없는가? 타인을 위해 희생했어도 그것을 인정받지 못한 적은 없는가? 타인을 위해 희생한 다음에 그 사실을 알리려고 노력한 적은 없는가? 만약 그랬다면 알리려고 노력한 이유는 무엇이었는가?

내가 문근영보다 열심히 했는데!

■

저는 문근영하고 동갑입니다. 고3 때까지만 해도 문근영 팬이었습니다. 저는 문근영보다 더 열심히 했다고 생각합니다. 적어도 저는 영화나 CF를 찍지는 않으니까요. 하지만 제 수능 점수로는 성균관대는 어림도 없습니다. 문근영은 성균관대를 갔더군요. 자신 있게 실력으로만 대학을 가겠다고 말하던 모습이 떠오릅니다. 저는 지금 삼수합니다. 재수 때 수능은 문근영보다는 잘 나왔으리라 생각합니다. … 문근영의 성균관대 합격 절차가 궁금합니다.

— 네이버 지식 Q&A(http://kin.naver.com), 2007.

■

세계적으로 경쟁력 있는 인재를 기르기 위해 특별한 능력이 있는 학생은 수능시험이나 내신에 관계없이 특차와 수시 전형으로 대학에 입학할 수 있는 대입제도가 생겼다. 제7차 교육과정은 세계화, 정보화에 걸맞은 개인별, 능력별 특성화 교육을 지향하여, 수능 점수가 낮아도 대학에 진학할 수 있는 가능성이 높아졌다. 연예인도 이와 유사한 과정을 거쳐 대학에 진학하고 있다. 그러나 연예인 특기생이 많음에도 배우 문근영은 유독 비난을 많이 받았다. 동일한 과정을 거쳐 이루어진 진학인데, 왜 네티즌은 문근영에 대해 이렇게 심각하게 반응할까?

물론 '국민 여동생'으로서 문근영의 인기를 말해주는 것이기는 하다. 그러나 무엇보다도, 문근영이 다른 연예인보다 고등학교 학업 성적이 좋았다는 점이 한몫을 했다. 문근영은 원래 학급에서 중위권 이상을 유지하는 학생이었는데 연예활동을 하는 과정에서 성적이 떨어졌다. 그래서 특차합격이나 수시합격이 아니라, 그저 수능 점수를 올려 대학에 진학하려는 평범한 학생들과 비교할 여지가 있으며, 그로 인해 비교에 따른 인정 욕구가 작동하는 것이다.

둘째, 문근영이 다른 연예인들처럼 예술학과나 연극영화과가 아니라 그것과 관계없는 학과를 선택했기 때문이다. 다시 말해 처음부터 연예인에게 자리가 배정되어 있는 학과를 가지 않은 것이다. 그러자 열심히 공부하지만 연극영화과에 갈 의사가 없는 많은 학생들은 자신의 자리를 빼앗겼다고 생각한다. 문근영의 학과 선택 자체가 네티즌 대다수와 비교할 만한 영역이 됨으로써, 네티즌들은 무의식적으로 자신이 대학에서 손쉽게 인정받지 못했다는 상실감을 느끼게 된다.

셋째, 문근영과 자신은 다르다고 생각하면서도, 비슷한 또래로서 동일하게 성장하는 과정을 일찍부터 지켜보다 보니 계속적 동질화가 일어나기 때문이다. 평등 욕구와 우월 욕구를 동일하게 관철시키면서 인정받고 싶지만, 문근영처럼 자기 추천 전형을 할 수 있는 여지가 없다는 좌절감이 사회제도와 구조가 불평등하다는 생각으로 이어진 것이다.

마지막으로, 만약 문근영이 여자가 아니라 남자라면 어땠을까? 남자 연예인이었다면 그렇게까지 흥분하지 않았을 텐데, 여자 연예인이라서 더 흥분했던 것은 아니었을까? 평소에 똑같은 일을 남자가 할 경우와 여자가 할 경우에 자신의 반응이 어땠나를 생각해보자. 혹시 여자일 경우에 더 짜증내지 않았었나?

가상토론

다르지만 동등한 세상은 어떻게 가능할까?

간혹 신문지상에서 '최초 여성'이라는 수식어를 붙이면서 특정 분야에 여성이 진출한 것을 기사화하는 경우가 종종 있다. 최초 여성 법무부장관, 최초 여성 육사 입학, 최초 여성 항공기 기장 등. 이런 기사는 그동안 남성들의 일, 남성만의 일로 간주되어 여성들에게는 허용되지 않던 직종에 여성들이 진출하는 것에 대한 놀라움과 사회 변화를 알리려는 의도에서 실리곤 한다.

오늘날에는 남성의 일과 여성의 일을 나눌 수 없을 정도로 금남 지역, 금녀 지역이 없어졌음에도 이런 기사가 나오는 이유는 무엇일까? 왜 이전에는 여성들이 남성들의 일에 진출하지 못했을까? 남성이 여성의 진출을 막았기 때문일까? 그랬다면 왜 막았을까?

아마도 인간에 대한 이해, 달리 말하면 남성과 여성의 성격과 능력에 대한 이해가 지금과는 달랐기 때문이 아닐까? 이 궁금증을 풀고자 철학의 대가들을 모시고 남녀의 능력, 남녀의 역할에 관해 의견을 들어보기로 했다.

사회자 개성과 창조성을 강조하는 정보시대에 살다 보니 다양한 목소리가 난무합니다. 이 속에서 인간의 관계 방식에 혼란을 느끼는 독자들을 위해, 오늘은 근대 서양철학의 완성자인 헤겔 선생님과 정신분석학을 활용하여 여성주의 문화를 주창하신 이리가레이 선생님을 모시고 토론하겠습니다. 핵심 주장을 한마디로, 아니면 질문 형식으로 압축하면서 시작해보죠. 헤겔 선생님 먼저!

왜 남녀가 평등해야 합니까?

헤겔 "인간은 서로를 동등하게 인정해야 한다"이며 한마디로 '상호 인정' 입니다.

이리가레이 "남녀가 평등해야 합니까"가 저의 핵심입니다.

헤겔 예에? 무슨 말씀인가요? 남녀를 불평등하게 대우하고, 한쪽이 다른 쪽을 지배해도 된다는 말씀인가요?

이리가레이 제 말에 오해의 소지가 있었나 봅니다. 남자와 여자는 생물학적으로 다르다는 점을 고려해야 한다는 의미입니다. 헤겔 선생님의 주장을 제 식으로 바꾸면 "남자와 여자의 차이를 인정하자"입니다.

사회자 이리가레이 선생님의 '차이 인정'은 헤겔 선생님의 '인정'과 동일한 차원이 아니라는 생각이 드는데요. 헤겔 선생님, 어떻습니까?

헤겔 네! 인간은 모두 다릅니다. 그렇듯이 남자와 여자도 다릅니다. 그러나 남녀 차이에도 불구하고 남녀는 동등합니다. 제가 말하는 상호 인정은 "차이가 있어도 서로 동등하다"이며, 동등성을 인정하면서 양자가 만나는 접점을 찾아야 한다는 것입니다.

사회자 차이가 있는데 어떻게 양자가 만날 수 있나요?

헤겔 상대방 안에 나의 모습이 반영되어 있지는 않은지, 내 안에 상대방의 모습은 없는지를 찾는 것입니다. 그 모습을 찾을 때 서로 동등하다고 느낍니다. 차이 가운데서 양자의 동등성을 찾는 것, 그때 상호 인정이 가능해집니다.

이리가레이 글쎄요…… 제게는 양쪽이 획일적으로 똑같아지는 걸로 들리는데요.

사회자 왜 그렇게 생각하십니까?

이리가레이 여성주의 이론사를 뒤져보면, 자유주의 여성주의자는 남자와 동등한 권리를 인정받기 위해 여자도 남자 같은 능력을 지닌다는 점을 보여주려고 '남성화'를 지향했습니다. 결과적으로 여성적 특징을 가치 없는 것으로 평가절하하고, 남녀 차이가 사라진 중성화를 강조했습니다. 실존주의 여성주의자인 위대한 보부아르도 그랬었지요.

헤겔 자유주의 여성주의자의 주장은, 남녀 간에 능력 차이가 없으니 동등하게 대우하라는 말로 들리는군요.

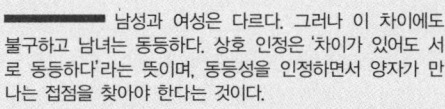 남성과 여성은 다르다. 그러나 이 차이에도 불구하고 남녀는 동등하다. 상호 인정은 '차이가 있어도 서로 동등하다'라는 뜻이며, 동등성을 인정하면서 양자가 만나는 접점을 찾아야 한다는 것이다.

이리가레이 저는 남자와 여자가 서로 환원되지 않는 분명한 차이가 있다고 생각합니다. 여자에게는 고유한 성격과 특징이 있습니다.

헤겔 어떤 점에서 그런가요?

이리가레이 남자와 여자는 몸이 다르고, 여자는 남자와 달리 임신을 합니다.

헤겔 그건 누구나 다 아는 얘깁니다. 요즘 같은 세상에, 남자와 여자가 생물학적으로 달라서 성격과 능력까지 다르다고 주장하시다니! 선생님은 참으로 시대착오적이시군요.

이리가레이 앗! 잘 생각해보세요! 임신은 남자가 할 수 없는 체험입니다. 임신 기간 동안 산모는 태아와의 관계에서 신비한 경험을 합니다. 그런 신비를 경험한 사람과 그렇지 않은 사람 간에는 성격 차이가 생길 수밖에 없죠.

헤겔 그 경험이 그렇게 중요할까요?

이리가레이 서로 다른 남녀를 동일하게 만들려고 하면, 차이 속에서 드러나는 다양한 가능성을 놓쳐버릴 수 있기 때문입니다.

사회자 어차피 남자끼리도 몸이 다른데, 남녀 간의 몸 차이를 강조할 필요가 있나요?

'똑같이'가 아니라 '다르게'

이리가레이 여자끼리도 다른 점이 있습니다. 그러나 여자이기 때문에 공통적으로 지니는 경험도 있습니다. 남자가 경험하지 못하는 몸의 보편성과 감성의 보편성이 그것이지요. 그 차이는 남성적 사고방식과 심리 상태로는 파악되지 않습니다.

헤겔 그렇다고 남자와 여자가 불평등해야 하나요?

이리가레이 차이를 고려하는 것이 불평등하게 대우하는 것은 아닙니다. 오히려 차이를 고려할 때 참다운 평등이 이루어집니다.

헤겔 어떻게 그런가요?

이리가레이 차이가 있으면 개성과 특수성에 맞춰 다르게 배려해야 합니다. 가령, 다리가 있는 사람과 다리가 없는 사람에게 똑같이 달리기를 시킨다면, 평등하게 대우하고 동등한 권리를 주었다고 할 수 있습니까?

헤겔 그렇게 말하긴 곤란하지요! 오히려 그들의 상황을 반영하는 것이 평등하게 대우하는 것이지요. 그렇지만 그것을 평등하다 불평등하다는 식으로 표현하는 것은 적절하지 않습니다.

이리가레이 그런가요? 평등, 불평등이 제게는 위계를 의미하지 않습니다. 차이를 무시하고 양자를 하나로 환원하는 것이 잘못되었다는 맥락에서 사용했을 뿐입니다.

사회자 그런데 왜 우리 사회는 잘못을 범하는 것일까요?

헤겔 차이가 있으면 그 중 한쪽은 정상이고, 다른 쪽은 비정상이라고 생각해버리는 편견 때문이 아닌가요?

이리가레이 사실, 오랫동안 사회 주도권은 남성이 쥐고 있었습니다. 그러다 보니 모든 것을 남자의 생각대로, 남자의 경험대로 규정했습니다. 여자에게도 남자의 경험을 그대로 적용하다 보니, 경험이 다른 여자가 남자의 규정에 적응하지 못해 곤란을 겪기도 했습니다.

헤겔 그래서 불편한 점이 있었나요?

이리가레이 여자는 생리를 할 때마다 몸이 아픕니다. 그때는 따뜻한 곳에서 쉬어야 합니다. 그러나 남자는 그런 경험을 하지 못했으니 제가 생리 때문에 조퇴나 결근을 하면 이상하게 생각합니다. 여자들은 당연하게 받아들이는데도 말이에요.

사회자 그래서 요즘 이슈가 되고 있는 생리 공결제, 생리 휴일제가 생긴 것이군요.

이리가레이 또, 예전에는 여자 의사가 없었습니다. 남자 의사는 여자가 신체의 특정 부위에서 어떤 고통을 어떻게 느끼는지, 어떤 정신 상태, 어떤 무의식 상태인지를 몰라서 치료법과 치료도구를 마음대로 사용했지요.

사회자 여자 의사들이 많아져서 그런 점은 고쳐지고 있습니다.

헤겔 저절로 고쳐졌나요? 남자가 알아서 바꿔준 것이 아니라 여자가 고통과 어려움을 호소했기 때문이지요. 남자의 잘못된 관점을 알리고 자신의 주장을 관철시키기 위해 오랜 싸움을 벌인 결과입니다. 앞으로도 계속해서 노력이 필요하죠.

사회자 상호 인정을 위해 벌이는 인정 투쟁을 남녀 문제에 적용하여 말씀하시는군요. 인정 투쟁을 말씀하시는 헤겔 선생님이 마치 이리가레이 선생님 대변자 같네요.

이리가레이 그래도 남녀는 몸이 다르기 때문에 정신적·심리적인 면도 차이가 있습니다.

헤겔 그렇다고 해서 능력, 도덕성, 책임감, 창조력이 다르다고 하는 것은 지나친 주장입니다.

이리가레이 남자가 하지 못하는 여자의 체험은 무의식에 영향을 미치고, 이 과정에서 타인에 대한 배려와 공감대가 형성됩니다.

헤겔 남자도 타인을 배려하고 공감대도 형성합니다. 임신은 할 수 없지만 배려는 가능합니다.

이리가레이 심리적 측면을 형성하는 경험이 달라서 정도와 질이 다르다고 봅니다.

헤겔 차이를 고려하여 세상의 질서와 제도를 마련해야 한다는 점은 이해가 가지만, 서로 통합되지 못하는 정신적·심리적 차이는 도저히 수용할 수 없습니다.

사회자 그러면 어떻게 해야 하나요?

상호 인정을 위한 인정 투쟁

헤겔 서로 다르다고만 하면 안 되고, 차이 가운데서도 하나로 통합되는 보편성과 동등성을 찾아야지요. 그래서 저는 평등보다는 '동등성'이 더 적절한 용어라고 생각합니다.

이리가레이 선생님은 남녀 차이에도 불구하고 동등성을 인정하자는 것이고, 저는 차이를 강조하는 것입니다.

헤겔 차이에 방점을 찍어도 모두가 평등하지요.

이리가레이 남녀를 다르게 대우하는 것이 마치 위계가 다른 것처럼 대우하자는 것은 아니므로 저도 동등성을 견지하고 있습니다. 더 나아가 저는 남성적 특징보다 여성적 특징이 더 중요하다고 봅니다.

헤겔 동등하게 대우하자고 말해도, 선생님은 남녀 몸 차이를 고수하기 때문에 남자를 우월시하고 여자를 무시하는 데로 나아갈 위험 요소를 지니고 있습니다.

사회자 사실 두 분은 시대적으로 다른 시기에 사셨습니다. 헤겔 선생님은 18~9세기에, 이리가레이 선생님은 21세기에 사십니다. 역사적으로 이론 변화를 모두 아는 이리가레이 선생님이 더 많은 얘기를 할 수 있지 않을까요?

이리가레이 최근 이론까지 고려하여 논의를 펼치지만, 남녀 차이를 절대화하는 본질주의라는 비판을 아직도 받고 있습니다. 헤겔 선생님이 비판하신 위험 요소도 이에 해당됩니다.

헤겔 저도 동등성을 부르짖지만, 남녀 차이를 전제하다 보니 동일한 비판을 받습니다.

사회자 그러나 헤겔 선생님의 얘기는 차이와 동등성 중 하나를 선택할 수 있는 입장은 아닌 것 같습니다. 이리가레이 선생님은 차이에 초점을 맞추고, 자유주의 여성주의는 차이를 무시하면서 동등성에 초점을 맞춥니다. 헤겔 선생님은 차이와 동등성을 동시에 고수하시니 선생님의 의견이 중요하다고 봅니다.

헤겔 음…… 저는 차이와 동등성의 통일을 추구하지만, 《법철학》에서는 차이 때문에 여자를 '식물 같은 존재'로 분류하고, 여자가 열등하다는 인상을 주는 발언도 했습니다.

이리가레이 여성을 무시하는 발언이 아니라면, 혹시 저와 유사한가요?

헤겔 선생님은 차이를 부각시켜 밀고나가면서, 여자 몸의 가치를 살려내고 있습니다. 비록 오해의 여지는 있어도, 선생님은 여성적 특징이 남성적 특징보다 더 가치가 있음을 보여주기 때문에 그런 면에서는 다릅니다.

이리가레이 선생님과 저는 시대적 간극이 있지만, 잘 생각해보면 차이 가운데서 동등성을 실현하는 선생님의 상호 인정은 남녀 인정의 기반이 된다고 생각합니다.

헤겔 그러나 선생님은 《하나이지 않은 성This sex which is not one》에서 남자의 성욕과 쾌락 추구처럼 여자도 성욕과 쾌락을 추구하는 무의식이 있다고 주장합니다. 이때 남성의 성은 단일한데 여성의 성은 복수적이고 탈중심적이기 때문에, 여성이 남성보다 더 복잡하다는 점을 드러내고 있습니다. 그런 면에서 선생님의 주장은 남녀 가치를 바꿔 생각하는 기회를 제공합니다.

사회자 자화자찬에서 타화타찬으로 변하고 있군요. 상호 인정하시나요?

철학자는 아니지만 저도 사회자로서는 누구 못지않게 훌륭합니다.

이리가레이 사회자의 능력은 공공연하게 인정받고 있습니다. 뛰어난 자가 겸손하기까지 하다면 더 많은 인정을 받을 텐데, 왜 그러시나요?

사회자 두 분 다 제가 잘났다고 인정하신다는 말씀! 기쁜 마음으로 이번 토론을 마치겠습니다. 감사합니다.

헤겔 아무리 흥분하셨어도 그렇지, 정리는 해주셔야죠.

사회자 하하! 그럼 정리하겠습니다. 인간은, 남녀는 모두 다릅니다. 다르지만 서로 동등합니다. 차이 속에서도 동등성을, 동등성 속에서도 묻어나는 차이를 인정하는 것이 혼란을 극복하는 지름길입니다. 어떤가요? 정리 잘 했죠?

더 읽어야 할 자료

책

- 김신명숙, 《선택》, 이프, 2007.

    우리 사회에서 남자와 여자는 더불어 살아가지만, 동등하게 살지 못하기 때문에 행복하지 않다. 집에서 문제를 겪고 있거나 부당한 대우를 받는 여성들에게 언니가 상담을 해주듯이 저자의 문제의 원인과 해결 방법을 이야기 한다.

- 이정은, 《사랑의 철학》, 살림출판사, 2004.

    인간은 사랑하면서 사랑의 의미가 무엇인지, 사랑하는 사람에게 어떤 태도를 취하고, 무엇을 인정해주어야 하는지 생각하지 않는 경우가 많다. 이 책은 사랑의 의미와 사랑하는 사람들의 관계 방식에 대해 기술하고 있다.

- 이정은, 《사람은 왜 인정받고 싶어하나》, 살림출판사, 2005.

    사람들은 자기 뜻대로 세상일이 돌아가지 않을 때 고통을 느낀다. 이러한 고통의 가장 중요한 근원이 타인에게 인정받고 싶어하는 욕구이다. 이 책은 이러한 욕구를 사회 현상과 연결하여 다층적으로 설명한다.

영화

- 낸시 마이어스, 〈왓 위민 원트〉, 2000.

여성의 생각을 읽게 된 주인공 멜 깁슨이 처음에는 그 사실을 거부하다가, 나중에는 그것을 통해 여성의 행동을 따라 하고 여성을 이해하면서 남녀 간의 조화로운 삶을 모색해간다는 내용이다.

3 가족

가족이라는 신화를 넘어

김세서리아 (성신여자대학교 연구교수)

생각 속으로 | 가족은 영원한 제국인가?
고전 속으로 | 프리드리히 엥겔스와 미셸 바렛
역사와 현실 속으로 | 혈연가족과 가정폭력을 넘어
가상토론 | 가족은 친밀함의 대명사인가?

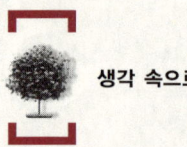 생각 속으로

가족은 영원한 제국인가?

누가 가족인가

가족은 우리에게 매우 익숙한 개념이다. 누구나 가족 안에서 살아간다고 생각하기 때문이다. 〈가족〉, 〈가문의 영광〉, 〈가문의 위기〉, 〈괴물〉 등 영화나 드라마 등이 가족과 가족애를 그리고 있는 것은 가족의 울타리가 그만큼 인간에게 중요한 것임을 보여주는 예일 것이다. 그렇기 때문에 사람들은 가족을 자연공동체로 이해하고, 모든 사람이 혈연가족이라는 동일한 형태 안에서 살아간다고 생각하며 "피는 물보다 진하다"는 말을 진리처럼 여긴다.

하지만 현실을 조금만 들여다보면 우리가 흔히 생각하는 것처럼 모두가 혈연가족 안에서 살아가지 않는다는 것을 발견할 수 있다. 또 부계 혈통의 가족과 친족 개념이 언제까지나 우세할 것이라고 확신할 근거도 없다. 이렇게 보면 가족이라는 개념을 이해하는 것이 그리 만만한 일은 아닌 듯하다. 더구나 가족, 혈족, 가문 등이 사회를 구성하는 이데올로기로 작용했던 전통적 사고와 현대 문화적 담론에서 빼놓을 수 없는 '여성'이라는 프

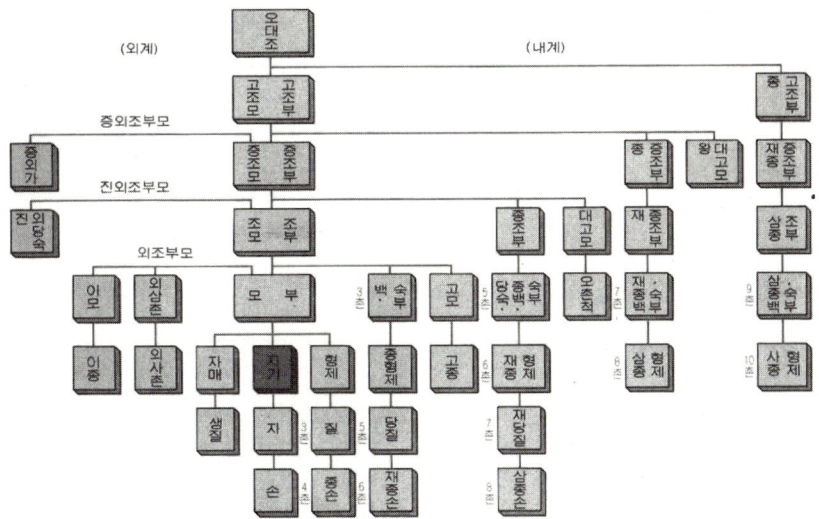

가족 관계를 나타낸 촌수 관계도. 이 관계도 앞에서 묻는 다음의 질문은 이 시대 어떤 의미가 있을까. 가족을 혈연과 유전자를 기초로 한 고정된 집단으로 인식하는 것은 정당한가? 가족을 반드시 동거하는 집단이어야 한다거나 생물학적 연계성을 지니는 집단으로 이해하는 강박증에서 벗어나야 하지 않을까? 우리에게 혈연가족이 주는 특별한 의미란 과연 무엇일까?

리즘을 통해서 바라보면 가족의 의미를 이해하기는 훨씬 더 어려워진다.

혹시 자신이 살아온 역사를 담은 사진첩을 만들어본 일이 있는가? 없다면 한번 시도해보라. 자신의 조상이 누구이고, 자신과 관련된 사람이 누구인지 알아보는 흥미로운 작업이 될 것이다. 먼저, 친가와 외가를 나누고 각각에 해당하는 사람의 사진을 붙인 뒤 그 사람을 부르는 호칭을 적어보는 방식으로 가족의 계보도를 만들어보자. 그리고 그 사람들과 함께 찍은 사진을 모아보자. 가족행사 때 찍은 그 많은 사진 속에 있는 얼굴 중에는 낯익은 얼굴들이 물론 많겠지만, 평소에 한 번도 생각해본 적이 없거나 심지어 누구인지조차 모르는 사람의 얼굴도 여럿 있을 것이다.

이런 작업을 해보면 우리는 곧바로 다음과 같은 물음에 봉착하게 된다.

가족을 혈연과 유전자를 기초로 한 고정된 집단으로 인식하는 것은 정당한가? 가족을 반드시 동거하는 집단이어야 한다거나 생물학적 연계성을 지니는 집단으로 이해하는 강박증에서 벗어나야 하지 않을까? 우리에게 혈연가족이 주는 특별한 의미란 과연 무엇일까? 입양아의 경우, 친부모와의 관계가 키워준 부모와의 관계보다 절대적으로 소중하다고 말할 수 있는 근거는 무엇일까? 혈연간의 사랑을 대신할 것은 진정 아무것도 없는 것일까? 가족 사랑은 다른 인간관계에서는 발견할 수 없는 특별한 방식의 사랑인가? 이런 물음들은 궁극적으로 '누가 가족인가' 하는 물음으로 귀결된다.

가족의 본질에 대한 두 가지 논의

가족은 생물학적·자연적으로 이루어진다

사람들은 가족이 사회적 필요에 의해 자연스럽게 생성된 집단으로서 개인과 사회를 이어주는 제도라고 이해한다. 그래서 가족 구성원들이 각자 자기 위치에 부합하는 역할을 얼마나 잘 수행하고 있는가를 통해 해당 가족의 기능성을 평가할 수 있다고 말한다. 여기서 가족 구성원의 역할이란 출산과 양육, 노동력의 재생산, 노인이나 환자의 부양 등과 같이 가족 내에서 이루어지는 다양한 역할들을 말한다. 가족을 이렇게 이해하는 입장에서 정상 가족은 '남편-아내-자녀'로 이루어지며, 남편은 가족의 생계를 책임지는 부양자로, 아내는 집안 살림을 도맡는 전업주부로 간주한다. 또 '이상적 가족'이란 친밀성과 애정을 바탕으로 하고, 가족 구성원 각각의 이익보다는 가족 공동체 전체의 이익을 우선시한다고 이해한다.

인류학자 말리노프스키Bronislaw K. Malinowski는 1913년《오스트레일리아 원주민의 가족제도The Family Among the Australian Aborigines》라는 책에서 오스트레일리아 원주민에게 가족이 존재한다는 사실에 힘입어 자녀 양육이 가족의 보편적 기능에서 도출된 가족의 특성이라는 점을 강조했다.

■

인간의 아이는 가장 고등한 유인원의 새끼보다도 훨씬 더 오랜 기간 동안 부모의 보호를 필요로 한다. 따라서 짝짓기, 임신, 출산과 같은 재생산 행위가 법을 기초로 한 부모됨 — 즉 아버지와 어머니가 오랫 동안 자녀를 돌보는 관계, 다시 말해 양육의 즐거움과 어려움을 함께 감수하는 관계 — 과 연결되지 않는 문화란 존재할 수 없었다.

■

말리노프스키에 따르면, 가정은 출생, 질병, 죽음과 같은 근본적인 생물학적 사건들과 깊은 관련이 있는 곳, 성관계가 이루어지며 먹고 자는 곳, 그리고 친족이라는 생물학적 유대로 친밀한 관계가 맺어지는 곳이다. 가족의 핵심적 활동은 출산과 양육을 중심으로 이루어지며 이는 생물학과 아주 긴밀하게 연관되어 있는 것으로 간주된다. 그렇기 때문에 가족은 오랫동안 친밀한 관계를 형성해오는 과정에서 강한 유대감을 지니게 되었다. 특히 부모와 자녀 간의 유대가 가족관계에서 강하게 나타나며, 남성 지배와 여성의 출산, 양육이 특화되는 과정에는 강력한 진화론적·유전적 근거가 이미 들어와 있다고 한다. 이는 부모가 애정을 가지고 자녀들을 돌본다는 보편적 기능을 가족이 수행한다는 믿음을 심어주었다. 때문에 아버지가 항상 가족에 포함된다는 그의 이론이 이후 비판을 받았던 것과는 달리, 자녀 양육을 가족의 일차적인 기능으로 보는 견해는 그대로 수용되었다.

무슨 소리! 가족은 사회문화적 산물이다

하지만 모든 학자들이 가족을 이러한 입장에서 보는 것은 아니다. 가족을 자연적·생물학적 단위로 보면서 다른 사회제도와 독립해서 이해할 수 있다는 견해에 반대하는 사람들이 있다. 오늘날 대다수 사회에서 볼 수 있는 부계제와는 달리 모계제의 습속을 따르고 있는 중국 내 소수민족의 이야기를 보자.

■

중국 윈난云南 성의 모소족摩梭族은 아직 모계제 가족의 형태를 유지한 채로 살아가는 사람들이다. 이러한 모계제 가족에서는 우리가 흔히 보는 부계제 가족과는 달리 여자(할머니–어머니–딸)를 중심으로 혈통이 이어진다. 즉 자녀들은 어머니의 혈족에 속하며, 딸의 자녀들 역시 어머니의 혈족에 속한다. 아들의 자녀들은 여기에서 제외되며, 아들의 처의 가족에 속하게 된다. 이렇게 혈통이 모계를 따르므로 친족 집단의 관념 역시 모족母族에 한정되며 부족父族의 관념은 중요한 것으로 나타나지 않는다. 모계제에서는 남자가 혼인하더라도 전적으로 처가의 일원으로서 안정된 지위를 차지할 수 없다. 혼인 후 남자는 계속하여 모족에 대한 책임이 있으며 모가母家에서 중요한 위치를 차지한다.

— SBS, 〈문화대탐험 – 아시아 4만 km〉, "루구호의 여인천국", 1994.

■

이 사회에서 혼인은 우리가 흔히 보는 혼인의 모습과 많이 다르다. 그들은 오늘날 대부분의 사회가 따르고 있는 일부일처제가 아니라 원시적 잡혼 또는 군혼제의 형태를 띤다. 즉 한 남성과 한 여성의 결합이 아니라 한 여성과 다수의 남성 또는 한 남성과 다수의 여성이 결합하는 형식으로 이루어지는 것이다. 이러한 상황에서는 아이를 낳는 어머니의 존재는 명확히 알 수 있지만 아버지는 알 수가 없다. 그래서 오래된 문헌들은 "어미는 알고 아비는 모르던 시대"가 있었음을 전하고 있다. 아버지는 모르고 어머니만 알 수 있었던 시대의 자녀는 어머니의 혈통을 따라 구분될 수밖에 없었다. 이 시기에도 남성과 여성의 역할이 구분되기는 했는데, 남성들은 사냥을 담당하고 여성들은 집에서 아이를 키우면서 텃밭을 일구는 등 간단한 채집을 담당했다.

이러한 형태를 지지하는 대표적인 인물이 엥겔스Friedrich Engels다. 그에 따르면, 인류가 농경과 가축 사육 등을 하게 됨에 따라 잉여생산물이 생기면서 부와 권력의 불평등한 분배가 이루어졌다. 이때 부를 축적하게 된 남성 집단이 자손과 노동력 확보를 위해 결혼제도를 시도했고, 이로부터 가족이 탄생하게 되었다고 본다. 가족의 구조와 기능에 영향을 미치는 결정적 요인을 재산의 상속으로 본 것이다. 역사적으로 모계제에서 부계제로 넘어간 것이 후손에게 상속할 부의 증가와 관련이 있다고 보며, 이러한 부의 증가는 생산수단과 생산양식의 변화와도 관계가 있다고 본다.

이러한 구도에서 엥겔스는 가족을 생물학적·자연적 관계가 아니라 사회문화적 산물로서 끊임없이 변화하는 역동적인 제도로 이해한다. 따라서 사회적 맥락을 떠나서 가족을 이해하는 것은 불가능하며, 시대·국가·계급 등 각각의 사회적 요구에 따라 가족의 형태와 기능이 달라진다고 주장한다.

가족 신화를 향한 거침없는 하이킥

가족에 대한 신화와 현실은 엉뚱한 사고를 유발케 하며, 이로부터 가족 신화가 보존되고 가족 현실이 유지된다. 대표적인 가족 신화는 모든 사람이 동일한 가족을 구성하고 산다는 전제이다. 많은 사람들이 '아버지-어머니-자녀'로 구성된 가족이 보편적인 가족의 유형이라고 생각한다. 또 가족 간에는 역할이 나눠져서 아버지는 가족의 생계를 책임지고 어머니는 육아와 살림을 전담하는 것이 행복한 가족의 전형이라 여긴다. 하지만 여성주의자들은 이것이 현실과 얼마나 동떨어진 허위인가를 폭로한다.

주위를 둘러보라. 얼마나 다양한 가족들이 존재하는가. 여성가장 가구, 독신 가구, 동거 가구, 딩크족_{DINKS, Double Income No Kids, 아이를 낳지 않는 맞벌이 부부}, 싱크족_{SINKS, Single Income No Kids, 아이를 낳지 않는 외벌이 부부} 등은 현대 사회의 다양한 가족 유형을 보여준다. 흔히 전형적인 가족 유형으로 생각하는 핵가족이 특정한 사회 배경에서 비롯된 것임을 알 수 있다.

장 루이 플랭드린_{Jean-Louis Flandrin}의 프랑스어 사전에 따르면, 16~18세기에 혈족과 공동 거주는 서로 관계없는 별개의 의미를 갖고 있었다. 가족이란 단어는 같이 살지 않는 일련의 혈족을 뜻할 때가 더 많았으며, 또 혈연이나 결혼 등으로 연결되지 않더라도 함께 거주하고 있는 사람들을 지칭하는 말로도 사용되었다. 플랭드린에 따르면 17세기의 가족은 아내, 아이들, 하인, 하녀, 관리인 등 한 남성 가장이 통솔하는 모든 식구들을 포함하는 개념이었다. 그런데 18세기 들어서 가족은 혈연으로 연결된 가구 구성원만을 뜻하는 것으로 의미가 바뀌기 시작했다. 이후 한 핏줄을 가진 사람들이 한 지붕 밑에 사는 것, 더 정확히 말해서 아버지, 어머니, 아이들로 정의되는 가족의 예를 처음 발견할 수 있는 것은 1869년이라고 한다.

사람들은 흔히 가정을 은신처라고 생각한다. 하지만 이 생각 역시 여성주의자들의 비판을 받고 있다. 가정이 과연 누구를 위한 은신처이며 애정의 장소인가를 물을 필요가 있다는 것이다. 상대적으로 가사노동에서 멀리 벗어나 있는 남성에게는 가정이 따뜻한 보금자리일 수 있지만, 여성에게는 절대 그렇지 않기 때문이다. 1년 365일 그치지 않는 집안일에 파묻혀 종종거리는 주부여성에게 가정은 은신처이기는커녕 지루하고 피곤한 장소일 뿐이다. 더구나 안락한 가정을 강조하는 이 같은 전제는 가정이 아닌 다른 모든 공동체 집단을 부차적이고 차선책인 것으로 전락시킨다.

예컨대 유아원이나 탁아소, 고아원, 양로원 등은 상실과 박탈의 공간으로 이해되고 인생에서 가능한 경험하지 않으면 좋을 장소로 인식된다. 아이는 어머니와 함께 있을 때 정서적으로 가장 안정적이며 좋은 교육을 받을 수 있다고 생각한다. 한편 양로원은 부양해줄 만한 사람이 없을 때 어쩔 수 없이 가는 곳으로 인식한다. 따라서 양로원과 같은 장소들은 뭔가 결핍된 공간 혹은 슬픈 이미지를 지닌 공간이 된다.

가정을 바깥 세계와 고립된 정서적 장소로만 인식하는 것도 다시 생각할 일이다. 가사노동은 비록 경제적 보상이 따르지는 않지만 노동력의 재생산에 기여하는 명백한 경제활동이기 때문이다. 가정은 사회의 경제제도와 밀접한 관련을 맺고 있다. 거친 바깥 세계에 맞서서 평안과 안락을 제공하는 공간으로서만 기능하지 않는다. 거친 세파와 안락한 가정이라는 이분법적 구도로 말미암아 가족 밖의 세계는 더더욱 거친 공간으로 남게 되었다. 보호, 사랑, 평안, 공유, 유대 등은 긍정적 이미지를 지닌 단어들이다. 하지만 그것이 혈연가족 내에서만 가능하다는 신화는 그만큼 그것들을 가족 외 다른 세계로부터 멀어지게 한다.

고전 속으로

프리드리히 엥겔스와 미셸 바렛

프리드리히 엥겔스 Frederick Engels (1820~1895)

프러시아의 라인 주 바르멘에서 출생했다. 청소년기에 헤겔과 포이어바흐Ludwig A. Feuerbach의 사상에 매료되었으나, 마르크스Karl H. Marx를 만난 뒤로 자본주의 체제를 비판하며 사회주의 이념을 주장하게 되었다. 마르크스와 함께 《독일 이데올로기Die deutsche Ideologie》(1846), 《공산당 선언Manifesto of the Communist Party》(1848) 등을 발표했고, 마르크스 사망 이후 그의 유고를 정리하여 《자본론Das Kapital》 2권(1885), 3권(1894)을 펴냈다. 그 밖에 역사적 유물론의 관점에서 고대 역사를 해석한 《가족, 사유재산, 국가의 기원Der Ursprung der Familie, des Privateigentums und Staats》(1884) 등이 있다.

프리드리히 엥겔스, 김대웅 옮김,
《가족, 사유재산, 국가의 기원》, 아침, 1989.

모계제에서 부계제에 이르는 기나긴 여정

어머니 쪽으로만 혈통을 따졌던 원시시대에는 씨족이 생겨난 초기부터 마련된 상속에 관한 관습에 따라 사망한 자의 씨족 성원이 상속자가 되었고 그 재산은 씨족에 남겨졌다. 그러나 이렇게 처리할 경우 상속을 받는 대상이 명확하지 않게 되어 소속이 불분명해지므로, 사실은 오래전부터 가장 가까운 친족, 즉 모계 혈족들에게 넘어갔을 것이라 추정된다. 아버지 사망 시, 자녀들은 아버지의 씨족에 속하지 않고 어머니 편 씨족에 속했다. 이런 속에서 자녀들은 처음에는 어머니 편의 다른 혈족들과 함께, 나중에는 모계 혈족들에 우선하는 상속자가 되었다. 이렇게 자녀들이 모계에 속해 있었으므로 아버지의 재산은 자녀들에게 상속되기 어려웠다. (…) 하지만 재산이 증대됨에 따라 더 유력한 지위를 가지게 된 남자들은 그때까지 관습적으로 내려온 전통적인 상속제도를 폐지함으로써 자신의 자녀들에게 직접 상속을 하고자 했다. 모계에 의해서만 혈통을 따지는 관습 안에서는 아버지의 재산을 자녀들에게 상속할 수 없었기 때문이다. 이러한 과정 속에서 모계 혹은 모권의 폐지가 필요하게 되었고, 결국 폐지되었다.

일부일처제 가족은 남편의 지배에 따른 것이며, 여기에는 아버지의 혈통이 확실한 아이를 낳겠다는 목적의식이 강하게 스며 있다. 혈통이 확실해야만 후에 자녀들이 아버지의 직계 상속인이 될 수 있었고, 그래야 아버지의 재산을 물려받을 수 있었기 때문이다. 이와 같은 가족제도는 이전 시기의 대우혼과는 달리 혼인의 유대를 특별히 강조하게 된다. 따라서 자유롭게 혼인의 관계를 끊을 수 없도록 강요되었다. 이혼이 불가능한 것은 아니었지만 원칙적으로 남편만이 혼인의 유대를 끊을 수 있었다. 남편은 정조를 지키지 않을 권리를 관습적으로 보장받았고, 사회가 발전함에 따라 그 권리는 더욱더 확대되었다. 반면 아내의 문란한 성생활은 엄중한 처벌을 받게 되었다.

일부일처제가 시작되는 것은 개인적인 사랑에서부터가 아니라 경제적 계산에 의해 이루어진 일종의 계약이었다. 즉 일부일처제는 자연적 조건에 의해 이루어진 관계가 아니라 경제적 조건에 기초한, 즉 원시적·자연발생적 공동소유에 대한 사적 소유의 승리를 기초로 이루어진 최초의 가족 형태였다. 일부일처제와 같은 단혼의 유일한 목적은 가족 내에서 가부장의 지배와 가부장의 재산을 상속할 확실한 자식을 확보하는 것이었다. 하지만 이러한 단혼제도는 원시인들에게는 확실히 부담이었으며, 자발적으로 수행되는 것이기보다는 반드시 지켜져야 할 의무와 같은 것이었다. 이러했기 때문에 아테네에서는 법률이 비단 결혼만을 강제하는 것이 아니라, 가장이 최소한의 혼인상의 의무를 이행할 것도 강제했다. 단혼은 결코 남녀 합의에 의한 결합으로서 역사에 등장한 것이 아니었다. 더구나 합의를 통해 이루어진 것이 아니라 그와는 반대의 방식, 즉 한 성의 다른 한 성에 대한 억압에 의해 인류 사회에 등장했다.

해설

우리는 흔히 지금과 같은 형태의 가족이 인류 초기부터 있어왔던 것이라고 생각한다. 그래서 가족을 자연적이며 생물학적인 것이라고 간주한다. 하지만 엥겔스에 따르면 그러한 사고는 허구적 이데올로기일 뿐이다. 현재 보편화된 일부일처제는 모계제 사회에서 부계제 사회로 이행되는 과정에서 경제적 관계에 의해 생겨난 산물이라고 보기 때문이다. 일부일처제는 한 개인, 보다 정확하게는 한 남자가 상당한 부를 축적할 수 있게 됨에 따라 자신이 가진 부를 다른 사람이 아닌 친자식에게 상속하고 싶어하는 욕망에서 생겨난 것이다. 그리고 이러한 목적을 효과적으로 달성하기 위하여 남성은 여성의 정절을 단속할 필요가 있었다. 여성의 몸을 단속하지 않는 자유로운 혼인관계에서는 자신의 적자를 정확히 알 방법이 없었기 때문이다. 그래서 집단혼이 더는 불가능하게 되었다.

또 남성들은 자신의 재산이 모계 씨족으로 넘어가지 않도록 부계 혈통제도를 마련해야 했다. 혼인제도의 변화가 모권의 세계사적 패배와 긴밀하게 연관되는 것은 이러한 맥락에서이다. 따라서 일부일처 혼인제도에서 남녀는 불평등한 권력관계에 놓인다. 일부일처제는 남녀 모두에게 요구되는 의무처럼 보이지만, 사실 남성에게는 공공연히 혹은 암암리에 일부다처제를 허용했기 때문이다. 부부 어느 한쪽만의 결정으로 혼인관계를 쉽게 깰 수 없다는 점이 일부일처제와 대우혼의 다른 점이었지만, 실제로 남편들은 혼인관계를 깰 수 있었을 뿐만 아니라 아내를 버릴 수도 있었다. 이 단계에서 남편은 혼외정사의 권리를 부여받았고, 사회가 발전함에 따라 이러한 관습은 권력과 연관하여 더 공고화되었다.

미셸 바렛 Michéle Barrett (1949~)

영국의 사회학자이자 좌파 페미니스트. 더럼과 서섹스 대학에서 사회학을 전공했으며, 런던 대학 퀸 매리 앤 웨스트 피드 대학에서 문화이론을 강의하고 있다. 《다양성의 정치학-페미니즘, 마르크시즘, 민족주의The Politics of Diversity: Feminism, Marxism and Nationalism》(1986)를 공동 편집했고, 마르크스주의자와 여성주의자 간에 논쟁을 불러일으켜 화제를 모은《Women's Oppression Today: The Marxist/feminist Encounter》(1988)가 있다.

> 미셸 바렛·매리 매킨토시, 김혜경 옮김,
> 《가족은 반사회적인가》, 여성사, 1994.

여성주의자들 중 많은 수가 가족을 여성 억압의 핵심적인 장으로 보고 그것을 폐지할 것을 주장한다. 그러나 또 다른 부류의 여성주의자들은 대부분의 여성이 가족이란 제도에 무력하게 끌려 들어간 것이 아니라, 결혼과 아이와 가족을 자신의 행복과 기꺼이 동일화하고 있음을 간과하지 말아야 할 것을 주장한다. 가족을 여성 억압의 핵심으로 보는 여성주의자들이 좀더 현실을 돌아보고 현실 적합성을 가져야 한다는 것이다. 가족에 대해 비타협적인 입장을 취하면서 공격적으로 대응하는 여성주의 이론은 여성들이 계급이나 민족 그리고 세대에 따라 다른 가족 유형으로 분리되어 있다는 점에서 문제점을 지닌다. 무슨 권리로 백인 여성주의자들이 영국 내 아시아계 가족의 전통을 비판할 수 있는가? 무슨 권리로 부르주아 여성이 노동자 계급 여성 대다수가 원하는 노조의 가족 임금 정책을 공격할 수 있는가? 젊은 여성주의자들이 자기 어머니 세대에서는 거의 선택의 기회조차 없었던 가족 형태의 문제에 대해 비판하는 것을 꼭 분열적인 행동이라고 할 수 있는가? (…) 전적인 것은 아니겠지만 현재 가족이 담당하고 있는 역할 중 많은 것이 본래적인 것이 아니라 역사적으로 형성된 것이라는 주장을 하고 싶지만, 그럼에도 불구하고 그런 역할들은 현실적인 중요성을 가진 것들이다. 이제 가족을 '단순한 거짓 이상'으로 보기로 하자.

가족 내에 존재하는 남성 지배가 단순히 특정 상황에서의 경제적 불균형으로부터 발생한 사건이라고만은 보지 않는다. 만약 그렇다면 문제 해결을 위한 전략은 전적으로 여성이 남성과 동등하게 취업하는 것에 달려 있을 것이다. 이것이 바로 여성의 산업 생산으로의 진출이 노동자 계급 남녀 간의 경제적 불평등을 종식시킬 것이며 여성 종속의 근거를 소멸시킬 것이라고 한 엥겔스의 견해였다. 그러나 역사가 보여주는 사실에 따르면 남자들은 생산 영역 내에서는 물론 가족 내에서도 성별 분업을 형성했고, 엥겔스의 기대와는 달리 여성을 자본주의적 산업에 고용하는 것이 곧바로 여성해방으로 연결되지는 못했다. 남성들은 더 나은 작업 환경을 위해 투쟁하면서 불안정하고 낮은 임금의 일은 여성과 이민 노동자들의 몫으로 남겨두었다. 따라서 여성의 임금 수준은 전일제인 경우에조차도 남성 임금 수준의 일정 비율 이상을 넘지 못했다. 또한 남자들은 전일제 직업의 규정을 지나치게 협소화하여 직장일과 집안일의 결합을 어렵게 만들었다. 따라서 노동시간과 조건은 장을 보는 일이라든가 아이가 아플 때 병원에 데려가는 것, 혹은 집에서 세탁기 수리공을 기다려야 하는 일 등, 수도 없이 다양하고 급한 집안일을 처리하기 위한 시간은 고려하지 않았다. 그리고 남자들이 집안에서 행사하는 작은 권력은 사회에서 발휘하는 그들의 권력에 의해 뒷받침되었다. 즉 여러 여성들의 경험에 따르면 부부가 서로 비슷한 정도의 소득을 벌어들인다 해도 남자들은 경제적 문제 외에 다른 문제에서도 지배권을 더 많이 행사하게 된다는 것이다. 지배와 굴종의 구조는 부양-의존과 같은 물질적 사실을 훨씬 넘어서 무의식, 성sexuality, 사랑의 의식rituals, 안락함의 연출, 존경의 표출, 상대방을 적절히 이용하거나 리더십을 행사하는 일 등과 같이 부부의 일상적인 상호 작용을 형성하는 모든 것에 확장되어 있다.

해설

가족을 자연적·생물학적인 것으로 간주하는 많은 사람들과 달리 여성주의자들은 일부일처제 형태의 가족이 특수한 역사적·경제적 산물이라는 점에 어느 정도 동의한다. 그렇기 때문에 혈연가족만이 친밀한 감정을 가진다는 것에 비판적인 태도를 취한다. 하지만 가족을 이데올로기의 산물로만 인식하는 것 역시 하나의 독단일 수 있음을 지적한다. 가족이 특수한 역사적·경제적 상황에서 비롯된 것임은 부정할 수 없지만, 사람들이 원하지도 않았는데 단지 이데올로기에 의해서 구성된 것이라 보는 것은 현실을 무시하는 생각이라는 것이다.

여성주의자들은 가족을 특정 생산 양식의 필요에 부응하기 위해서 만들어진 것으로 분석하는 태도는 문제가 있다고 본다. 왜냐하면 이런 식의 분석은 종종 가족의 구조나 이데올로기를 변화하는 것으로 설명하려고 하며, 이를 역사적인 생산 양식의 변화로 설명하려고 하기 때문이다. 가족의 형태가 변화한다는 주장은 합당하지만 그 주장의 밑바닥에 가족의 핵심에 대한 논의가 있음을 간과할 수 없다는 것이다. 다시 말해 가족의 내적 구조가 변화하고 가족과 생산체계의 관계가 변화해도 이러한 역사적 전환의 기저에는 가족의 핵심이 남아 있으리라는 것이다.

현대 사회에서는 이데올로기에 의해서 가족이 구성되었음을 인식하고 생산과 재생산의 관점에서 그것을 바라보아야 한다. 성 정체성과 가족 이데올로기는 우리의 주관성과 욕망에 상당 부분 의지하기 때문이다. 따라서 가족은 결혼제도에 부여된 특수한 의미 속에서 다른 곳에서는 허용되기 어려운 욕구를 표현할 수 있는 기회를 제공한다는 주장이 가능해진다.

역사와 현실 속으로

혈연가족과 가정폭력을 넘어

혈연가족을 넘어서

■

탤런트 차인표·신애라 부부가 또 한 번의 선행을 실천했다. 2005년 12월 생후 1개월 된 여자아이를 입양한 데 이어 지난 2일 생후 100일 된 여자아이를 또 입양한 것. 1995년 결혼한 이들 부부는 현재 열 살 된 아들 정민이를 두고 있으며, 둘째 아이 예은이를 입양하여 키우고 있었다. 이번에 셋째 딸로 입양한 아이에게는 예진이라는 이름을 붙여주었다고. 차인표·신애라 씨가 다시 한 번 입양을 결심한 것은 "낳은 자식의 수보다 많은 아이를 입양하는 것이 좋다"는 책 내용 때문이었다고 한다. 이미 예은이를 입양할 때부터 결심했다는 이들 부부는 "첫 번째 입양 때에는 주변에 알렸지만 이번에는 자연스럽게 알려지겠다 싶어 굳이 얘기하지 않았다"고 밝혔다.

— 《뉴스한국》, 2008. 1. 29.

■

가족을 이야기할 때 가장 기본이 되는 것이 아마도 혈연일 것이다. '현대판

▬▬▬ 사람들은 흔히 가정을 친밀한 정서가 바탕이 되는 공간이라고 생각한다. 그런데 왜 가족 구성원 간에 폭력이 난무하는 것일까? 가정은 과연 누구를 위한 은신처이며 애정의 장소인가?

씨받이'라는 비판에도 대리모를 통한 임신이 암암리에 성행하고, 배우자가 아닌 다른 사람과의 인공수정일지라도 입양보다는 낫다고 생각하는 사람이 많은 것은 혈연가족에 대한 애착이 그만큼 강하다는 증거일 것이다.

그런데 가족에 대한 소속감과 유대감에서 혈연이 얼마나 강하게 작용하는 것일까? 사실 혈연을 강조하면 할수록, 그래서 대리모와 비배우자 간의 인공수정 등에 연연해할수록 실제로는 혈연관계를 이미 벗어나는 행위를 하고 있는 것은 아닐까? 생물학적으로 연결된 부모-자녀 관계와 스스로 선택하여 연결된 부모-자녀 관계는 소속감과 애정이 다를 수밖에 없는 것일까? 입양가족이 혈연과 상관없이 '가족'이라는 이름으로 불리고, 그래서 입양가족 구성원들이 행복해지려면 무엇이 전제되어야 할까?

가정은 따스한 보금자리이기만 한가?

■

아내를 때리는 남편의 40%는 결혼 전을 포함해 결혼 3년 이내에 구타를 시작하는 것으로 나타났다. 또 이들 중 34%가 한 달에 한 번 정도 아내를 구타하는 것으로 조사됐다. 한국여성상담센터가 지난 2002년부터 2003년 10월까지 센터를 방문한 가정폭력 가해자 41명과 피해자 37명을 대상으로 설문조사한 결과를 보면, 남편이 아내를 처음 구타한 시기를 묻는 질문에 가해자의 5%가 '결혼 전'이라고 답했고, 결혼 1년 이내, 결혼 3년 이내는 각각 15%, 20%로 나타났다. 가해자의 구타 횟수로는 연 4회~12회 미만이 34%였고, 연 1회 이상~4회 미만이 5%, 매주 한 번 이상도 2%였다.

구타 남편이 아내를 때리는 이유에 대해 가해자의 34%가 '아내가 무시하거나 행동을 간섭하기 때문'이라고 답했다. '아내의 외도 때문'은 13%, '시댁 식구에게 잘 못한다'는 11%로 나타났으며, '아내가 말대꾸해서'도 2%였다. 그러나 피해자는 남편으로부터 구타당하는 이유에 대해 '남편에게 말대꾸해서'라는 대답이 23%로 가장 많아, 가해자와 피해자의 구타 이유에 대한 이해가 다름을 보여줬다.

―《한겨레신문》, 2003. 11. 27.

■

가정폭력은 일반적으로 가족 구성원들 사이에서 일어나는 폭력으로 정의된다. 이때 폭력이란 다른 사람에게 신체적 고통을 주려는 의도에서 이루어지는 또는 그러한 의도에서 이루어졌다고 여겨지는 행위들을 말한다. 가정폭력이란 가족 간의 단순한 갈등에서 비롯되기보다는 가족관계에서 누군가가 자신의 세력을 유지하려는 의도에서 행사하는 강압적인 통제 수단인 경우가 많다고 한다.

가정은 흔히 친밀한 정서가 바탕이 되는 공간이라고 이해한다. 그런데 왜 가족 구성원 간에 폭력이 난무하는 것일까? 또 가정폭력은 아내 구타 외에도 아동 학대, 노인 학대, 남편 구타 등을 모두 포함하는데, 왜 남성의 학대와 구타가 주를 이룰까?

다문화 가정, 그곳에도 폭력이

■

통계청이 발표한 '전국이혼통계2007'에 따르면, 한국인과 외국인 이혼 건수는 전체 7.1%에 달한다. 한국인 남편과 외국인 아내 사이의 이혼은 5,794건으로 전년 대비 무려 44.5%나 증가한 것이라고 한다. 이혼 사유로는 가족 갈등이 20.2%로 가장 큰 비율을 차지했고 가정폭력은 7.34%로 나타났다. 전문가들은 가족 갈등과 가족 폭력이 동시에 진행될 가능성이 크다는 점을 주목하고 있다. 특히 문화, 언어적으로 고립되기 쉬운 외국인 여성들이 상대적으로 유무형의 폭력에 시달리면서도 이를 외부에 알릴 뾰족한 방법이 없는 상태에서 7.34%란 수치는 현실성이 없다고 본다.

— 《뉴시스》, 2008. 5. 9.

필리핀에서 온 23세의 한 여성은 50대 남편의 폭력에 시달려 아이를 데리고 가출해 이주여성쉼터에 입소했다. 하지만 자신의 엄마가 폭행당하는 것을 본 아이가 물건을 집어던지고 거친 행동을 일삼았지만 아이에 대한 지원과 치료 프로그램 등은 전혀 없어 상담원들조차 손을 쓸 수가 없었다.

— 《메디컬투데이》, 2010. 5. 23.

■

최근 들어 한국 사회는 외국인 100만 명 시대를 맞이함으로써 명실상부한 '다민족 코리아' 시대가 도래했다. 특히 결혼 배우자의 자격으로 유입되는 이주 여성의 증가는 다양한 민족과 인종으로 구성된 다문화 가족의 형성으로 이어졌다. 그런데 한국의 다문화 가정은 다문화적 상황과 유교 전통에 입각한 가부장적 의식이 다층적으로 복잡하게 얽혀 있어 진정한 다문화주의의 의미를 지니지는 못하고 있다. 다문화 가정에서 빈번하게 일어나는 폭력 문제는 한국이 다문화주의의 영향 아래 놓여 있다는 현실과, 동시에 한국 사회가 얼마나 혈통을 중시하고 단일문화를 강조하는지를 보여주는 실례이다. 친친과 혈연의 강조, 혈통에 대한 집착, 같은 뿌리를 강조하는 획일적 집단의식으로부터 자유롭지 못할 뿐만 아니라, 문화적 차이나 다양성을 쉽게 용인하지 못하는 한국 사회의 실태를 반성하고 해결책을 고민해볼 필요가 있다.

 가상토론

가족은 친밀함의 대명사인가?

사회자 전통적 의미에서 가족은 결혼과 출산을 통해서 관계 맺는 사람들의 집단을 의미합니다. 가족은 의식주를 함께할 뿐 아니라 그 안에서 정서적 유대감을 느낍니다. 그래서 흔히 가족을 구성하는 요건으로 혈연, 혼인, 출산, 경제적 공동체, 공동 주거, 유대감 등을 들곤 합니다. 하지만 이와 같은 개념들로는 현대 사회에서 변화해가는 가족의 모습을 제대로 설명할 수 없게 되었습니다. 빠른 속도로 발전하는 의학 기술은 인공수정이나 시험관 아기 등을 가능하게 했고, 이는 친자관계를 불분명하게 만듭니다. 게다가 요즘 사람들은 예전처럼 결혼에 목매지 않으며 가족법도 자꾸만 변해갑니다.

　이러한 현실에서 여전히 전통적인 가족, 즉 생물학적 부모와 미혼 자녀로 이루어진 가족만을 이상적이라고 말할 수 있을까요? 또 그것을 기반으로 하되 다른 방식으로 유지되는 가족들은 비정상이라고 치부할 수 있을까요? 아니면 전통적인 가족의 모습을 전적으로 거부해야 할까요? 오늘 토론에서는 이 같은 문제를 집중적으로 다뤄보도록 하겠습니다.

　그럼 토론자로 나온 두 분을 소개하겠습니다. 춘추전국시대 위대한 사상가로 큰 업적을 남기신 공자님과 영국의 여성주의자 미셸 바렛 교수님을 어렵게 이 자리에 모셨습니다.

가족은 어떻게 만들어지는가

사회자 공자님 그리고 바렛 교수님, 토론에 선뜻 응해주셔서 감사합니다.
바렛 안녕하세요?
공자 허허, 반갑습니다.
사회자 바로 본론에 들어가겠습니다. 현대 사회에서 가족은 해체되는 듯 보이나 여전히 가족을 둘러싼 문제들이 화두가 되고 있습니다. 전통적인 가부장제의 문제점을 지적하는 정도를 넘어서, 오늘날 새롭게 대두되는 가족 문제로까지 확대되고 있습니다. 2006년에 개봉되어 큰 반향을 일으킨 영화 〈가족의 탄생〉이나 싱글맘을 자처한 방송인의 이야기는 변화된 가족의 의미를 잘 보여주고 있습니다. 가족이란 과연 무엇일까요? 가족은 무엇이라 정의할 수 있을까요? 무엇보다 가족애를 중시하시는 공자님께서 먼저 한 말씀 해주시지요.
공자 가족은 남녀가 결혼해서 자식을 낳고 그 속에서 맺어지는 친밀한 관계라고 정의할 수 있지요. 많은 사람들이 혼인해서 아이를 낳고 가족을 이루는 것으로 볼 때, 혈연은 가족 구성은 물론 모든 인간관계의 기본이라고 생각해요.
바렛 아니, 그렇지는 않지요. 모든 사람이 다 결혼하는 것도 아니고, 결혼을 하는 것만이 가족을 이루는 필수 요소도 아니지 않습니까?
공자 아니, 그 무슨 말씀? 결혼을 하지 않는 사람이 있다니요? 안 하는 게 아니라 못하는 사람이겠지요. 결혼해서 자식 낳아 대를 잇는 것이 얼마나 중요한 일인데 그런 말씀을 하십니까? 대를 잇지 못하는 것은 불효 중에서 큰 불효인 것을요.

바렛 하하! 공자님, 그건 전통 유교 사회에서나 통하는 얘기지요. 시대가 변하고 사회도 엄청나게 변했는데, 결혼이나 가족에 대해 그렇게 생각하시는 것은 시대착오적입니다.

공자 그럴 리가요? 21세기 많은 사람들이 그렇게 생각하고, 또 그런 방식으로 가족을 이루고 살아가는데 순리를 부정하시다니요.

바렛 결혼해서 아이를 낳아 가족을 이루는 것은 물론 가장 보편적인 가족 구성의 방법입니다. 많은 사람들이 그런 방식으로 가족을 이루고 사니까요. 하지만 그런 방식으로만 가족을 형성할 수 있는 것은 아니지 않습니까?

공자 혼인해서 아이를 낳아 대를 잇는 방식이 아니라면, 도대체 어떻게 가족을 이룰 수 있단 말이지요?

바렛 서로에게 좋은 감정을 가진 사람들끼리 가족을 이루는 것이지요. 꼭 이성애 가족이 아니더라도 말이죠. 동성끼리 모여서 가족을 이룰 수도 있고, 또 서로 뜻이 맞는 사람들끼리 가족을 이루어 살 수도 있는 거죠.

공자 뭐? 뭐라고요? 동성끼리 가족을 이루어 살 수 있다고요? 바렛 교수! 망측한 소리를 서슴없이 하시는구려. 남녀가 혼인하는 것은 음양의 이치에 따른 아주 자연스런 일인데, 그걸 어기고 양과 양이, 음과 음이 가족을 이루어 산다니…… 말세로다!

바렛 하하! 공자님, 제가 너무 강하게 말씀드렸나요? 예를 들면 그렇다는 말씀입니다. 그 밖에 장애우 가족처럼 처지가 비슷한 사람들끼리 서로의 상황을 이해하고 보듬어주면서 함께 살아갈 수도 있고, 입양가족도 있을 수 있지요. 요즘엔 결혼하지 않고 여자 혼자 아이만 낳아 기르는 싱글맘

결혼보다는 스스로 인생을 설계하며 행복한 삶을 꿈꾸는 여성들의 이야기를 그린 영화 〈싱글즈〉. 미혼모가 되는 것이 자신들의 미래에 장애가 되지 않는다고 당당히 말하는 주인공들의 모습에서 달라진 결혼관과 가족관을 엿볼 수 있다.

가족도 존재합니다. 그래서 저는 가족이란 '어떤 것'이라고 내용이나 형식을 못 박기보다는 '사람들이 가족이라고 생각하는 것'이라는 의미로 느슨하게 정의되어야 한다고 생각합니다.

사회자 두 분이 생각하시는 가족에 대한 정의가 많이 달라 보이는데요. 공자님께서는 가족을 자연적·생물학적인 것이라고 보시는 반면, 바렛 교수님은 시대와 사회적 여건에 따라 다양하게 구성되는 것이라고 보시는 것 같습니다. 그렇지요?

바렛 예, 맞습니다. 혼인과 아이 낳기만이 가족 구성의 절대 조건이라 생각하는 것은 자칫 혼인관계가 아니거나 자식이 없는 부부, 혹은 이성애 가족이 아닌 다양한 가족 형태를 비정상으로 만들어버립니다. 사실 가족이란 자연발생적인 제도가 아닙니다. 역사적으로 볼 때 일부일처제는 남녀에게 평등한 구조로 이행되지도 않았지요. 그러니 이런 관계에서 가족애의 당위성만을 강조하는 것은 무리라고 생각합니다.

가족 간의 유대감은 자연적인 것일까

사회자 가족 구성에서 혈연의 의미를 강조하시는 공자님의 견해와는 달리, 바렛 교수님은 혈연이 가족을 이루는 절대 조건은 아니라고 보시는 것 같습니다. 이와 관련해서 공자님께서 좀더 말씀해주시지요.

공자 가족 간에는 다른 어떤 집단에서도 볼 수 없는 유대감이 존재한다는 것을 인정하지 않으시니 출발선 자체가 너무 다르군요. 그런데 천륜을 부정하신다? 어흠흠, 그것 참……

바렛 가족애나 가족 간의 친밀한 정서 혹은 천륜을 무시하는 것이 아니라, 가족이 아닌 다른 인간관계에서는 결코 그런 정서가 형성될 수 없다고 생각하는 것을 문제 삼는 것이지요. 가족 역시 자연스럽게 형성된 관계가 아니라 다른 인간관계처럼 만들어진 것이라는 가정을 해보면 제 말을 이해하시기 쉬울 텐데요.

공자 물론, 혈연가족이 아닌 다른 형태의 가족을 만들 수도 있겠지요. 그럼에도 부모 자식 간의 사랑이 인간관계에서 나타나는 사랑 중에 가장 우선한다는 것에는 다른 의견이 있을 수 없어요. 남의 아버지와 내 아버지가 동시에 물에 빠졌다고 칩시다. 그럴 때 자식 된 도리로서 내 아버지를 먼저 구하고 싶은 것은 인지상정 아니겠습니까?

바렛 하지만 그런 것들이 결국 하나의 이데올로기가 아닌가 생각해볼 필요가 있다는 것입니다. 부계 혈연가족이 원시시대 때부터 존재했던 것이 아니라는 사실은 많은 문화인류학자들이 이미 밝힌 바 있습니다. 우리가 흔히 보편적인 혼인관계라고 생각하는 부계 중심의 일부일처제가 인류 초기부터 쭉 있어왔다고 생각하지만, 사실은 그렇지 않다는 게 엥겔스의 주장이잖아요.

사회자 그렇군요. 자, 그럼 이제까지 다룬 문제들을 좀더 발전시켜, 혈연가족은 친밀한 감정을 자연스레 배태하는가에 대해 구체적으로 논의해보겠습니다.

바렛 만약 우리가 굳게 믿는 바와 같이 혈연가족만이 특별한 감정을 만들어낼 수 있다고 한다면, 현대 사회에서 빈번하게 일어나는 가정폭력과 같은 사건은 설명할 길이 없습니다. 아까도 말씀 드린 것처럼 혈연관계라고 해서 저절로 친밀감이 생겨나는 것도 아니고, 또 혈연관계가 아니라고 해서 친근한 감정이 생기지 않는 것도 아니라는 말씀입니다.

공자 가정폭력, 그것이야말로 가족애를 저버린 데서 나오는 행태가 아니겠습니까? 누구보다도 사랑해야 할 가족에게 폭력을 휘두르는 것은 바로 천륜을 저버렸다는 증거지요. 가족해체를 운운하는 것이 바로 가정폭력을 양산한다고 봅니다. 그러니 이런 때일수록 천륜을 따라야지요. 가정이 바로서야 다른 인간관계도 다 바로잡히는 겁니다.

바렛 아이고, 공자님! 이제까지 당연하게 생각해왔던 것을 그대로 믿고 따르기보다는, 그것이 과연 그러한가 의문을 가져보는 자세가 필요하지 않을까요? 공자님은 지금 가족이 생물학적·자연적으로만 구성된다는 생각에서 한 발짝도 물러서지 않으면서 천륜과 혈연가족만을 강조하시는군요. 과연 그런 감정이 혈연가족에게만 존재하는 것인지 좀더 생각해봐야 하지 않을까요? 친한 사람들에게서 특별한 감정을 느끼는 것이 당연한 일일 수도 있지만, 그것이 언제나 혈연관계에만 국한되는 것이라고 볼 수는 없다고 생각합니다.

공자 바렛 교수도 집에 돌아가면 부모님이 계시고, 또 다른 가족도 있지요? 그런데 그 가족을 자꾸 부정하시겠다는 겁니까? 부모 자식 간의 사랑은 어느 누구도 부정할 수 없는 인륜입니다. 왜 자연스럽고 당연한 것을 의심하지요? 부모가 죄를 지으면 자식은 그것을 숨겨주고 싶고, 자식이 죄를 지으면 부모는 그 허물을 덮어주고 싶은 것이 인지상정입니다.

바렛 그렇게 단정할 수만은 없다고 봅니다. 물론 아주 오랫동안 가족에 대한 이데올로기가 있었던 터라 혈연가족이 특별한 감정을 가진다는 것을 부정하기는 어렵습니다. 하지만 혈연가족만이 그런 특별한 감정을 가지는 것인가? 혈연관계가 아니면 그런 감정은 생겨날 수 없는가? 이런 문제에 대해서 다각도로 생각해봐야 하지 않을까요?

공자 물론 다른 인간관계에서도 친밀감이 형성될 수는 있겠지요. 그걸 부정하려는 것은 아닙니다. 그러나 굳이 선후와 본말을 따져보자면, 부모 자식 간의 사랑이 다른 어떤 인간관계보다도 우선이고 본질적인 것이니, 그것을 다른 인간관계로까지 확대해야 한다는 것입니다.

가족의 신화, 과연 영원할까

바렛 혈연가족만이 친밀함을 가진다는 생각을 강조하다 보면 혈연으로 맺어지지 않은 다른 가족은 불행하다는 고정관념을 심어줄 수 있기 때문입니다. 또 가족이 여느 집단과는 다른 친밀함을 준다고 이해하는 것은 가정을 보금자리, 은신처라고 생각하는 것과 긴밀하게 연결됩니다. 과연 가정이 가족 구성원 모두에게 은신처이고 보금자리일까요?

사회자 바렛 교수님, 가정이 가족 구성원 모두에게 은신처, 보금자리가 될 수 없다는 말씀은 무엇을 뜻하는지요?

바렛 우리는 애정과 합의를 가족관계의 기초로 생각합니다. 또 가정은 은신처이자 천국 같은 장소라 간주하고, 모성에 대한 찬미로 여성의 경험을 신비화하기도 합니다. 하지만 가족의 개념을 이렇게 이해한다면 결국 여성을 억압하는 방식을 띠게 된다는 것이지요. 그러니까 가족을 친밀함과 애정이 넘치는 집단으로만 이해하고, 더구나 그것을 당연하게 생각하다 보면 그 안에 숨어 있는 가부장적 질서의 문제들을 간과하게 된다는 말입니다.

사회자 그렇군요. 가족 안에 숨어 있는 가부장적 이데올로기에 대한 이야기를 좀더 자세하게 듣고 싶지만, 시간 관계상 그 논의는 다음으로 넘겨야겠습니다. 그럼 바렛 교수님부터 이제까지 논의한 바를 간략하게 정리해주십시오.

바렛 혈연가족은 다른 집단에서는 볼 수 없는 특별하고 친밀한 감정을 갖는다는 공자님의 의견에 전적으로 동의하지는 않습니다. 하지만 그렇다고 가족을 계급이나 이데올로기의 산물로만 인식하는 것, 혹은 성별 역할 분담에 의거해 여성이 남성에게 경제적으로 의존하고 있다고 보는 시각에도 찬동하지는 않습니다.

공자 예, 사실 제가 말하고자 하는 궁극적인 이야기도 그렇습니다. 유교가 비록 혈연가족 안에서 친밀함을 추구하기는 하지만, 반드시 혈연가족에만 국한할 것을 주장하는 것은 아니거든요. 출발은 좀 다르지만 결론은 우리가 공유하는 부분이 있는 것 같습니다.

바렛 저는 물론 가족 신화를 비판하고, 가족 내에 존재하는 폭력성과 가부장적 성격을 넘어서야 한다고 생각합니다. 그래서 가족의 해체를 말하기도 합니다. 하지만 그것은 전통적인 가부장제의 해체를 말하는 것입니다. 가족의 친밀성 자체를 부정하는 것이 아닙니다. 우리가 비록 혈연가족이 아님에도 불량가족, 바람난 가족, 열린 가족처럼 여전히 가족이라는 이름을 사용하는 것은 바로 이러한 이유 때문입니다. 그런 의미에서 보면 가족은 여전히 우리에게 필요한 것이고, 이때 가족이란 이름에 담길 내용은 친밀성이겠지요.

공자 그렇습니다. 유교가 친밀성을 기반으로 한 혈연가족을 강조하지만, 그와 동시에 그 친밀한 감정과 사랑이 사회, 국가, 만물에게까지 나아가야 함을 강조한다는 사실을 간과해서는 안 됩니다. 수신제가치국평천하修身齊家治國平天下 혹은 만물일체萬物一體 등이 모두 이것과 연관되어 있습니다. 유교가 가족이기주의를 말한다고 보는 것은 유교를 매우 편협하게 인식하는 것입니다.

바렛 공자님의 말씀을 듣고 보니 유교에서 말하는 가족의 의미를 일정 부분 오해하고 왜곡한 면도 없지 않았던 것 같습니다. 특히 한국 사회에서 가족 문제를 논의하다 보면 유교의 가족 관념을 완전히 도외시할 수도 없을 것 같습니다.

공자 예, 저도 바렛 교수님의 말씀을 듣고 가족에 대해 다시 생각해보게 되었습니다. 가족을 반드시 혈연으로 이루어진 집단으로 강조하기보다는 개개인이 행복하다면 어떠한 형태의 가족도 수용할 수 있다는 열린 태도를 가져야 한다는 생각입니다.

사회자 두 분 말씀 감사합니다. 우리는 오늘 "가족은 친밀함의 대명사인가"라는 주제를 갖고 토론해보았는데요, 그동안 우리는 혈연가족만이 '보호망'이라고 생각하면서 다른 형태의 보호에 대해서는 간과해왔던 것 같습니다. 또 혈연가족의 친밀성을 유난히 강조함으로써 다른 형태의 가족은 안정과 신뢰를 얻기 어려운 것처럼 인식하게 만들기도 했습니다. 가족 간의 친밀함, 애정, 신뢰 등을 가족에게만 국한하지 않고 좀더 넓은 세계로 확장할 수 있을 것입니다. 그럼으로써 가족을 훨씬 더 열린 개념, 긍정적인 개념으로 인식한다면, 오늘의 토론이 우리 모두에게 의미 있는 시간이 되지 않을까 생각합니다. 지금까지 수고해주신 두 분께 감사드립니다.

더 읽어야 할 자료

책

■ 한국가족문화원 편, 《21세기 한국 가족 - 문제와 대안》, 경문사, 2005.
자녀의 교육과 보육, 세대 갈등, 아동 학대, 노인 학대, 이혼 등 21세기 가족이 지니고 있는 다양한 문제들의 원인과 실태를 밝히고 그 대안을 제시한 책이다.

■ 이재경, 《가족의 이름으로》, 또하나의문화, 2003.
급격한 변화를 겪고 있는 한국 사회 가족의 모습을 페미니즘 관점에서 진단한다. 텍스트 전반에서 여성의 경험이 중요한 핵심 개념으로 등장한다. 저자는 가족이 단지 친밀성에 근거하는 것이 아니라 하나의 이데올로기라는 것, 가족제도는 불평등을 심화시키는 제도적 장치라는 것, 이혼율의 증가는 가부장적 결혼제도가 가져온 필연적 결과물이라는 것을 강조한다.

■ 엘리 자레스키, 김정희 옮김, 《자본주의와 가족제도》, 한마당, 1983.
가정과 상품 생산, 공사 영역의 확실한 분리라는 역사적 사실을 통해 자본주의하에서의 여성 문제를 다룬 책이다. 저자는 자본주의에서 가족은 경제 영역이 아닌 자연적 영역으로 분류되며 개인 생활과 공적 생활의 분리가 생겨나는데, 이는 곧 일과 생활의 분리, 여성 문제를 야기한다고 주장한다.

- 엘리자베트 벡 게른스하임, 박은주 옮김, 《가족 이후에 무엇이 오는가?》, 새물결, 2005.

    현대 사회에서 각 가정은 더 이상 동일한 삶을 살아가지 않고, 각각의 가정마다 고유하며 분리된 세계를 구성한다. 이 책은 이러한 사실이 결혼과 가족 그리고 우리의 생활에 변화를 가져올 것임을 예견한다.

- 앙드레 뷔르기에르 외, 정철웅 옮김, 《가족의 역사》, 이학사, 2001.

    30여 명이나 되는 집필자들이 서로에게 질문을 던지는 방식으로 연속성과 단절이라는 요소를 통해 가족의 형태와 규범 변화의 틀을 제시하고 있다. 아울러 상이한 문화적 선택과 역사 여정을 비교할 수 있는 기준도 제시한다.

영화

- 권칠인, 〈싱글즈〉, 2003.

    결혼보다는 자신의 꿈을 선택하고 스스로 인생을 설계하며 행복한 삶을 지향하는 여자들의 이야기. 주인공들은 미혼모가 되는 것이 자기들이 꿈꾸는 삶에 장애가 되지는 않는다고 생각한다. 쿨한 싱글녀들의 이야기를 통해 달라진 결혼관과 가족관을 엿볼 수 있다.

- 김태용, 〈가족의 탄생〉, 2006.

    옴니버스 형식으로 꾸민 범상치 않은 세 편의 가족 이야기. 우리 시대 가족의 문제를 전혀 다른 방식, 엉뚱한 시각에서 바라보고 풀어낸 영화이다. 우리의 머릿속에 꽉 들어찬 전통적인 가족관계와 그 의미가 과연 현대 사회에서도 유효한 것인지를 끊임없이 묻는다.

4

기술

기술적 이브의 출현

박영균 (건국대학교 HK교수)

생각 속으로 | 기술은 자아와 사회를 어떻게 바꾸는가?
고전 속으로 | 하이데거, 자크 엘룰, 돈 아이디
역사와 현실 속으로 | 존스 비치 공원 앞 고가도로, 국회의사당 그리고 생명공학
가상토론 | 테크노피아의 꿈, 축복인가 재앙인가?

 생각 속으로

기술은 자아와 사회를 어떻게 바꾸는가?

기술사회, 인간은 사이보그다

영화 〈로보캅〉에서는 악당에게 총격을 당해 회생할 수 없게 된 경찰이 '사이보그cyborg'가 되어 부활한다. 그의 육체는 기계로 대체되고 두뇌 역시 기계인간의 그것을 얻어 다시 살아난다. 우리는 그의 부활에 환호한다. 왜냐하면 기술은 죽은 생명을 살려내는 강력한 힘을 발휘하기 때문이다. 물론 그의 육체는 죽었다. 하지만 그는 기계인간이 됨으로써 새로운 인간으로 다시 태어난다. 여기서 사이보그는 '기계 – 생물'을 의미한다. 하지만 이것은 단순히 영화 속 공상에 불과한 이야기가 아니다. 기술의 발전은 이제 사이보그를 향하고 있다.

기술은 인간과 분리되어 있지 않다. 애초 인류는 '도구를 제작하는 동물'로서 생물학적 결함들을 기계·기술로 보완 또는 대체해왔다. 현대 문명은 이런 기계·기술적 환경 위에서 만들어졌다. 오늘날 우리는 더 이상 있는 그대로의 자연환경 속에서 살아가지 않는다. 우리의 환경을 구성하고 있는 것은 도구들, 즉 인공적인 기술들이다. 주변을 돌아보라. 우리 삶을 형성하고 있는 것들 대부분이 인간이 창조한 기술들이라는 것을 알 수 있다. 따라서 현대인들은 기술적으로 새롭게 태어난 인류, 즉 '기술적 이브들'이다.

사이보그는 이제 허무맹랑한 공상이 아니다. 현대인들은 누구나 어느 정도는 '기계-생물, 사이보그'이다. 예를 들어 안경이나 옷이 모두 다 도구-기계이다. 그런데 우리는 이런 도구들에 너무나 익숙하기 때문에 우리 몸의 일부라고 생각한다. 그래서 안경을 끼고 있다는 사실을 망각하고 안경을 낀 채로 세수를 하기도 한다. 휠체어에 부착된 기계를 이용하여 말을 하고 글을 쓰고 이동하는 스티븐 호킹 Stephen W. Hawking 박사를 떠올려보자. 누구나 정도의 차이만 있을 뿐이지 일정 정도는 사이보그라는 것을 알 수 있다. 이처럼 SF영화의 사이보그는 이미 인간의 삶 내부로 들어와 우리의 모습을 상상적으로 그려내고 있는 것일 뿐이다.

신인류인 기술적 이브들을 만들어낸 사회가 바로 기술사회이다. 기술사회는 단지 기술이 많다는 것을 의미하지 않는다. 그것은 기술이 환경이 된 사회, 즉 기술이 인간 삶의 조건이자 배경이 된 사회이다. 인간은 이제 기술 안에서 기술과 함께하는 삶을 살아갈 수밖에 없다. 이런 의미에서 현대 사회는 '기술적 코쿤 cocoon'들의 세계이다. 누에고치가 고치 안에서 살아가듯이 기술은 현대인에게 고치, 즉 '코쿤'이다. 기술적 코쿤 안에서 살아가는 현대인들은 이미 기술과 융합되어 있다.

테크노피아, 기술권력을 숭배하다

인류가 기술에 열광하는 이유는 기술이 곧 힘이기 때문이다. 근대적 세계를 열었던 사람 중 하나인 베이컨Francis Bacon은 "아는 것이 힘"이라고 말했다. 그 이유는 기술이 인간의 힘을 최대한 증폭시키기 때문이다. 우리는 손으로 못을 박을 수 없다. 그러나 우리는 망치로 못을 박을 수 있고, 우리가 가진 육체의 힘을 최대로 증폭시킬 수 있다. 마찬가지로 인간은 날 수 없지만 비행기를 만들어냄으로써 하늘을 날아다닌다. 인간의 육체적 능력은 중력을 거부한다. 기술은 이처럼 인간의 힘을 최대한 증폭시켜 인간을 지상의 지배자로 바꿔놓았다.

근대의 테크노피아적 꿈은 이런 힘의 증폭에 대한 열렬한 환호였다. 그러나 근대적 테크노피아는 힘의 증폭에 따른 대가를 지불해야 했다. 그 이유는 인간의 힘을 최대한 증폭시킴으로써 자연을 지배하고자 했기 때문이다. 자연은 기술로 말미암아 인간의 발아래 무릎을 꿇어야 했다. 그러나 자연은 인류의 본향이자 모든 생명체가 거주하는 공간이다. 따라서 자연을 지배하는 인류의 힘은 자신들이 살아가는 자연 그 자체를 파괴하는 결과를 낳았다.

현대의 기술은 이전과 근본적으로 다른 특징을 지니고 있다. 과학과 기술이 결합했다는 점에서 현대 기술은 이전의 기술들과 근본적으로 다른 기술과학 또는 과학적 기술이다. 과거의 기술들은 여러 해에 걸친 장인들의 숙련된 경험을 통해서 형성되고 전수되었다. 하지만 현대 기술은 이런 숙련된 경험들을 고도로 추상화한 개념적 원리와 법칙이라는 과학에 근거하고 있다. 따라서 현대인들에게 기술은 알 수 없는 신비한 힘을 가진 것으로 인식되어 종종 공포와 숭배의 대상이 되곤 한다. 실제로 현대인들은 기술공학자와 과학자 들을 경외하며 숭배한다. 그들은 권력이 되었으며, 일상적인 삶을 사는 사람들의 지혜는 그런 과학에 의해 배제된다.

예를 들어 '황우석 박사 신드롬'과 같은 현상이 이것을 말해준다. 2005

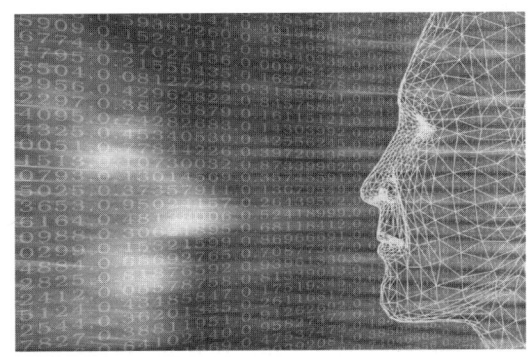

전화기를 통해서 우리는 지구 반대편에 우리의 목소리를 보낼 수 있다. 이것은 목소리의 무한한 확장이다. 마찬가지로 컴퓨터 그래픽 기술은 우리의 두뇌 속에 머물던 상상을 현실로 바꿔놓는다. 이것은 또한 우리 두뇌의 확장이다.

년 12월, MBC 〈PD수첩〉은 황우석 박사팀의 비윤리적인 난자 추출과 실험에 대해 문제를 제기했다. 그러나 방송을 본 일부 사람들의 반응은 냉담했다. 그들은 방송이 '국민과학자 황우석'의 업적을 훼손했다고 판단했으며, 오히려 〈PD수첩〉을 비윤리적인 방송으로 매도했다. 난자를 채취하는 과정에서 발생한 온갖 비윤리적 문제들, 여성의 몸을 실험 재료로 보고 생명을 물리화학적 대상으로 다루는 폭력적 행위들은 문제 삼지 않았다. 난자 채취 과정에서 사용된 과배란 촉진제와 마취, 수술의 후유증도 문제되지 않았다. 그럼으로써 사람들은 자신을 사물로, 실험실의 모르모트로 전락시켜버렸다.

인간의 힘을 증폭시키는 권력으로서 기술과학은 인간에게 닥칠지 모르는 위험과 죽음을 피하고 싶은 욕망, 보다 강해지고 싶은 욕망을 사이보그라는 과학기술적 욕망으로 대체함으로써 스스로를 비인간적인 고깃덩어리로 바꿔놓았다. 과학의 지배와 인간의 비인간화, 자연 생명체의 파괴는 필연적이다. 하이데거가 말했듯이 인간은 존재의 의미를 상실했으며, 스스로 기술이라는 '성배'를 숭배하게 되었다. 문제는 바로 여기에 있다. 인간 자신이 사이보그가 되어 스스로 생명의 윤리적·미적·정서적 가치들을 배제하기 때문이다.

기술은 확장/축소의 구조를 가진다

근대의 테크노피아적 열정인 기술에 대한 환호는 결코 인류의 미래를 장밋빛으로 바꾸지 못했다. 오히려 현대 사회에서 기술은 인류의 생존을 위협하는 '공포'의 대상이 되고 있다. 근대의 테크노피아적 전망은 기술이 오직 인간의 힘을 확장시킨다고만 보았기 때문이다. 생명공학과 컴퓨터 기술의 발전은 죽음에 저항하는 우리의 힘을 실현시키며 인간의 상상력을 현실적인 것으로 구현하고 있다. 그러나 이것은 기술이 지닌 한 측면일 뿐이다. 기술은 우리의 힘을 증폭시키고 우리가 가진 감각을 확장시킨다. 그러나 다른 한편으로 기술은 우리의 힘을 축소시키고 감각을 배제한다.

예를 들어 전화기는 우리의 목소리를 무한히 확장한다. 전화기를 통해서 우리는 지구 반대편에 우리의 목소리를 보낼 수도 있다. 마찬가지로 컴퓨터 그래픽 기술은 우리의 두뇌 속에 머물던 상상을 현실로 바꿔놓는다. 그것은 우리 두뇌의 확장이다. 그러나 기술의 확장은 언제나 축소와 쌍을 이룬다. 전화기는 목소리 이외의 다른 모든 감각들을 배제함으로써 목소리의 힘을 증폭시킨다. 마찬가지로 가상현실은 우리의 육체를 배제하고 물리적 실체가 없는 세계 속에서 우리의 꿈을 실현시킨다. 예를 들어 우리는 전화기로 아주 멀리 떨어진 사람과 대화할 수 있지만, 그 사람의 얼굴에 나타나는 미묘한 표정과 몸짓 그리고 감정적 흐름은 알 수 없다.

가상현실 역시 물리적 실체가 없는 비물리적 공간 속에서 우리의 두뇌 능력을 증폭시킬 뿐이다. 온라인 게임을 할 때 우리의 육체는 게임에서 느끼는 감각들을 따라 반응하지만 실제로 거기에 육체는 없다. 만일 가상공간에서 계속 사과를 따먹는다면 우리는 위장병에 걸리고 말 것이다. 왜냐하면 뱃속에 들어간 것은 아무것도 없지만 대뇌는 먹었다고 생각하여 위액을 분비할 것이기 때문이다. 그러므로 기술이 배제하는 것, 축소하고 없애버리는 것에 대한 고려 없이 기술을 찬미하고 숭배하는 것은 결국 인간 자신의 상실로 이어질 뿐이다.

그럼에도 사람들은 왜 기술과학을 숭배할까? 이것은 일차적으로 기술이나 도구를 단순한 수단이라고 생각하기 때문이다. 예를 들어 망치는 못을 박는 도구이고, 칼은 고기나 종이를 자르는 도구라고 생각한다. 그러나 이것은 기술이 단순한 도구가 될 수 없다는 점을 망각하게 만든다. 특히 기술이 삶의 환경이자 조건이 되어버린 기술사회에서 기술은 인간 삶의 기본적인 관계에서 필수적인 상대자가 되었다. 그래서 우리의 관계맺음은 '세계 – 인간'에서 '세계 – 기술기계 – 인간'으로 바뀌었다. 여기서 기술은 단순한 매개자가 아니라 우리의 감각과 인식 자체에 영향을 미치는 상대로 존재한다.

예를 들어 펜은 보다 논증적이고 많은 생각을 요구하는 글을 쓰게 하는 경향이 있다. 반면에 컴퓨터 워드프로세스는 보다 즉흥적이고 신문이나 잡지 기사 같은 글을 쓰게 하는 경향이 있다. 그것은 펜이 글쓰기 속도를 느리고 완만하게 강제하는 반면, 컴퓨터 워드프로세스는 매우 신속한 글쓰기를 재촉하는 경향이 있기 때문이다. 특히 인터넷 채팅이나 댓글을 다는 행위 등에서 나타나는 직설적이고 감정적인 글쓰기, '악플'과 같은 행태들은 상대를 직접 보지 않고 신속하게 전개되는 사이버 네트워크 기술이 지닌 특성과 관련되어 있다. 기술은 단순한 도구가 아니라 우리의 행동이나 성격을 특정한 방식으로 유도하는 경향이 있다. 돈 아이디Don Idhe는 이것을 '도구적 지향성'이라고 규정한다.

그렇다고 기술이 우리의 행동과 성향을 완전히 결정하는 것은 아니다. 우리는 워드프로세스로도 충분히 논증적이고 깊은 사유를 요구하는 글을 쓸 수 있다. 또 사이버 네트워크상에서도 자신의 감정을 조절하여 충분히 심사숙고한 글을 쓸 수 있다. 기술은 우리의 행위와 가치, 성격을 결정하는 요소는 아니다. 그럼에도 기술은 우리의 문화와 가치, 행동 양태를 특정한 방향으로 유도하거나 익숙하게 만드는 경향이 있다. 따라서 기술의 발전은 그것에 부합하는 윤리적·문화적 가치의 발전을 필요로 한다.

기술에 대한 생명 가치의 우선성

오늘날 기술은 찬성과 반대 두 극단의 대립 속에 존재한다. 그러나 기술은 인간의 신체적 한계를 극복하게 해주고, 보다 미세하고 거대한 세계와의 만남을 주도해왔다. 이런 의미에서 기술 그 자체가 문제인 것은 아니다. 문제는 기술이 특정 방식만을 고집한다는 데 있다. 그것은 현대의 기술이 '자연적 생명'을 '물리화학적이며 수학적인 방식'으로 다룬다는 점이다. 현대의 기술은 자신의 한계를 인정하지 않고 생명조차 '물리적 세계들'로 바꿔놓았다. 나아가 기술은 인간의 삶을 왜곡, 변용시킨다. 이런 측면에서 기술에 대한 반대는 기술 그 자체에 대한 반대가 아니라 기술의 한계를 인식하고 그 한계 안에서 '생명'적 활동의 일환으로 자리매김해야 한다.

현대인은 '기술적 이브'이다. 이제 우리는 우리 삶의 환경이자 우리의 일부가 되어버린 기술 없이 인간을 생각할 수 없으며, 자연과 관계를 맺어갈 수도 없다. '나는 기술적 이브이다. 고로 나는 세계를 바꾼다!' 우리는 여기서 출발할 수밖에 없다. 문제는 이런 기술들이 지닌 양 측면, 즉 확장과 축소의 구조를 망각할 때 일어난다. 기술이 지닌 확장의 측면, 힘의 확장과 권력의 확대, 지배력 자체가 목적으로 전화되는 그곳에서 기술은 '타자를 지배하는 권력'이자 인간과 자연을 수탈하는 지배자가 된다. 따라서 우리는 기술적 가치들이 고유하게 지니는 효율성, 능률, 편리성 등의 가치들이 수단적 가치라는 점을 반성적으로 고찰해야 한다.

기술적 가치들은 언제나 특정한 목적에 대한 수단적 가치만을 지닌다. 기술 그 자체가 목적일 수는 없다. 현대 기술사회에서 '전도'는 기술적 가치들이 '목적' 그 자체가 되었다는 역설에서 발생한다. 따라서 기술의 수단적 가치를 결정하는 애초의 목적이 무엇인지를 끊임없이 비판적으로 되물어야 하며, 그런 목적하에 기술적 가치들이 종속되도록 해야 한다. 이때 비판적으로 고려해야 할 것은 기술의 확장과 더불어 기술의 축소 측면을 함께 보는 것이다. 기술을 통해서 얻어지는 세계는 전체가 아니며 일부일 뿐이다. 따라서 기술의 한계를 인식하고, 기술이 배제하거나 감추고 있는 것을 적극적으로 발전시켜야 한다. 예를 들어 생명공학의 가치만큼 생명공학에 대한 윤리적 가치들도 중요하다. 양자에 대한 총체적 인식과 이해가 없는 곳에서 기술은 전체주의적 권력, 총체적 지배자가 된다.

인간의 가치가 기계적 가치들로 전도되는 곳, 생체적 자아가 '기계적 자아'로 전환되는 곳에서 인간에 대한 기계·기술의 지배와 인간의 파괴가 일어난다. 따라서 생명 그 자체의 가치 위에서 기술적 발전이 이루어져야 한다. 기계·기술이 인간의 생체 리듬을 파괴하는 것이 아니라 오히려 인간의 생체 리듬에 종속되고, 인간의 가치에 기술적 가치들이 종속되어야 한다. 마찬가지로 자연을 기술에 폭력적으로 맞추는 것이 아니라 기술이 자연적 리듬과 순환에 맞춰져야 하며, 이런 기술들이 새롭게 창조되어야 한다.

 고전 속으로

하이데거, 자크 엘룰, 돈 아이디

마르틴 하이데거 Martin Heidegger (1889~1976)

독일 슈바르츠발트 메스키르히에서 가톨릭 교회지기의 아들로 태어나 프라이부르크 대학에서 가톨릭 신학과 중세 그리스도교 철학을 공부했다. 하이데거의 대표작은 인간이 '어떻게' 존재하는지를 밝히고자 한 《존재와 시간Sein und Zeit》(1927)이다. 그는 존재에 대한 물음이 존재의 의미에 대한 물음이라고 보고, 현대인의 실존 방식을 '타락 상태 또는 비본래적 존재 방식'이라고 규정했다. 그는 '존재자들Seiendes, 존재'das Sein'의 대립어' 속에서 자아를 상실하는 현대인들의 위험을 경고하면서 현대 기술문명에서 그런 위험을 찾았다.

후기 저작인《기술과 전향Die Technik und die Kehre》(1962)에서는 '기술의 본질'을 은폐/탈은폐의 한 방식으로 규정하고, 현대 기술이 자연과 사물을 인간의 필요에 따라 마음대로 사용하는 대상으로 삼는 것이 현대 문명의 진정한 위험이라고 주장했다. 하이데거는 기술이 인류 문명의 구성에 직접적으로 참여하고 있다는 점을 간파하고 기술 그 자체의 본질을 사유의 대상으로 삼은 최초의 철학자이다.

> 마르틴 하이데거, 이기상 옮김, 《기술과 전향》, 서광사, 1997.

기술의 도구적·인간학적 정의

기술은 그 기술의 본질과 같은 것이 아니다. (…) 우리가 기술을 열정적으로 긍정하든 부정하든, 이와 관계없이 우리는 어디에서나 기술에 사로잡혀 있다. 그러나 최악의 경우, 기술을 중립적인 것으로 고찰할 때 우리는 무방비 상태로 기술에 내맡겨진다. (…) '기술은 무엇인가'라고 물을 때 그것은 기술에 대해 묻는 것이다. 누구나 알고 있는 그 물음에 대한 답은 두 가지이다. 하나는 '기술은 목적을 위한 수단'이라는 것이고, 다른 하나는 '기술은 인간 행동의 하나'라는 것이다. (…) 따라서 우리는 기술이 하나의 수단이며 인간 행동의 하나라고 보는 기술에 대한 통념을 기술의 도구적·인간학적 규정이라고 부를 수 있다.

기술은 탈은폐의 한 방식

기술은 단순히 하나의 수단이기만 한 것은 아니다. 기술은 탈은폐의 한 방식이다. 이 점에 유의한다면 기술의 본질이 갖는 전혀 다른 영역이 우리에게 열린다. 탈은폐의 영역, 그것은 진리의 영역이다. (…) 집이나 배를 만드는 사람은 (…) 밖으로 끌어내놓아야 할 것을 탈은폐시킨다. 이런 탈은폐는 완성된 뒤의 사물을 미리 머릿속에 그리고, 그에 맞춰 배나 집의 외형과 재료를 집약시키고 이를 통해서 제조하는 양식을 규정한다. 따라서 '테크네techne'에서 결정적인 것은 만드는 행위나 조작하는 행위 또는 수단의 사용이 아니라 위에서 말한 '탈은폐'이다. (…) 기술은 탈은폐의 한 방식이다. 기술은 탈은폐와 비은폐성인 '알레테이아aletheia', 즉 진리의 사건이 일어나고 있는 곳에 존재한다.

틀박음으로서의 현대 기술

이제 현대 기술을 완전히 제압하고 있는 탈은폐는 더 이상 '포이에시스 poiesis'라는 의미에서 '밖으로 끌어내 앞에 내놓음'의 방식으로 전개되지 않는다. 현대 기술 속에서 번성하고 있는 탈은폐는 도발적인 요청이다. (…) 이제 지구는 단순한 채탄장으로서, 대지는 그저 저장고로서 탈은폐될 뿐이다. 농부들이 예전에 경작하던 밭은 그렇지 않았다. 그때의 경작은 키우고 돌보는 것이었다. 농부의 일이란 농토에 무엇을 내놓으라고 강요하는 것이 아니라, 씨앗을 뿌려 싹이 트는 것을 그 성장능력에 맡겨두고 그것이 잘 자라도록 보호하는 것이었다. 그러나 오늘날의 농토 경작은 자연을 특정한 틀로 몰아세우는, 이전과는 전혀 다른 경작 방식으로 흡수되어버렸다. 이제는 그것도 자연을 도발적으로 틀 지운다. 경작은 기계화된 식품공업일 뿐이다.

계산 가능한 힘의 연관으로서의 현대 기술

현대 기술은 단순히 인간의 행위도 아니고, 더구나 그런 행위 안에서의 단순한 수단도 아니다. 기술을 단지 도구적으로 또는 인간학적으로 규정하는 것은 원칙적으로 불충분하다. (…) 탈은폐는 우선 주요 에너지원의 저장고로서 자연에 해당한다. 그것에 부응하여 인간이 주문 요청하는 행동양식은 우선 근대의 정밀 자연과학의 대두에서 드러난다. 자연과학의 표상 방식은 자연을 계산 가능한 힘의 연관으로 추적하는 방식 안에서 특정한 틀로 몰아세운다.

기술사회의 위험으로부터의 탈출구

기술의 본질이 전혀 기술적인 것이 아니기 때문에 기술에 대한 본질적 자각과 기술과의 결정적 대결은 한편에서 기술의 본질과 가깝게 관련되어 있고, 다른 한편으로 그것과는 근본적으로 다른 영역에서 일어날 수밖에 없다. 그것의 영역이 곧 예술이다.

해설

일반적으로 사람들은 기술을 도구라고 생각하는 경향이 있다. 이것은 기술이 마음대로 사용할 수 있는 도구이며, 그것을 사용하는 사람에 따라 선도 되고 악도 될 수 있다고 생각하기 때문이다. 하이데거는 이런 생각이 기술 그 자체의 본질에 대한 사유를 가로막는다고 생각했다.

하이데거가 보기에 기술은 단순한 도구가 아니다. 왜냐하면 기술은 이미 우리 삶을 일정한 틀 안에서 총체적으로 만들어내고 있기 때문이다. 흔히 현대를 과학의 시대라고 말한다. 이것은 이미 과학과 결합한 현대 기술이 일정한 방식으로 자연과 삶을 사고하게 만든다는 것을 의미한다. 하이데거는 이것을 에너지원, 계산 가능한 힘의 연관이라고 표현한다.

현대 기술은 우리의 가치와 정서, 관점들을 특정한 방식으로 만들어낸다. 오늘날 우리는 효율성과 생산성 그리고 모든 대상들을 양적으로 환산할 수 있다고 생각한다. 그리고 이를 통해서 특정한 대상이 가진 성질이나 특성을 배제하고 일정한 기준을 따라 표준화한다.

물론 하이데거는 이것이 거짓이라고 말하지 않는다. 그것 역시 특정한 대상이 지닌 성질을 드러낸다는 점에서 탈은폐의 기능, 진리를 드러내는 기능을 가지고 있다. 그러나 현대의 기술과학은 이것만을 진리라고 고집한다. 그럼으로써 기계적·기술적 방식이 은폐하는 다른 부분, 즉 표준화하고 추상화함으로써 제거해버린 부분을 감춘다. 따라서 하이데거는 은폐된 부분, 특히 예술을 통해서 기술이 지배하는 현대 사회를 치유하고자 한다.

자크 엘룰 Jacques Ellul (1912~1992)

프랑스 보르도 태생의 엘룰은 기독교 서적을 많이 출판하여 우리나라에 기독교인으로 알려져 있으나, 학계에서는 매우 극단적인 기술결정론자이자 현대 기술비관론자로 더 널리 알려져 있다. 엘룰의 책 《기술 또는 우리 세기의 도박 Technique ou L'enjeu du Siecle》(1954)은 미국에서 《기술사회 The Technological Society》(1964)라는 제목으로 소개되어 그에게 '기술비관론자'로서의 명성을 안겨주었으며, 이후 '기술사회'라는 말은 일반명사처럼 쓰이게 되었다. 이 외에도 그는 《기술 시스템 The Technological System》(1977), 《기술담론의 허세 The Technological Bluff》(1988) 등을 출간했다.

엘룰의 기술비관론은 인간이 주인으로서 자기 마음대로 기술을 사용할 수 있다는 생각을 기각하고, 기술이 자율성을 가지고 있다는 테제에서 출발한다. 그는 현대 기술의 발전과 더불어 인간의 자유는 더 이상 존재하지 않게 되었다고 하면서 "전 지구적으로 생각하고 지역적으로 행하라 Think Globally, Act Locally"고 촉구했다. 그의 기술철학은 비관적이었으나 그의 삶은 열정적이었다. 그는 구십 평생을 레지스탕스, 보르도 대학 법학부 교수, 사회학자이자 정치학자, 시골 목사, 환경운동가, 평신도 신학자로 살았다.

자크 엘륄, 박광덕 옮김, 《기술의 역사》,
한울, 2009.

효율성으로서의 기술

오늘날 기술 발전은 더 이상 효율성 이외의 다른 요소에 의해 통제되지 않는다. 연구는 더 이상 개인적·실험적·기교적인 것이 아니라 추상적·수학적·산업적인 것이 되었다. 그것은 개인이 더는 참여하지 않는다는 것을 의미하는 것이 아니다. 오히려 무수히 많은 개인적 실험 이후에야 비로소 발전이 이루어진다. 그러나 개인의 참여는 오늘날 부차적으로 간주되는 미학적·윤리적 상상과 같은 흐름에 저항하면서 효율성을 따르는 한에서 이루어진다.

전체주의로서의 기술

기술은 전체주의적이 될 수밖에 없다. (…) 기술이 수많은 현상들을 흡수하고 자료를 최대한 수집해야만 진정으로 효율적이고 과학적인 것이 될 수 있다. 종합적으로 조정, 개발하기 위해서 기술은 어떤 지역에나 있으며 대중의 삶에 도입된다. (…) 기술은 점차적으로 문명의 모든 요소들을 정복해왔다. (…) 인간 그 자신도 기계에 압도당하고 있으며 그것의 객체가 되고 있다. 인간을 객체로 인식하는 기술이 사회의 중심이 된다. 당연한 듯이 보이는 이런 놀라운 사건을 기술문명이라 부른다. (…) 기술문명이라는 우리의 문명은 문화의 일부를 기술에 속한 것으로 만드는 기술에 의해, 문명에 속하는 모든 것을 기술적 목표에 봉사하도록 하는 기술을 위해 건설된다. 따라서 우리의 문명은 전적으로 기술이 된다.

기술주의적·인간주의적 해결책의 딜레마

기술자들은 기술 발전의 미래를 통제하고자 하는 진정한 노력을 기울여왔다. 여기서 우리가 접하는 한 가지 원칙은 '기술적인 문제는 기술적인 해결책을 요구한다'이다. 현재 기술자들이 해결책으로 제시하는 두 종류의 새로운 기술이 있다. 첫 번째 해결책은 인간과 새로운 기술적 환경을 연결하는 새로운 기술도구의 창조이다. (…) 두 번째 해결책은 기술시대에 인간사회를 위한 새로운 목적을 발견 또는 재발견하려는 노력이다. (…) 그러나 아벤투르가 입증한 바와 같이 목적에 대한 완벽한 지식은 단지 기술적 지식이 될 뿐이다. 아, 슬프다! 순수한 이론적 휴머니즘이라는 만병통치약도 다른 것들과 마찬가지로 공허할 뿐이다. (…) 사실상 이것에 대한 유일한 해결책이 있다. 그것은 기술을 최대한 허용하면서 이에 수반되는 모든 어려움을 해결할 수 있는 세계적 규모의 전체주의이다.

해설

엘룰은 오늘날 기술이 총체적이라고 생각한다. 또 기술은 우리가 마음대로 할 수 있는 도구가 아니라 자율성을 가진, 자기 스스로 움직이는 메커니즘을 가진 실체라고 믿는다.

   기술은 효율성이라는 가치를 따라 움직인다. 현대 사회에서 과학기술에 대한 숭배는 이를 보여준다. 인문학의 위기 또한 이와 무관하지 않다. 사람들은 예술적이고 인간적인 가치보다는 실용적이고 효율적인 가치를 더 중요시한다. 이런 측면에서 엘룰은 현대 기술이 우리의 모든 삶을 규정하고 모든 사유방식을 결정하는 전체주의적 지배자로 등장한다고 본다.

그런 의미에서 엘룰은 기술 안에서, 기술을 통해서 기술의 지배를 물리치려는 모든 노력은 실패할 수밖에 없다고 생각한다. 왜냐하면 기술은 이미 전체적인 것으로서 우리의 일상과 삶, 정서와 가치를 지배하기 때문이다. 따라서 엘룰은 모든 인간적 노력은 결국 기술의 지배를 벗어날 수 없다는 회의론적 시각을 가지고 있다.

돈 아이디 Don Ihde (1934~)

20세기 중반에 등장한 기술철학자. 본래 후설Edmund Husserl의 지각적 현상학과 하이데거의 철학으로부터 많은 영향을 받은 '후기현상학자'였다. 그러나 1970년대부터 자신의 전공이었던 현상학적 기법들을 사용하여 기술적 경험의 구조들을 분석하고 여기서 불변항들을 찾아냈다. 그리고 이를 통해서 기술의 본질을 규명하고, 기술 그 자체를 철학적 사유의 대상으로 정립했다. 그가 찾아낸 기술의 본질은 '확장/축소의 구조'로서, 기술에 대한 낙관론과 비관론을 모두 벗어날 수 있는 새로운 가능성을 열었다. 또 이를 통해서 비로소 기술철학이라는 새로운 영역을 개척했다.

현상학을 다룬 저작들 외에 기술에 대한 저작으로 《기술과 실천Technics and Praxis》(1979), 《기술철학Philosophy of Technology》(1979), 《실존적 기술Existential Technics》(1983), 《기술과 생활세계Technology and the Lifeworld》(1990), 《도구적 실재론Instrumental Realism》(1991), 《포스트현상학Postphenomen-ology》(1993) 등이 있다. 그는 현존하는 가장 권위 있는 기술철학자로서 공로를 인정받아 뉴욕 주립대 수훈교수가 되었다.

돈 아이디, 김성동 옮김, 《기술철학》,
철학과현실사, 1998.

기술에 의한 자아의 형성

기술적 문화 속에서 기계들은 우리의 자아-경험과 자아-표현의 한 부분이 되었다. 기계들은 준-타자들로서 우리에게 익숙한 상대방이 되었으며, 도망칠 수 없도록 우리를 에워싸고 있다. 그것들은 세계라는 기술적 직물이 되고 그것을 통해서 우리는 그 전체성을 추정할 수 있다. 이런 의미에서 우리는 항상 기계들과 실존적으로 만나고 있다.

우리는 오랫동안 기계들을 신체의 '확장'으로 생각해왔다. 우리는 기계를 통해서 우리 자신을 실존적으로 세계에 투사한다. 그러나 기술이 점점 정교해짐에 따라 기계들을 우리 신체의 확장으로서만이 아니라 우리 언어의 발달로도 보게 될 것이라고 했던 무니에의 주장이 보다 더 적절한 것이 되고 있다. (…) 확실히 '기술권'은 전체성으로, 즉 기술주의로 나아갈 것이라는 추정을 가능하게 만들고 있다. 그것은 우리 관계들의 모든 차원을 포괄하고 있다. 그러나 전체성은 오로지 추정적인 것일 뿐이다. 여기에 차이가 있다. 내가 나 자신과 나의 기계적 세계를 혼동할 수 있는 애매성에 직면해서도 '맨살'로 세계와 만나는 것과 기계를 통해서 세계를 만나는 것 간의 차이를 해명할 가능성은 있다. (…) 기술과 직면했을 때만이 궁극적으로 기술을 이해하고, 기술의 매력과 흉계를 모두 초월할 수 있을 것이다.

확장/축소의 구조로서 기술

나는 특별한 기술, 즉 전화가 특정 종류의 실용적이고 일상적인 일들, 특히 '정보'를 전달하는 일에 친화성을 가진다는 점을 지적하고자 한다. 이것은 이런 특정한 기술, 즉 전화가 정보를 조달하는 경향이 있다는 말이다. 그러나 이것 또한 정보가 풍부한 인간의 모든 경험 가운데 오직 하나의 차원이라는 의미에서 일종의 축소이다.

어떤 점에서 이것은 단지 전화가 어떤 기능에 비해 다른 기능에 더 적합하다고 말하는 것에 불과한 것처럼 보인다. 이런 점에서 그것은 어떤 사회적 목적을 체현하고 있을 뿐이다. 그러나 다르게 보면 기술은 중립적이지 않으며, 재귀적 확장/축소의 효과를 지니고 있다. 따라서 이러한 양 측면을 보아야 한다는 것, 현대 기술의 친화성이 세계와 우리 자신을 이해하는 방식을 굴절시킨다는 것이 내가 지적하고자 하는 바이다.

해설

아이디는 오늘날 기술이 인간의 도구가 아니라 인간의 정서와 자기 자신에 대한 이해에 영향을 미치는 상대자라는 점을 '자아 형성'이라는 관점에서 서술하고 있다. 오늘날 우리의 삶은 자연환경보다는 기술적 환경 속에서 펼쳐진다. 따라서 우리 자신을 이해할 때에도 기술적인 것들을 통해서 인식한다.

그러나 아이디는 엘룰과 다르게 기술의 이런 총체화, 전체화의 경향이 인간의 삶을 결정한다고 생각하지는 않는다. 그는 하이데거처럼 기술이 은폐와 탈은폐의 구조를 가지고 있다고 생각하며 이를 '확장/축소의 구조'로 설명한다. 예를 들어 전화기는 우리의 목소리를 확장하지만 그 외의 다른 부분들, 즉 대화할 때 볼 수 있는 상대의 눈빛과 제스처를 제거하거나 축소시킨다. 이런 측면에서 모든 기술은 확장/축소의 구조를 가지고 있다.

따라서 아이디는 기술이 확장/축소를 통해서 우리의 삶과 인식 능력, 감각 등을 변형시키기는 하지만 결정하는 것은 아니라고 주장한다. 왜냐하면 기술의 이런 구조는 우리가 지각하는 사회문화적 장에서 수용되기 때문이다. 따라서 지각을 결정하는 데 있어서 기술은 변형의 힘을 가지고 있지만, 그런 지각을 결정하는 기술만큼 문화가 중요하다고 말한다.

역사와 현실 속으로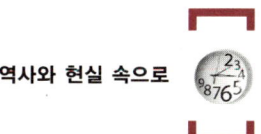

존스 비치 공원 앞 고가도로, 국회의사당 그리고 생명공학

존스 비치 공원 앞 고가도로는 왜 12피트일까?

■

미국의 고가도로를 여행해본 사람들은 뉴욕 롱아일랜드의 공원을 가로지르는 다리를 보고서 매우 의아해할 것이다. 롱아일랜드에는 약 200개 정도의 낮은 고가도로가 있다. 그곳의 고가도로는 가장자리가 9피트로 매우 낮게 설계되어서 버스가 다닐 수 없게 되어 있다. 이 다리를 설계한 사람은 1920년대부터 1970년대까지 뉴욕의 도로, 공원, 다리 등을 건설했던 로버트 모제스라는 사람이다. 그의 가장 중요한 업적은 뉴욕에 지금 형태를 부여한 기술적·공학적 프로젝트를 실행한 것이다. 그런 사람이 왜 존스 비치로 통하는 고가도로를 그렇게 낮게 설계한 것일까? 사람들은 그가 자동차를 매우 중시해서 미처 생각하지 못했다고 여길 것이다. 실제로 그가 그렇게 한 까닭은 계급적·인종적 편견 때문이다. 리코플만은 카로에게 다음과 같이 말했다. "그 개자식은 버스가 절대로 공원을 통과할 수 없도록 왱타프 공원의 다리를 낮게 설계했다."

— 송성수, 《우리에게 기술이란 무엇인가》, 녹두, 1995.

■

이것은 기술이 특정 인종에 대한 편견이나 정치적 입장을 은밀하게 드러내는 수단이 될 수 있다는 점을 보여준다. 로버트 모제스Robert Moses는 '대중의 공원'이라고 했던 존스 비치에 접근할 수 없도록 고가도로를 낮게 설계했다. 자동차를 가지지 못한 흑인과 소수인종, 빈민 들이 공원을 더럽힌다고 생각했기 때문이다. 그러나 기술은 일단 그렇게 구현되고 나면 인종적·계급적 편견들을 은폐하고 순전히 기술적 문제인 것 같은 효과를 유발한다. 사람들은 대부분 그것이 인종적 편견이나 계급적 편향을 띠고 있다는 점을 발견하지 못한다. 그리고 그것을 이전부터 그렇게 있었던 것처럼 생각하고 순응하는 경향이 있다.

국회의사당은 왜 여의도에 있는 것일까?

■

여의도에는 국회의사당이 있다. 여의도 동쪽 끝에서 바라보면 국회의사당은 의사당로 옆에 늘어선 아파트 단지와 증권사 빌딩 사이의 길을 통해 일직선으로 늘어선 맨 앞에 자리 잡고 있다. 이것은 중국의 전통도시에서 보이는 주작대로라는 배치를 따르고 있다. 신화 속의 새인 주작이 지키는 이 큰길은 도성의 남문과 궁성을 남북으로 잇는 중심 도로로, 거기에서 보면 모든 것을 내려다볼 수 있는 우주의 중심으로 설계되어 있다. 따라서 국회의사당은 시원하게 뚫려 있는 대로를 따라 길 아래를 내려다볼 수 있는 시각적 권위를 확보하는 방식으로 배치되어 있다. 이것은 국회의 권위를 제공하면서 권위주의적 군림을 건축학적으로 구현하고 있는 것이다. 게다가 국회의사당은 여의도의 서쪽 모서리에 자리 잡고 있으며 서울의 중심도 아니었다. 그것은 여의도를 국민으로부터 분리시켜 권위주의적 밀실로 만든 것이었다. 대표적인 개발독재 정권이었던 박정희 정부는 국회를 시민들의 의회가 아니라 시민들 위에 군림하는 의회 권력으로 세우고자 했던 것이다. 게다가 원래의 설계는 의사당로 동쪽 반대편에 시청 건물을 두고 현재의 대한생명 63빌딩 자리에 대법원을 두어 입법부와 행정부가 마주보고 그 반대편에 국회의사당을 두어 삼권분립을 구현하도록 설계했었다. 그러나 이것은 사실 여의도에 삼부를 집중시킴으로써 군림하는 권력을 만들고자 했던 것이다. 지금도 국회의사당을 출입하는 의원 전용 입구와 일반 시민들의 입구가 다르다. 의원 전용 출입구는 높은 계단을 올라가 붉은 카펫을 밟으며 회의장으로 연결되는 반면, 일반 시민들은 건물을 빙 돌아 후면의 지하 출입구를 이용해야 한다. 따라서 건축학적으로 이미 국회의원과 시민의 신분과 지위가 구별되게 되어 있다.

― 김왕배, 《도시, 공간, 생활세계》, 한울, 2005.

■

    어떤 건축물도 중립적이지 않다. 건축물을 설계하고 그것의 형태를 고안할 때, 이미 그 안에는 그것을 설계하는 사람의 의도와 가치관이 반영되어 있다. 예를 들어 롯데월드와 같은 놀이공원은 원형으로, 모든 길이 미로처럼 연결되는 방식으로 설계되어 있다. 들어가는 길과 나오는 길이 같으며, 그 안은 외부와 단절되어 있다. 이것은 그 안에서 시간을 보내고 돈을 쓰며 모든 것을 해결하도록 고안된 것이다. 건축물은 이와 같이 특정 가치와 의도, 의미, 상징을 가지고 설계된다.

▮▬ 서울 여의도에 있는 국회의사당 건물. 건축물을 설계하고 그 형태를 고안할 때, 이미 그 안에는 그것을 설계하는 사람의 의도와 가치관이 반영되어 있다.

생명공학은 과연 인류에게 행복을 가져다줄 것인가?

사례 1 | 1989년 미국에서는 트립토판이 첨가된 식품을 먹고 1만 명 이상의 환자가 발생했는데, 이 중에서 36명이 사망하는 '트립토판 사건'이 발생했다. 트립토판은 식품 첨가물로 사용되는 아미노산의 일종으로, 과학자들이 유전자 변형을 통해서 얻은 유전자 변형 식품이다. 과학자들은 트립토판 유전자를 미생물에 주입해서 대량 증식시킨 다음 이를 시판했다. 그러나 그것을 먹은 사람들이 심한 근육통 증상을 보이며 백혈구 수가 급증하는 이상 현상을 일으켰다. 이제까지 없었던 새로운 질병이었다. 미국 정부는 트립토판 첨가 식품을 먹지 말라는 비상 경고령을 내렸지만, 이 질병과 유전자 변이 트립토판 사이의 인과관계는 과학적으로 밝혀내지 못했다.

— 야스다 세츠코, 송민동 옮김, 《먹어서는 안 되는 유전자조작 식품》, 교보문고, 2000.

사례 2 | 미국 캘리포니아 주에 거주하던 기업인 존 무어는 1980년대 중반 매우 희귀한 암에 걸려 캘리포니아 대학 병원에서 치료를 받았다. 그런데 그 당시 그를 치료했던 의사는 무어의 비장에서 매우 특이한 사실을 발견했다. 그것은 백혈구 생성을 촉진하는 단백질을 비장에서 만들고 있다는 점이었다. 이에 의사는 산도스라는 제약회사와 함께 이 비장 세포를 대량으로 배양하는 기술을 개발하고 1984년에 특허를 신청했다. 물론 무어에게는 이 사실을 알리지 않았다. 이에 무어는 자신도 모르는 사이에 자신의 신체 일부가 특허를 받았다는 사실을 알고 그것의 소유권을 요구하는 소송을 제기했다. 그러나 1990년 캘리포니아 대법원은 신체 조직의 상업화에 대해 설명하지 않았다는 이유로 금전적 배상만을 명했을 뿐, 희귀 세포를 배양하는 기술의 독창성을 인정하여 무어에게는 소유권이 없다는 판결을 내렸다.

반면, 1993년 미국 국립보건원에서는 이와 정반대되는 사례가 발생했다. 미국 국립보건원은 구아이미족 인디언인 26세 여성의 몸에서 추출한 바이러스를 가지고 특허를 신청했다. 이 바이러스는 어떻게 만들어졌는지는 알 수 없지만 인체에서 항체가 잘 생성되도록 하는 특별한 능력을 가지고 있었다. 따라서 이 바이러스를 대량 증식시켜 백혈병 치료에 이용한다면 엄청난 고부가가치를 얻을 수 있었다. 이에 파나마의 구아이미족 의회 의원들이 '유전자 프라이버시'를 짓밟았다며 거세게 항의했고, 그 결과 미국 국립보건원은 특허 신청을 철회했다.

― 로리 앤드루스·도로시 넬킨, 김병수 옮김, 《인체시장》, 궁리, 2006.

이와 같은 사례들은 유전자 변형 농산물이나 생명체가 결코 안전하지 않다는 점 그리고 생명공학의 발전이 '생물 해적질biopriacy'과 같은 생물학적 자원의 착취와 다국적 기업의 이윤 추구를 정당화할 수 있다는 위험을 보여준다. 생명공학은 결코 인류에게 행복을 가져다줄 수 없다. 그것은 오히려 생물종의 다양성을 파괴하고 생태계를 교란할 수 있으며 인류를 절멸로 이끌 수도 있다. 오늘날 생명과학 기술들은 충분한 과학적 실험을 거쳤으며 문제가 발생해도 과학적으로 입증된 바가 없다고 주장하지만 그것은 거짓말이다. 과학적으로 발병 원인이 입증되지 않는 것은 그것이 새로운 종류의 병이기 때문이다.

가상토론

테크노피아의 꿈, 축복인가 재앙인가?

일반적으로 사람들은 기술을 도구라고 생각한다. 우리가 기술을 현대 문명의 여러 문제들과 관련하여 중요하게 다루지 않았던 것은 우리가 마음대로 할 수 있는 도구라고 생각했기 때문이다. 그러나 오늘날 기술은 더 이상 단순한 도구가 아니다. 이제 기술은 인간뿐만 아니라 지구의 운명을 좌지우지할 수 있는 힘을 가지고 있다. 게다가 기술은 우리의 일상적인 삶과 가치를 지배한다. 그래서 한편으로 기술 속에서 낙관적인 미래를 보는 사람도 있고 비관적인 미래를 보는 사람도 있다. 오늘은 낙관론의 대표자인 앨빈 토플러Alvin Toffler 교수와 비관론의 대표자인 엘륄 교수, 그리고 이 양자를 넘어서고자 하는 하이데거 교수와 돈 아이디 교수를 초청했다.

사회자 오늘날 기술은 랭던 위너Landon Winner가 말했듯이 '제2의 자연'이 되었습니다. 이제 인간은 기술 없이 살아갈 수 없으며, 기술은 인간에게 삶의 환경이 되었습니다. 그러나 기술에 대한 의존도가 높아지면 질수록 그 위험성에 대한 우려의 목소리도 높아지고 있습니다. 오늘날의 물질문명은 기술이 인간에게 복된 미래를 가져다줄 것이라는 테크노피아적 믿음을 가졌던 근대 사회의 산물입니다. 최근에 앨빈 토플러 교수님과 다니엘 벨 Daniel Bell 교수님도 이런 입장에 서 있는 것처럼 보입니다. 그러나 하이데거 교수님이 지적했듯이 현대 기술은 자연과 인간을 부품으로 다루면서 존재의 망각을 초래합니다. 엘륄 교수님도 기술이 전체주의를 낳을 것이라고 비판했습니다. 이처럼 현대 기술을 바라보는 관점은 테크노피아적 낙관론과 디스토피아적 비관론이 대립하고 있습니다. 이에 양측의 대표적인 이론가들을 초대해서 이야기를 나눠보고자 합니다.

기술, 희망인가 재앙인가

토플러 아니, 사회자님! 뭔가 잘못 짚고 계시는군요. 저희는 결코 산업사회의 물질문명이 테크노피아적 미래를 열 것이라고 생각하지 않습니다. 제가 주장하는 것은 오히려 산업사회의 문제를 벗어난 새로운 기술의 가능성이 열리고 있다는 것입니다. 정보사회는 산업사회가 지니고 있는 문제들, 예를 들어 정신노동과 육체노동의 분리, 노동과 문화의 분리, 노동의 부품화와 기계화를 벗어나 이 둘을 통합시킵니다. 제가 주장하는 것은 제3의 물결인 정보혁명이 이런 문제를 해결해줄 새로운 사회를 열 것이라는 겁니다.

엘륄 바로 그렇게 주장하기 때문에 선생이 테크노피아적 믿음을 가지고 있다는 것입니다. 선생은 정보기술혁명이 노동과 문화의 분리를 극복하도록 만들고 인간의 노동을 보다 전인적으로 바꿀 것이라고 주장하지요. 그러나 기술은, 그것이 비록 정보기술이라 하더라도 결코 인간적인 사회로 바꾸지 못할 것입니다. 왜냐하면 기술은 효율성이라는 유일한 법칙을 따라 자율적으로 움직이기 때문입니다. 정보기술도 예외가 될 수 없습니다. 그것 역시 산업적으로 효율적이지 않은 이상 개인의 창의적인 활동을 허용하지 않을 것입니다. 여기서 개인의 자유로운 노동은 존재하지 않습니다.

하이데거 그렇죠. 거기에다 더 큰 문제는 기술이 인간과 자연을 여전히 부품으로 다루면서 인간에게 이득이 되는 방식으로만 발전할 것이라는 점입니다. 여기서 자연이 가진 가치와 생명 등은 모두 배제됩니다. 오늘날 환경 파괴는 이로부터 일어나는 것입니다. 자연을 바라보는 데에는 두 가지 관점이 있습니다. 하나는 자연을 우리가 이득을 얻기 위한 저장고로 보고 이를 순전히 공학적으로만 다루는 방식입니다. 또 다른 하나는 자연과 인간이 상호 의미를 교환하는 방식입니다. 그러나 현대 과학기술은 전자만을 발전시키고 후자를 배제하지요. 여기서 망각되는 그 존재가 서로 만나면서 드러내고 있는 의미입니다.

토플러 저는 그런 철학적 논쟁에는 별 관심이 없습니다. 제가 아는 것은 과학기술의 도움 없이는 살아갈 수 없으며, 과학기술의 변화가 새로운 삶의 방식을 만들 것이라는 점입니다. 오늘날 환경 문제만 보더라도 과학기술의 도움 없이 이를 해결한다는 것은 불가능합니다. 과학기술을 재앙으로 보는 한, 우리는 현재의 문제들을 풀어갈 수 없습니다.

엘룰 아니죠. 바로 그런 사고방식이 현대 기술을 재앙으로 만드는 겁니다. 예를 들어 우리가 환경 문제를 과학기술로 해결하려 한다면, 이 세계 전체에 대한 정보를 가지고 있어야 합니다. 그러나 인간의 과학은 그렇지 못합니다. 그런데도 이를 고집한다면 과학기술은 세계 전체를 과학의 관점에서 포섭하려 할 것이고, 그것은 결국 전체주의를 낳을 것입니다. 그것은 과학의 세계 지배입니다.

하이데거 맞습니다. 문제는 우리가 발전시킨 과학의 한계를 먼저 인정해야

한다는 것입니다. 과학기술은 세계의 진실을 보는 하나의 방식에 불과합니다. 그것은 결코 전부가 아닙니다. 그런데도 현대 과학기술은 마치 그것이 전체인 듯 다룹니다. 과학기술은 이와 전혀 다른 방식으로 세계를 보는 예술의 도움을 받아야 하며, 이전과 전혀 다른 삶을 만들어가야 합니다.

아이디 아닙니다. 제가 보기에 유토피아적 관점이든, 디스토피아적 관점이든 모두 다 동일한 오류를 범하고 있습니다. 적어도 기술의 문제에서 세 분은 기술이 다른 모든 사회적 요소들, 예를 들어 정치·경제·문화적 요소들을 결정한다는 기술결정론의 관점에 서 있습니다. 토플러 선생님은 정보 기술의 변화가 인류의 삶을 풍요롭게 만들 것이라고 주장하십니다. 그리고 엘룰 선생님과 하이데거 선생님은 현대 기술이 세계를 가치가 배제된 죽어버린 대상으로만 다룸으로써 사회를 비인간화하고 자연과 생명을 파괴한다고 주장하십니다. 그러나 이런 주장이 가능하려면 무엇보다도 그것의 전

▬▬▬ 기술은 인간뿐만 아니라 지구의 운명을 좌지우지할 수 있는 힘을 가지고 있다. 게다가 기술은 우리의 일상적인 삶과 가치를 지배한다. 과연 기술 속에서 미래를 낙관적으로 보는 사람과 비관적으로 보는 사람들은 우리의 미래의 모습에 대해 어떤 이야기를 들려줄까?

제가 되는 기술이 다른 사회적 요소들을 결정한다는 기술결정론이 과연 옳은지를 따져보아야 한다고 생각합니다. 과연 기술이 우리 삶의 다른 영역들을 결정하고 있는 것일까요?

하이데거 아, 그건 오해예요. 나는 결코 기술결정론을 주장하지 않습니다. 다만, 기술이 특정 방식으로만 세계를 보도록 하고, 우리의 삶이 그런 방식을 벗어나지 못하고 있다는 것이에요.

아이디 맞습니다. 기술이 전체주의를 향해 가고 있다는 것은 현재 우리가 추정할 수 있는 방향이에요. 그러나 하이데거 선생님께선 기술이 그런 경향을 가지고 있다는 점만으로 현대 기술이 인류를 재앙에 빠뜨리며, 현대 기술이 아니라 예술만이 구원의 길이라고 주장하고 계시지 않습니까? 저는 세계를 보는 관점의 전환이 이루어져야 한다는 주장에 동의합니다. 세계를 다루는 방식에는 기술과학만 있는 것이 아니라 예술문화적 방식도 있습니다. 그리고 세계를 죽어버린 대상으로만 보는 것은 문제가 있다고 생각합니다. 그러나 그렇기 때문에 현대 기술을 버리는 것이 아니라 그 기술의 탈은폐적 기능을 보다 다양하게 결합시켜야 하지 않을까요? 예를 들어 기술과 특정 문화들을 결합시켜 전혀 새로운 기술을 만들어내는 식으로 말입니다. 그렇게 되면 다른 방식의 기술이 만들어지지 않을까요?

토플러 그렇습니다. 기술의 발전 없이는 현재 우리가 직면한 환경파괴 문제를 해결할 수 없습니다. 정보기술은 정보가 가치를 창조하기 때문에 자연을 파괴하지 않습니다. 게다가 정보기술은 문화와 노동을 결합시키는 기술입니다.

엘룰 아, 아닙니다. 그건 아닙니다. 우리가 기술을 통해서 오늘날 직면한 문제를 풀려고 한다면, 그것은 필연적으로 세계를 기술과학적으로만 다루는 과학의 전체주의를 낳을 수밖에 없습니다. 예를 들어 생태계 파괴 문제를 해결하려면 자연 전체에 대한 생태적 법칙들과 순환의 계열들을 과학적으로 파악해야 합니다. 그러나 그렇게 할 수 있습니까? 우리는 전능한 신이 아닙니다.

아이디 맞습니다. 토플러 선생님의 주장은 분명 문제가 있습니다. 토플러 선생님께선 마치 정보기술이 자연파괴나 비인간화의 문제를 해결할 수 있다는 듯이 주장하십니다. 그러나 정보기술은 결코 그 문제를 해결하지 못합니다. 오늘날 선진국의 정보기술은 새로운 부가가치의 원천이 되어 오히려 제3세계 국가들을 착취하는 도구로 사용되고 있습니다. 정보기술은 제

3세계 국가들의 문화를 파괴하고 문화제국주의를 만들지요. 따라서 정보기술은 세계를 획일화하는 것이지 다양화하는 것이 아닙니다.

토플러 그럼 선생의 주장은 도대체 뭔가요?

아이디 제가 주장하는 것은 기술이 세계를 바꿀 수 없으며, 기술은 특정한 사회문화적 환경 속에서 만들어지고 작동한다는 것입니다. 따라서 정보기술이 마치 현재의 문제를 해결할 수 있다는 듯이 말하는 것은 문화와 기술의 제국주의를 낳을 뿐이죠. 그것은 이 세계에 존재하는 다양한 인종이나 민족들이 발전시킨 문화와 기술을 파괴합니다. 그들이 발전시킨 기술과 문화는 특정한 환경에서 그들 스스로 개발해온 것입니다. 제 얘기는 그들의 문화와 기술을 보존하고 그런 다양성 속에서 각각의 기술을 융합해 기술을 발전시켜야 한다는 것입니다.

사회자 잘 들었습니다. 적어도 현재 상황에선 기술결정론도, 기술로 문제를 해결할 수 있다는 기술주의도 대단히 문제가 있다는 것은 분명해 보입니다. 또 기술이 다른 사회문화적 요소들과 결합되어 있다는 점도 그렇고요. 그러나 아쉬운 점은 여전히 그 해결 방안이 명확하지 않다는 것입니다. 게다가 이번 논의는 기술을 이윤추구의 도구로 사용하는 자본주의 문제가 빠졌다는 점에서 한계가 있는 것 같습니다. 그럼에도 기술을 단지 축복 또는 재앙으로만 보는 일면성은 벗어나야 할 것 같습니다. 기술이 특정 방향으로 발전하는 경향이 있기는 하지만 그것이 결정되어 있는 것은 아니기 때문이죠. 적어도 우리는 이번 토론을 통해서 다음과 같은 결론을 내릴 수 있을 것 같습니다. 첫째는 기술에 대한 관점의 전환이 필요하다는 것, 둘째는 기술의 발전에서 생태적·문화적 가치를 고려하고 그것과의 결합을 추구해야 한다는 것입니다. 그러면 시간 관계상 오늘 토론은 여기서 마치겠습니다. 토론에 적극 응해주신 네 분 선생님께 깊은 감사를 드립니다.

더 읽어야 할 자료

책

■ 다니엘 벨, 김원동·박형신 옮김, 《탈산업사회의 도래》, 아카넷, 2006.
현대 사회이론의 고전. 현대 사회이론을 산업사회에서 탈산업사회로의 변화라는 관점에서 다루고 있다. 다니엘 벨은 재화에서 서비스로, 자본에서 지식과 기술 중심으로 변화한다고 진단하면서 이에 따른 탈산업사회의 계급 구조 변동과 경제·사회·정치의 변화를 다룬다.

■ 마이클 하임, 여명숙 옮김, 《가상현실의 철학적 의미》, 책세상, 1997.
가상현실을 존재론적으로 다룬 책. 마이클 하임은 가상현실이 새로운 철학을 요구하고 있다고 진단하면서 하이데거와 맥루한의 논의 등을 다루고 있다. 여기서 그가 문제 삼고 있는 것은 정보기술과 마음 사이의 내밀한 연관성이다. 그리고 이를 통해 가상현실에 대한 철학적 반성을 제기한다.

■ 위비 바이커 외, 송성수 옮김, 《과학기술은 사회적으로 어떻게 구성되는가》, 새물결, 1999.
기술을 중립적 도구로 여기는 우리의 관점을 파괴하는 다양한 실증적 사례들을 제시하고 있는 논문 모음집. 기술의 기획 및 채택 과정이 다양한 요인들, 직업적·정치적·경제적 요소들에 의해 이루어진다는 점을 전기자동차, 항공기 등의 탄생 과정 속에서 밝힌다.

영화

- 앤드류 니콜, 〈가타카〉, 1997.

유전공학적으로 설계된 미래 사회에 대한 디스토피아적 상상력 속에서 기술 비판을 보여주는 SF 스릴러물. 영화의 배경은 유전자적으로 선택 또는 조작된 아이들이 태어나고 신분이 결정되는 미래 사회로, 부모의 사랑을 통해서 태어난 주인공이 어떻게 유전자 결정의 세계를 벗어나는지 그림으로써 유전공학적 사회의 역설을 보여준다.

- 오시이 마모루, 〈공각기동대〉, 1995.

2029년 동아시아의 가상 국가를 배경으로 인간의 기계화라는 문제를 존재에 대한 철학적 성찰로 변환시킨 일본의 대표적인 SF 애니메이션. 기계와 인간의 융합 속에서 그 둘의 경계가 어디인지를 물음으로써 역으로 인간의 존재 가치와 의미를 묻는다.

- 마이클 베이, 〈아일랜드〉, 2005.

생명공학의 무시무시한 미래를 보여주는 영화. 스폰서인간에게 복제된 인간의 장기와 신체 부위를 제공하는 사람들의 이야기이다. 영원히 살고 싶어하는 인간의 욕망이 복제인간의 생산이라는 과학기술과 결합될 때 어떤 일이 일어나는가를 보여준다.

5

이기주의

인간의 본성, 이기적일까? 이타적일까?

김택중 (인제대학교 의과대학 인문의학교실 연구강사)

생각 속으로 | 어떻게 이기주의가 이타주의를 낳을까?
고전 속으로 | 리처드 도킨스와 요아힘 바우어
역사와 현실 속으로 | 부와 권력의 세습, 살인 유전자?
가상토론 | 이기적 유전자인가, 이타적 개체인가

 생각 속으로

어떻게 이기주의가 이타주의를 낳을까?

인간 본성, 길러지는가 타고나는가

인간 본성이 이기적이냐 혹은 이타적이냐 하는 이분법적 질문은 흑백 논리를 지양하고 다양성을 강조하는 오늘날에는 그저 지적 호사가들의 관심이나 끌 법한 낡은 질문으로 다가오는 것이 사실이다. 나아가 인간에게 내재된 본성 같은 게 실제로 있기나 한 것인지 근본적인 회의를 품어볼 수도 있다. 인류 역사에서 이러한 생각은 비교적 최근까지도 전통적인 형이상학의 영역에 속한다고 여겨왔기 때문에 인간 본성에 대한 답변도 대체로 철학이나 종교의 영역이 맡아왔다. 그 가운데에는 지혜의 원천으로서 인류의 삶에 훌륭한 지침이 되어온 것들이 적지 않다. 그러나 이들은 모두 인간 중심적 사고에 고착되었다는 근원적 한계를 갖는다.

역사를 단순한 진보사관으로 바라보는 입장을 배제한다 하더라도, 그간 인류를 지배해온 인간 중심적 사고는 자연계에 대한 과학 지식이 축적되면서 그 이전과 같은 영향력을 발휘할 수 없게 되었다. 요컨대 인간도 동물계의 일원이며 지구 생태계의 구성 요소라는 인식이 확산되어가면 갈

수록 인간은 스스로를 객체화하여 바라볼 여지가 많아질 수밖에 없는 것이다.

사실 인간 본성에 관한 논쟁 역시 알고 보면 그 본격적인 출발점은 형이상학이 아니라 과학, 그 가운데에서도 생물학이었다. 19세기 말 영국에서 우생학eugenics의 출현을 계기로 촉발되어 지금까지 1세기가 넘도록 다양한 형태로 이어지고 있는 이른바 '본성nature과 양육nurture' 논쟁, 즉 인간 본성이 타고나는 것이냐 아니면 길러지는 것이냐는 논쟁이 그것이다.

본성과 양육 논쟁은 20세기 중반 나치 독일의 인종주의적 우생학 정책이 초래한 파국적 결말로 인해 이후 양육론이 득세하면서 정리가 되는 것처럼 보였다. 즉, 인간 본성은 타고나는 고정불변의 것이 아니라 출생 이후 환경에 따라 얼마든지 바뀔 수 있다는 논리가 대두되면서 인종이나 성性 같은 타고난 조건으로 인간을 차별하는 행위는 도덕적 정당성을 상실하게 되었다. 이런 까닭에 사회 개혁을 주장하는 정치적 자유주의자들은 자연스럽게 환경결정론에 경도될 수밖에 없었다. 생득 조건을 강조하는 본성론은 사회적 약자에 대한 배려 없이 기존 사회의 현상 유지를 정당화하면서 기득권층의 논리를 대변하는 역할을 한다고 보았기 때문이다.

그러나 우생학이 사이비 과학이 아닌 진정한 과학으로 널리 인정받았던 20세기 전반까지는 자본주의 사회의 개혁을 열망하는 사람들이 본성론에 입각한 우생학적 인종개량운동을 주창했다. 인류의 유전 혈통을 우수한 방향으로 개량해나가면 열등한 혈통의 하층 계급이 우등한 혈통의 중산 계급에 비해 점진적으로 감소할 것이고, 이에 따라 종국적으로 사회 개혁이 달성될 것이라는 과학적 '믿음'이 그 근거였다. 이는 다시 생물학적 다원주의에서 파생한 사회다원주의의 적자생존과 우승열패優勝劣敗의 약육강식이라는 진화론적 논리와 결부됨으로써 우생학에게 '스스로 방향을 정한 인류의 진화'라는 과학적 지위를 보장해주었다.

우생학이라는 사이비 유전학과 사회다원주의라는 사이비 진화학의 결합은 20세기 중반 정치적 파시즘과 함께 공멸하면서 해체되었지만, 그 암울했던 역사적 기억은 이후로도 계속 이어졌다. 따라서 그 반작용으로 양육론에 입각한 환경결정론이 사회과학과 심리학 등 서구의 관련 학계를 지배하게 된 것은 당연한 귀결이었다. 이러한 상황에서 1970년대에 리처드 도킨스Richard Dawkins나 에드워드 윌슨Edward O. Wilson 같은 생물학자들이 인간 본성의 생물학적 조건을 다시 언급하기 시작하자 학계뿐 아니라 사회 전반에서 그들에게 격렬한 반감을 보인 것은 어찌 보면 매우 자연스러운 현상이었다. 생물학적 본성에 대한 언급은 환경결정론에 젖어 있던 사람들에게 우생학적 사고의 부활을 의미하는 것이나 마찬가지였기 때문이다.

물론 도킨스와 윌슨이 철 지난 지 오래인 우생학적 주장을 앵무새처럼 되풀이한 것은 아니었다. 그들의 본래 의도는 우생학의 부활이 아니라 1960년대부터 출현하기 시작한 새로운 진화 이론들을 중심으로 진화생물학의 또 다른 전망을 제시하는 데 있었다. 오늘날 두 사람은 자연선택론을 중심으로 한 생물학적 다윈주의의 공통 적자로 인정받고 있긴 하지만, 둘의 시각은 세부적으로 많은 차이를 보였다. 일례로 도킨스는 세간의 오해와는 달리, 윌슨이 창시한 사회생물학sociobiology의 범주에 속하고 싶어 하지 않았다. 하지만 비판자들의 시선으로 보자면 두 사람은 어쨌든 똑같은 부류였다. 다시 말해 인간의 본성이나 사회적 행동 모두를 유전적으로 설명하려 드는 본성론자, 곧 유전자 결정론자이자 모든 인간 지식을 생물학으로 환원시키려는 우를 범하는 생물학 제국주의자에 지나지 않았던 것이다.

진화론은 어떻게 진화했는가

이러한 편견과 오해가 점철된 데에는 유전학을 중심으로 한 생물학적 다원주의의 내부 사정도 한몫 했다고 볼 수 있다. 즉 유전학이 진화를 설명하는 주요한 학문적 도구로 사용되고 있다는 사실은, 사이비 유전학인 우생학이 사회다윈주의와 결합함으로써 발생했던 수많은 부정적 기억들과 서로 맞물리면서 도킨스와 윌슨의 주장을 왜곡하고, 그 진의가 사회에 올바르게 수용되는 것을 저해했다는 얘기이다. 그러나 찰스 다윈Charles R. Darwin의 자연선택론이 유전학과 결합해나간 과정은 허버트 스펜서Herbert Spencer의 적자생존론이 우생학과 결합한 과정과는 사뭇 달랐다. 요컨대 그 과정이 도그마의 일방적 설파가 아니라 주장에 대한 반론과 재반론의 연속이었다는 점에서, 생물학적 다원주의가 비판에 열려 있는 비교적 건강한 과학 이론임을 가리키는 하나의 징표가 되었다.

19세기 말에 이르러 다윈의 자연선택론은 학계에서 진화의 메커니즘으로 별 호응을 얻지 못하게 되었다. 일차적 원인은 유전학이 학문적으로 정립되기 이전이었던 탓에 자연선택이 작용할 수 있는 생물의 유전 가능한 변이에 대해 다윈 자신이 제대로 설명해내지 못한 데에 있었다. 영향력을 상실한 자연선택론이 다시 힘을 얻은 것은 1930년대로, 그 사이 발전한 집단유전학 지식과 단단히 결합함으로써 이른바 '현대 종합modern synthesis' 이론으로 재탄생하면서부터다. 이후 유전학은 진화생물학의 중심에 자리하게 되었으며, 1950년대에 유전학을 기반으로 한 분자생물학이 대두되면서 진화생물학은 분자생물학의 중심 명제인 유전자를 중심으로 다시 재편되어갔다.

도킨스의 이기적 유전자론과 윌슨의 사회생물학은 현대 종합 이론을 기반으로 이를 다시 수정·보완하고 발전시킨 이론들을 종합한 결과물이다. 그리고 그 중심에는 다윈은 물론 현대 종합 이론을 정립한 학자들도 풀지 못했던 이타주의의 기원 문제를 해결하려는 시도가 담겨 있었다. 동물계에서 흔히 관찰되는 보편적 현상인 협동, 즉 남을 돕는 이타적 행동은 기본적으로 개체들의 경쟁을 통해 진화가 이루어진다고 보았던 다윈의 자연선택론과 상치되는 것이었기 때문이다. 따라서 다윈주의의 충실한 계승자인 도킨스와 윌슨이 각각 자신의 대표 저서인 《이기적 유전자 The selfish gene》와 《사회생물학 Sociobiology》의 첫 장에서부터 이타성을 전면에 등장시키며, 이타성이 과연 어떤 방식으로 자연선택에 의해 진화되었는가를 고민하는 것도 당연했다.

오늘날 본성과 양육 논쟁은 유전자결정론과 환경결정론으로 외양을 바꾼 채 이어지고 있다. 그 논란의 한복판에 진화생물학이 휩쓸려 들어간 까닭은 동물의 이타성이라는 문제를 학술적으로 해결하려는 과정에서 유전자와 본성을 언급하며 본의 아니게 당대 학계의 주류였던 환경결정론자들의 심기를 건드렸기 때문이다. 그러나 생물의 진화라는 개념은 단순히 결정론이나 과학 이론의 차원에 머물지 않는다. 그것은 그간 종교와 철학이 제시해왔던 인간 중심적 세계관과는 전혀 다른 세계관을 제시하고 있다는 점에서, 그리고 인간 역시 지구 생태계의 일원으로서 다른 생물들과 마찬가지로 진화의 도상에 있다는 점에서 그 이상의 의미를 가진다. 이러한 진화의 위상과 관련하여 현대 종합 이론을 발전시킨 유전학자이자 진화생물학자였던 테오도시우스 도브잔스키 Theodosius G. Dobzhansky는 다음과 같은 유명한 말을 남겼다.

"생물학의 어떠한 문제도 진화를 생각하지 않고는 의미가 통하지 않는다."

도브잔스키가 신의 존재를 받아들였던 동방정교회 신도였으며, 사회과학자들의 환경결정론적 시각을 두둔했다는 점 등이 이러한 발언에 무게를 더해준다.

도킨스는 유전자의 이기성만 강조했을까

도킨스는 유전자의 이기성만 강조했을까? 정답은 '그럴 수도 있고 아닐 수도 있다' 이다. 알쏭달쏭한 답이지만 사실이다. 《이기적 유전자》라는 책 제목 때문에 도킨스가 마치 인간의 타고난 본성이 이기적이라고 주장한 것처럼 오해받지만 실상은 그렇지 않다. 그는 인간의 본성이 이기적이라는 얘기를 직접적으로 한 적이 없다. 뿐만 아니라 문맥상 그러한 뉘앙스를 풍기는 사소한 문장조차도 《이기적 유전자》의 30주년 기념판 서문을 쓰면서 그런 의미가 아니었다고 친절하게 지적하기까지 했다. 정확하게 말하자면 도킨스는 다만 우리 시각으로 봤을 때 유전자가 마치 이기적으로 행동하는 것처럼 보인다고 얘기했을 뿐이다. 요컨대 유전자는 '결과적'으로 이기적이 되긴 했지만 스스로는 이기적이라는 자각조차 없다는 것이다.

알려진 대로 도킨스는 자연선택의 단위로 '자기복제자 replicator'와 '운반자 vehicle', 이렇게 둘을 설정한다. 그리고 자기복제자로는 유전자를, 운반자로는 개체를 각각 거론한다. 문제는 그 다음이다. 도킨스는 인간을 포함한 생물 개체는 모두 자기복제자로서의 유전자를 후대에 전달하기 위해 고안된 운반자 혹은 '생존 기계 survival machine'에 지나지 않는다고 주장한다. 즉 우리는 유전자의 복제본을 더 많이 퍼뜨리기 위한 운반 장치에 불과하다는 것이다. 이에 따르면 개체는 운반자 입장에서 자신의 유전자를 지키기 위해서라면 무슨 일이든 서슴지 않을 정도로 이기적일 수밖에 없는 게 당연하고, 반대로 유전자 역시 자연선택에 의해 후대에 잘 전달되기 위해서는 운반자인 개체가 유전자인 자기만을 위하도록 제어할 수밖에 없는 게 당연하다는 논리가 성립한다. 게다가 다윈의 자연선택은 기본적으로 개체 간의 경쟁을 우선으로 하기 때문에 도킨스에 따르면 "자연선택에 의해 진화해온 것은 무엇이든 이기적일 수밖에 없다."

그런데 문제는 이러한 논리라면 자연계의 개체들이 모두 이기적으로 행동해야 하는데 실제로는 그렇지 않다는 데에 있다. 즉 경쟁과 갈등이 흔한 만큼 개체 간의 협동과 이타적 행동 역시 흔하게 관찰된다는 것이다. 따라서 경쟁을 기본으로 한 자연선택론을 정립했던 다윈으로선 동물들의 이타적 행동을 설명한다는 것이 매우 곤혹스러울 수밖에 없었다. 그리하여 이후 진화생물학계에서 이타성의 진화는 주요한 연구 주제로 자리를 잡게 되었다. 그러나 이 수수께끼가 부분적으로나마 해명된 것은 다윈으로부터 거의 1세기가 지난 1964년, 영국의 진화생물학자 윌리엄 해밀턴 William D. Hamilton에 의해서였다.

해밀턴은 '포괄적응도 이론 inclusive fitness theory' 또는 '친족선택 이론 kin selection theory'이라 불리는 이론을 통해 혈연관계에서 일어나는 이타적 행동의 메커니즘을 복잡한 수식을 이용하여 수학적으로 정식화하는 데 성공한다. 그에 따르면 협동이나 이타적 행동은 비혈연관계보다 혈연관계에서 더 빈번하게 일어난다. 그리고 혈연관계인 경우에는 설사 이타적 행동으로 인해 해당 개체가 번식하지 못하고 죽게 되더라도, 그 이타적 행동의 수혜자인 친족들의 유전자를 통해 해당 개체의 유전자, 곧 이타적 유전자가 결과적으로 후세에 전달된다. 따라서 이타적 개체의 죽음으로 인해 이타성의 진화 자체까지 멈추는 일은 없다.

일본 도쿄 신오쿠보 역 벽에 있는 고 이수현 씨를 추모하는 글. 이수현 씨는 2001년 1월 신오쿠보 역에서 선로상에 추락한 취객을 구조하다 같이 구조하던 일본인과 함께 사망했다. 우리의 유전자가 '이기적'이라고 한다면, 이수현 씨의 경우처럼 나와는 전혀 상관 없는 남들 사이에서 나타나는 이타적 행동은 도대체 어떻게 설명해야 할까?

이타성을 전통적인 집단이나 개체 수준이 아닌 유전자 수준에서 새롭게 바라볼 수 있게 해준 해밀턴의 이론은 이후 진화의 가장 중요한 동력을 자연선택으로 보는 이른바 적응주의자 adaptationist 들에게 깊은 영향을 끼쳤다. 이 가운데 일찍이 해밀턴 이론의 중요성을 인지한 두 사람으로 도킨스와 윌슨을 꼽을 수 있다. 도킨스는 해밀턴의 이론을 발전시켜 이기적 유전자론을 공식화했으며, 윌슨은 해밀턴의 이론을 기초로 사회생물학을 창시했다. 특히 도킨스는 해밀턴에 의거하여 자기복제자인 유전자의 이기성과 운반자인 개체의 이타성을 다음과 같이 조율할 수 있었다. 즉 개체 수준에서는 분명 이타적 행위가 맞지만, 실제로는 유전자의 생존 기회를 높이기 위한 행위이므로 유전자 수준에서는 결국 이기적일 수밖에 없다는 것이다. 간단히 말해 외관상 이타적인 행동이라도 자세히 살펴보면 결국 위장된 이기주의로 밝혀진다는 얘기이다.

이타주의는 어떻게 가능한가

그럼에도 문제는 여전히 남는다. 혈연관계가 아닌 개체들, 그러니까 생판 모르는 남들 사이에서도 나타나는 이타적 행동에 대해선 도대체 어떻게 설명해야 할까? 만약 경쟁할 때보다 협력할 때 훨씬 더 이득이 되는 상황이라면 문제 될 것이 전혀 없다. 개체들은 그저 상황에 따르기만 하면 되기 때문이다. 그러나 상대가 협력할지 배신할지 알 수 없는 애매한 상황이라면 어떻게 해야 할지 난감해진다. 이 문제는 1971년 미국의 진화생물학자 로버트 트리버스 Robert L. Trivers가 발표한 이른바 '상호 호혜적 이타주의 reciprocal altruism' 이론에 의해 의문이 일정 부분 해소되었다.

상호 호혜적 이타주의란 간단히 말하면 '네가 나에게 해준 만큼 나도 너에게 해주겠다'는 논리이다. 좀더 풀어서 얘기하면 상대가 협력할지 배신할지 알 수 없는 상황에서는 일단 상대에게 이타적으로 협력하지만, 이후 상대가 배신하면 그것을 잊지 않고 있다가 같은 상황이 됐을 때 상대에 대한 협력을 거부한다는 논리이다.

미국의 정치학자 로버트 액설로드 Robert Axelrod는 이를 게임 이론에 도입하여 동일한 결론을 이끌어냈다. 즉 사실상 무한한 진화의 시간대에 놓여 있는 생물 개체들과 유사하게 게임자들에게도 협력과 배신의 게임을 무한 반복시킬 경우 최종적으로 승리를 거두는 전략은 무조건 배신도 무조건 협력도 아닌 '당하면 갚는다 tit for tat' 전략이더라는 것이다. 이 전략의 원리는 간단하다. 트리버스의 상호 호혜적 이타주의와 마찬가지로 처음에는 협력으로 시작하고 그 이후에는 단순히 상대가 바로 직전에 행했던 수를 그대로 흉내 내는 것이 전부다. 그러니까 상대가 협력하면 협력하고, 상대가 배신하면 같이 배신하면 되는 것이다. 다만 여기에는 상대가 저지른 이전의 배신에 대해선 기억하지 않는다는, 즉 용서한다는 조건이 붙는다.

도킨스는 《이기적 유전자》의 초판 10장과 2판부터 추가된 12장에서 각각 트리버스와 액설로드의 이론을 소개하면서, 이기적 유전자를 가진 이기적 개체가 최대의 이익을 얻기 위해서는 결국 상대와 협력하는 상호 호혜적 이타주의 모델을 따르는 것이 최선일 수밖에 없다는 결론을 내린다. 사회다윈주의식으로 무한경쟁을 통해 상대를 누르고 적자the fittest가 되는 것만이 능사가 아니라는 것이다. 실제로 트리버스와 액설로드의 주장은 탁상공론이 아니라 자연계에서 경험적 관찰을 통해 확인되는 사실이다. 이는 다시 말하면 상호 호혜적 이타주의가 진화적으로 안정된 모델일 수도 있음을 의미한다. 그래서 도킨스는 추가된 12장의 제목을 〈마음씨 좋은 녀석이 일등 한다Nice guys finish first〉라고 붙였다. 물론 여기서 '마음씨 좋은 녀석'이란 마음씨가 무조건 좋기만 한 녀석이 아니라 상대를 먼저 배신하는 일은 결코 없을 것이라는 의미에서 좋은 녀석이다.

이렇게 본다면 상호 호혜적 이타주의란 조건부 이타주의라 할 수 있다. 뿐만 아니라 혈연관계에서 발생하는 이타주의 역시 자신의 유전자를 후대에 전달하려는 근원적 동기가 작용한다는 점에서 조건부 이타주의에 해당한다. 아무런 조건이 없는 이타주의는 인간을 제외한 동물에게서는 아직 관찰된 적이 없다고 한다. 그러나 인간 사회에서도 이러한 조건 없는 이타주의, 이른바 아가페적 사랑은 극히 드물다. 그럼에도 이 극소수 희귀 사례들을 통해 우리 인간은 이기적 유전자의 압제를 넘어서는 돌파구를 찾을 수 있을지도 모른다.

  정리하면, 도킨스는 혈연관계의 이타성을 해밀턴의 친족선택 이론으로, 비혈연관계의 이타성을 트리버스와 액설로드의 상호 호혜적 이타주의 이론으로 설명하고 있다. 그리고 최종적으로 이기적 유전자들의 상호 협력이 개체의 생존을 보장하고, 이기적 개체들의 상호 협력이 개체와 사회의 유지를 보장한다는 결론에 도달하고 있다. 요컨대 유전자의 이기성은 이타성의 실천이라는 현실적 토대 위에서 비로소 가능하다는 것이다. 따라서 도킨스는 유전자 수준에서 이기성을 강조한 것이 맞지만, 개체나 사회 수준에서는 이타성을 전제로 한 이기성을 강조한 것이 된다. 이런 까닭에 앞에서 제기한 "도킨스는 유전자의 이기성만 강조했을까"라는 질문에 "그럴 수도 있고 아닐 수도 있다"라고 알쏭달쏭한 대답을 할 수밖에 없는 것이다.

고전 속으로

리처드 도킨스와 요아힘 바우어

리처드 도킨스 Richard Dawkins (1941~)

영국의 동물행동학자이자 진화생물학자. 학문적으로 현대 진화생물학계를 주도하는 중심인물로서 늘 논쟁의 한복판에 서 있으며, 다원주의의 충실한 해설자로 활동하고 있다. 오늘날 고전의 지위에 오른 문제작 《이기적 유전자》(1976)를 출판하여 명성을 얻은 이후 특유의 도발적이고 명쾌한 글쓰기를 계속함으로써 1996년에 사망한 미국의 천문학자 칼 세이건Carl E. Sagan 이래 가장 정력적으로 활동하는 과학 전도사로 널리 인정받고 있다.

도킨스의 저서는 대부분 국내에 번역·소개되었으며, 대표 저서로 《이기적 유전자》 외에 《확장된 표현형The extended phenotype》(1982), 《눈먼 시계공The blind watchmaker》(1986), 《조상 이야기The ancestor's tale》(2004), 《만들어진 신The God delusion》(2006), 《지상 최대의 쇼The greatest show on earth》(2009) 등이 있다.

> 리처드 도킨스, 홍영남 옮김, 《이기적 유전자》,
> (30주년 기념판), 을유문화사, 2006.

제1장

나는 진화에 근거한 도덕성을 주장할 생각이 없다. 그저 만물이 어떻게 진화해왔는가를 말하고 싶을 뿐이다. 즉 우리 인간이 도덕적으로 어떻게 행동해야만 하는가를 말하려는 것이 아니다. 내가 이를 강조하는 이유는 어떤 사실에 대한 신뢰할 만한 진술과 그 사실에서 비롯되는 당위적 주장을 구별하지 못하는 사람들이 너무도 많으며, 따라서 이러한 사람들로부터 오해를 받게 될 위험이 있음을 알고 있기 때문이다. 내 생각에 냉혹한 이기성이라는 유전자의 보편 법칙에 기초한 인간 사회는 살아가는 데 매우 끔찍한 사회가 될 것 같다. 그러나 불행하게도 우리가 아무리 개탄한다 해도 그것이 사실임에는 변함이 없다. (…) 우리 스스로에게 관용과 이타주의를 가르치도록 하자. 왜냐하면 우리는 이기적으로 태어났기 때문이다. 우리가 갖고 있는 이기적 유전자가 무엇을 하려는지 스스로 이해해보도록 하자. 그럴 경우 적어도 유전자의 의도를 뒤집을 기회, 즉 다른 종들은 꿈도 꿔보지 못한 기회를 잡을지도 모르기 때문이다. (…) 우리의 유전자는 우리에게 이기적이 되라고 지시할지 모르지만, 그렇다고 우리가 전 생애를 유전자에게 복종하며 억지로 따라가야 할 필요는 없다. 이러한 점을 고려하면 유전적으로 처음부터 이타적으로 프로그래밍되는 것보다는 나중에 이타주의를 학습하는 편이 더 어려운 일인지도 모른다.

제6장

이기적 유전자란 무엇일까? 그것은 단지 DNA의 작은 물리적 조각에 불과한 것이 아니다. 원시 수프 primeval soup에서 그랬듯이, 그것은 전 세계에 퍼져 있는 하나의 특별한 DNA 조각의 모든 복제물이다. 만약 우리가 사용하는 조잡한 언어를 우리가 원할 때 언제든 적절한 용어로 고칠 수 있다고 장담할 수만 있다면, 우리는 유전자가 마치 의식적인 목적을 가지고 있기라도 한 것처럼 말할 수 있을 것이다. 그러면 우리는 다음과 같은 질문을 던질 수 있다. 각각의 이기적 유전자의 존재 목적은 무엇인가? 그것은 유전자 풀gene pool 안에 더 많은 자신을 남기는 것이다. 이는 기본적으로 각각의 유전자가 생존하고 번식하는 장소인 몸을 프로그래밍하게 도와줌으로써 가능하다. 그러나 이제 우리는 유전자가 다른 수많은 개체 안에 동시에 존재하는 분산된 대행자agency라는 점을 강조하고자 한다. (…) 유전자는 다른 몸들 안에도 들어앉아 있는 자기의 복제물들을 도와줄지도 모른다. 만약 그렇다면 이는 표면상 개체의 이타주의라는 형식으로 발현되겠지만, 그것은 결국 유전자의 이기성에서 야기된 것이다.

제11장

우리에게는 우리를 낳아준 이기적 유전자에 반항하거나, 더 필요하다면 우리를 교화시킨 이기적 밈meme에게도 반항할 힘이 있다. 순수하고 공평무사한 이타주의라는 것은 자연계 안에 설 자리가 없으며, 세계의 모든 역사에 존재한 적도 없다. 그러나 우리는 그것을 의식적으로 육성하고 교육하는 방법을 논할 수 있다. 우리는 유전자 기계로서 조립되었고 밈 기계로서 교화되었다. 그러나 우리에게는 창조자에게 대항할 힘이 있다. 이 지구상에서 우리 인간만이 유일하게 이기적인 자기복제자들의 압제에 반항할 수 있는 것이다.

해설

리처드 도킨스에게 과학 저술가로서의 대중적 명성을 안겨준 《이기적 유전자》는 불과 35세 때 쓴 그의 처녀작이다. 이 책에서 도킨스가 제시한 이기적 유전자론은 사회에 미친 파장이 컸던 만큼 학계는 물론 대중으로부터도 불필요한 오해를 많이 받아왔다. 그 가운데 도킨스가 한국뿐 아니라 국외에서도 가장 흔히 받고 있는 오해는 그가 유전자 결정론자라는 것이다. 도킨스가 자신의 글에서 특유의 직설 화법을 동원하여 '그렇다'와 '그렇지 않다'를 분명하게 밝히고 있는 점을 감안하면 이러한 오해는 확실히 놀라운 것이다.

물론 도킨스는 유전자 결정론자가 아니다. 다만 자연선택의 단위를 전통적인 종, 집단개체군, 개체 수준에서 유전자 수준으로 이동시켰을 따름이다. 본인 스스로도 두 번째 저서인 《확장된 표현형》 2장에서 자신은 '유전자 선택론자'이지 유전자 결정론자가 아니라는 점을 명확히 진술한 바 있다. 사실 첫 저서인 《이기적 유전자》에서 이미 그는 유전자가 모든 것을 결정할 수 없으며, 인간은 여느 동물들과 달리 유전자의 독재에 반항할 수 있다는 논지를 펴고 있다. 그리고 이를 설명하기 위해 초판의 마지막 장인 11장에서 유전적 진화의 전달 단위인 '유전자gene'에 대응하는 문화적 진화의 전달 단위로서 '밈meme'이라는 개념을 도입하고 있다. 그러나 멘델의 유전학에 반하는 일종의 획득형질로서의 밈을 단순한 수사학적 비유가 아닌 유전자와 동급의 존재론적 실체로 봐야 하는가에 대해선 논란의 여지가 대단히 많다. 그럼에도 도킨스는 유전자와 밈 모두를 자연선택의 단위로 설정한 '자기복제자'의 반열에 동시에 올려놓았다.

아무튼 《이기적 유전자》는 동물행동학자로서 도킨스의 학문적 이력이 충실히 반영된 책이다. 이 책의 초판에서 그는 동물행동학의 연구 결과들을 원용하면서 동물의 이기주의와 이타주의에 대한 진화학적 접근을 시도하다가 마지막 장인 11장에 가서야 비로소 인간에 대한 이야기를 본격적으로 꺼낸다. 그것도 자기복제자인 유전자와 밈 모두의 지배를 거부하는 인간에 대한 이야기이다. 게다가 도킨스는 유전자 자체에 이기적 속성이 내재해 있다거나 유전자가 생존을 위해 의식적으로 인간을 지배하려 든다고 말하지도 않았다. 이러한 점들을 간과해버리면 도킨스에 대한 오독이 불가피해질 수밖에 없다.

요아힘 바우어 Joachim Bauer (1951~)

독일의 내과 의사이자 정신과 의사. 생화학, 면역학, 신경생물학 등 다방면의 연구를 진행하여 정신신경면역학으로 프라이부르크 대학의 교수가 되었다. 현재는 정신신체의학psychosomatic medicine을 전문 연구 영역으로 삼고 있으며 이와 관련한 여러 과학서를 저술했다. 국내에 번역·소개된 저서로 《몸의 기억Das gedächtnis des körpers》(2002), 《공감의 심리학Warum ich fühle, was du fühlst》(2005), 《인간을 인간이게 하는 원칙Prinzip menschlichkeit》(2006), 《협력하는 유전자Das kooperative gen》(2008) 등이 있다.

> 요아힘 바우어, 《인간을 인간이게 하는 원칙》,
> 이미옥 옮김, 에코리브르, 2007.

제5장

도킨스의 시각으로 보자면 초기 진화 단계에서 생명력 있는 작은 구조들의 발달은 생체 분자들의 협력 작용의 결과가 아니라 유전자 변이들 간의 투쟁의 결과이다. (…) 저명한 과학자들은 진화 과정에서 복잡성의 증가, 즉 단순한 생명체에서 더욱 복잡한 생명체로의 발전은 다양한 형태의 협력이 핵심적이고 일차적인 역할을 한 덕분에 가능했다고 생각한다. 이와 같은 특수한 상황을 사회생물학은 내내 무시해왔다. 사회생물학에서 협력 메커니즘은 그저 생존 경쟁에 이용되는 부수적인 현상에 불과하다.

"유전자는 근본부터 이기적이다." 이것은 어떤 방식으로도 증명되지 않았고, 또 증명할 수도 없는 사회생물학의 핵심 명제이다. 사회생물학자들은 유전자들이 조직체 내에서 서로 경쟁한다고 생각한다. "유전자 차원에서 보자면 이타주의는 나쁜 것일 수밖에 없고 이기주의는 좋은 것일 수밖에 없다." 모든 유전자에게는 대립 유전자가 있고, 이들은 동물 세포에서뿐 아니라 인간 세포에서도 서로 경쟁을 벌이고 있다는 것이다. 즉 "자신의 생존 기회를 높이기 위해 대립 유전자를 희생시키는 유전자는 그만큼 살아남을 가능성이 높다." 이와 같은 유전자 이데올로기에서 우리는 도킨스가 '다윈 이론의 열정적 추종자'이자 '골수 다윈주의자'임을 예감할 수 있다.

유전자는 조종하기도 하지만 조종당하기도 한다. 유전자는 오늘날 세부적으로 해명된 수많은 외부 요소들의 협력을 바탕으로 작동한다. 이것은 인체에 있는 약 2만 3,000개의 유전자들에게도 제한 없이 적용된다. (…) 흔히 뇌는 심리학으로 생물학을 만든다고 말한다. 모든 상태는 오감을 통해 받아들여져 뉴런망에서 재현되며, 이를 통해 우리의 의식에 등장한다. 또 모든 외부 상태는 지적으로 인지되는 가운데 즉각 감정적인 평가를 받게 되며, 이것은 우리가 외부 상태를 알아차리지 못하는 경우에도 마찬가지다. 뇌에게 '순수하게 객관적인' 상태란 있을 수 없다. 인간관계의 상태도 신경에 자극을 준다. 자극을 통해 인간관계의 상태를 인지한 뇌는 곧바로 신경전달물질을 분비하게 된다. 분비된 신경전달물질은 해당 신체 세포들을 활성화하고, 이렇게 해서 활성화된 세포들은—몇 가지 다른 효과에 추가적으로—유전자를 작동시키거나 중단시킨다. 심리적인 상태에서 출발해 유전자 조절로 이어지는 이 과정은 멋대로 지어낸 환상이 아니라 학문적으로 증명된 것이다. 이 과정은 모든 사람에게 일어난다. (…) 여기에서 중요한 것은, 유전자란 주변 환경과 지속적으로 연락을 주고받는 우리 몸속의 거대한 의사소통자라는 사실이다. 유전자는 자기네들끼리는 물론이거니와 주변 환경과 공조해 작동하는 네트워크라 할 수 있다.

해설

도킨스가 흔히 받는 비판 중 하나는 그가 과학의 대중화라는 미명 아래 과학적 사실과 문학적 상상력을 뒤섞어 진실을 호도하고 있다는 것이다. 비록 여러 가지 수사학적 장치를 동원하여 과학적 사실과 자신의 주장을 분리하려는 시도를 하고 있지만, 이는 그저 제스처일 뿐이고 근본적으로는 솔직하지 못하다는 것이 비판자들의 시각이다. 이 밖에도 도킨스는 생물학 환원주의자, 유전자 중심주의자, 다윈 근본주의자 등등 다양한 비판을 받고 있다.

요아힘 바우어의 도킨스 비판 역시 이러한 맥락의 연장선상에 놓여 있다. 특히 그는 의학자로서 분자생물학의 출현 이후 인간을 밀어내고 주체의 자리에 오른 유전자 중심주의에 강력한 반론을 제기하면서 도킨스를 비판하고 있다. 즉 도킨스는 인간 실존을 생존에 급급한 유전자의 일개 부수 현상으로 환원해버렸으나 실상은 도킨스의 상상과 전혀 다르다는 것이다. 그 반증으로 바우어는 면역학, 신경생물학 등 의학 연구를 통해 알게 된 과학적 사실들에 근거하여 유전자에 대한 새로운 관점을 제시하고 있다. 이에 따르면 유전자는 독자적 방식으로 자신의 생존 기계를 좌지우지하는 주인이 아니라, 몸이라는 복잡한 관계망 속에서 활동하고 있는 일종의 사회적 구성원에 불과할 따름이다.

바우어가 언급하고 있는 '거울 뉴런 mirror neuron'이나 후성유전학 epigenetics의 연구 결과는 후천적 경험과 학습이 유전자의 발현과 조절에 영향을 주고, 그렇게 해서 발생한 변화의 일부가 다음 세대로 전해지는 것도 가능하다는 내용이어서 결국 유전자가 주체가 되어버린 주류 유전학의 궤도 수정을 조심스레 예상할 수 있게 해준다. 이는 인간 본성이 타고난다는 유전자 결정론에 대한 부정을 함축하고 있으며, 이기적 유전자의 독재에 저항하기 위한 방편으로 밈이라는 수사를 끌어들인 도킨스의 궁여지책과 비교해보아도 한층 세련되고 진일보한 논리이다.

사실 의학 분야에서 장기간 인체의 생리적 상호 작용을 공부했을 뿐 아니라 관계망 중심의 사유를 필요로 하는 정신신경면역학을 연구한 바우어로서는 유전자를 주체로 한 도킨스의 환원주의적 입장을 그대로 수용하기가 어려웠을 것이다. 그러나 바우어의 도킨스 비판은 자연선택과 적자생존의 개념 구분 없이 생물학적 다윈주의를 비판하고 있는 점, 그리고 에드워드 윌슨류의 사회생물학과 도킨스를 개념적으로 혼동하여 도킨스의 입장을 통속적 의미에서의 사회생물학으로 취급하고 있는 점 등으로 인해 일정한 한계를 가진다. 그럼에도 바우어와 같은 비판 작업은 도킨스의 주장, 나아가 사회생물학과 진화심리학이 내포하고 있는 부정적이고 불순한 함의에 대해 백신 역할을 한다는 점에서 충분한 가치가 있다.

 역사와 현실 속으로

부와 권력의 세습, 살인 유전자?

이기적 유전자론은 부와 권력의 세습을 정당화할까?

■

삼성 특검팀이 28일 이재용 삼성전자 전무를 전격 소환해 조사함에 따라 불법 경영권 승계 의혹에 대한 특검 수사에 가속도가 붙을 것으로 보인다. 이 회장의 장남인 이 전무는 앞서 검찰의 에버랜드 사건 수사 당시 서면조사를 한 차례 받은 적이 있지만 수사당국에 직접 출석한 것은 이번이 처음이어서 수사 결과가 주목된다. 삼성그룹 이건희 회장의 장남인 이 전무는 에버랜드와 서울통신기술, 삼성SDS 등 계열사 지분을 정상보다 싼 가격에 넘겨받아 그룹 지배권을 탈법적으로 승계했다는 의혹을 받고 있다. ─《연합뉴스》, 2008. 2. 28.

■

한국에서 부와 권력의 세습은 전근대적인 왕조 시대에나 볼 수 있었던 역사적 현상에 머물지 않는다. 쿠데타로 권좌에 오른 뒤 부정선거 등을 통해 초법적인 장기 집권을 하면서 부자 세습을 도모한 여러 독재자의 예처런 정치적 현상에만 국한되는 것도 아니다. 오히려 그것은 일종의 문화적 행태라 부를 수 있을 정도로 사회 전체에 광범위하게 퍼져 있는 현상이다. 사사롭게는 유산 상속 같은 혈족 간의 법정 싸움쯤으로 보아 넘길 수도 있는 문제이지만, 사회적 차원에서 보면 흔히 족벌주의라 일컬어지는 병리 현상의 일반화에 해당한다고 보아도 무방할 만큼 공공 영역 곳곳에 깊은 그림자를 드리우고 있다. 가령 재벌 기업, 거대 언론사, 사학 재단의 족벌 경영은 비단 어제오늘의 일이 아니며, 근래에는 기독교회까지 족벌화함으로써 상당수 대형 교회 담임목사들이 자신의 아들에게 담임직을 물려줘 사회 문제가 되고 있다.

오늘날 부와 권력의 세습이 사회 문제가 되는 까닭은 그것이 공적 영역을 사유화하여 공공에게 돌아가야 할 몫을 개인이나 그 주변의 소수가 독점하고, 그 과정에서 민주적 후진 양성이라는 합리적·제도적 절차가 무시될 뿐만 아니라 탈세, 횡령, 배임 등 온갖 불법 행위가 저질러지기 때문이다. 2008년 7월 비록 사법부로부터 면죄부를 받기는 했으나, 삼성그룹 이건희 회장이 아들에게 경영권을 불법 승계하려 한다는 의혹이 불거지면서 그와 관련한 비리들이 드러나 결국 법정에 서게 된 사건은 이러한 문제를 적나라하게 보여준 상징적 사례라 할 수 있다.

사실 족벌주의는 공사의 영역이 분리된 관료제 중심의 자본주의 사회에는 어울리지 않는 전근대적 방식의 운용 체제이다. 그러나 혈연과 혼인으로 얽힌 친족 중심의 구체적이고 사적인 체제라는 점에서, 같은 혈연이라 하더라도 민족이라는 모호하고 추상적인 가상의 공동체를 상정하는 근대의 민족주의 이념에 비하면 사람들에게 한층 더 직관적으로 다가오는 것이 사실이다. 앞서 해밀턴의 친족선택 이론을 설명하면서 살펴보았듯이, 인간은 피가 전혀 섞이지 않은 타인보다는 혈연관계에 있는 근친에게 더 협력적이고 이타적인 경향을 보인다. 도킨스 식으로 달리 표현하면 인간은 유전적 이기성을 가진다. 이러한 맥락에서 보자면 인간은 족벌주의에 본능적으로 친화성을 보인다고 말할 수 있다.

그러나 사람들이 타인보다는 혈연관계의 친족을 더 좋아하는 경향을 보인다고 해서 그것이 곧장 족벌주의가 타당하다는 논리로 이어지지는 않는다. 즉 족벌주의에 대한 사람의 본능적 친화성이 족벌주의의 사회적 폐해까지 정당화해주는 것은 아니라는 의미이다. 앞서 도킨스의 입을 통해서도 언급했듯이, 무엇이 자연적으로 어떠하다는 사실 진술로부터 무엇이 어떠해야 한다는 가치 판단을 이끌어내는 것은 사람들이 흔히 범하는 논리적 오류 가운데 하나이다. 그럼에도 어쨌든 족벌주의의 폐해는 지금도 여전히 되풀이되고 있는 것이 현실이다. 그리고 그로부터 이익을 얻는 사람들이 많으면 많을수록 족벌주의는 번성할 수밖에 없다. 게다가 족벌주의가 번성하는 사회에서는 사람들이 그러한 방식으로 살아갈 확률 역시 높아지게 마련이다.

족벌주의가 생물학적 친화성을 띤다면, 족벌주의가 번성할 수 있는 사회적 조건을 개선 또는 차단하는 것만으로 과연 족벌주의의 폐해를 최소화하거나 나아가 막을 수 있을까? 아니면 족벌주의를 인간 본성의 일부로 받아들이고 그 폐해를 감수해야 하는가?

이기적 유전자가 살인을 부른다?

■

서울중앙지검 형사3부(이동호 부장검사)는 29일 연쇄살인범 유영철씨에 대해 사형을 구형했다. 검찰은 이날 오후 서울중앙지법 형사합의21부(황찬현 부장판사) 심리로 진행된 결심공판에서 "역대 살인 사건중 가장 많은 21명을 직접적 살해 동기나 면식관계도 없이 무참히 살해한 피고인은 전형적인 연쇄살인범으로 스스로 사회구성원으로 살아 가기를 포기했다"며 "피고인은 법정에서도 '100명 이상을 죽이려 했다'고 말하는 등 개전의 정이 전혀 없다"고 구형 이유를 밝혔다.

— 《연합뉴스》, 2004. 11. 29.

■

연쇄살인범이 국내에서도 사회적 고려의 대상으로 진지하게 받아들여지기 시작한 것은 2003년 무렵부터라고 할 수 있다. 그간 국내에서 발생한 거의 유일한 연쇄살인으로 꼽혀왔던 1980년대 화성 부녀자 연쇄살인 사건을 소재로 한 영화 〈살인의 추억〉이 개봉되었기 때문이다. 그런데 그로부터 불과 1년 뒤, 이러한 영화적 악몽이 현실이 되어 사회 전면에 등장함으로써 대중을 경악하게 만들었다. 2003년 9월부터 2004년 7월 경찰에 체포될 때까지 약 1년 동안 20명을 연쇄살인한 유영철의 출현이 그것이다.

대한민국 정부 수립 이후 최대의 연쇄살인 사건으로 기록된 유영철의 살인 행각은 2005년 6월 대법원이 그의 교수형을 최종 확정하면서 대단원의 막을 내렸다. 그러나 2008년 이 사건을 모티브로 한 〈추격자〉라는 영화가 개봉되어 다시금 사람들의 관심을 모았다. 유감스럽게도 악몽 같은 현실은 이것으로 끝나지 않았다. 2004년 1월부터 2006년 4월 경찰에 체포될 때까지 2년여에 걸쳐 13명을 살해하고 20명에게 중상을 입힌 연쇄살인범 정남규가 경쟁이라도 하듯 유영철의 뒤를 이어 출현했기 때문이다. 가히 무의식에 억압돼 있던 괴물들의 신경증적 귀환과 난동이라 할 만한 상황이었다.

진화심리학자들은 우리 인간이 자연선택의 과정에서 살인이라는 심리적 적응을 진화시켰다고 말한다. 살인은 생존과 번식을 위한 기나긴 진화의 압력으로 인간에게 내재된 진화적 적응의 산물이라는 것이다.

미국의 통계에 따르면 연쇄살인은 전체 살인 사건 가운데 불과 1~2퍼센트를 차지할 정도로 드물게 일어나는 범죄이다. 그러나 다른 모든 살인이 그러하듯 연쇄살인 역시 살인을 엄격히 금지하는 법제도가 실시되고 있는 사회에서는 그로 인해 치러야 할 대가가 매우 큰 범죄 행위임이 분명하다. 유전자의 시각에서 보자면 자신의 생존 기계가 구속 수감되어 행여 사형이라도 당하면 자신을 후대에 전할 기회가 영영 사라져버리는 것이다. 그러므로 연쇄살인범은 유전자 입장에서는 전혀 달갑지 않은 존재가 될 수밖에 없다.

연쇄살인범들이 범죄를 저지르는 연령대는 대개 20~30대로 생식력이 가장 왕성한 시기이다. 앞에서 예로 든 유영철과 정남규도 모두 30대에 살인 행각을 벌였다. 그렇다면 연쇄살인범들은 어째서 자신의 생식 기회를 스스로 박탈해버리는 이런 모순된 비이기적 행동을 감행하는 것일까? 진화심리학자들에 따르면, 연쇄살인의 근본 동기는 남성의 짝짓기와 직결된 사회적 지위가 부인되거나 사회적 지위의 획득이 좌절된 데 따른 복수심이다. 짝짓기를 위해 여성을 유혹할 때 남성은 자신의 부와 지위를 과시하려는 경향이 강하다는 점, 연쇄살인을 포함한 대부분의 살인이 남성에 의해 저질러지며, 특히 번식 경쟁이 시작되는 15세 무렵부터 살인율이 상승하기 시작하여 30~40대까지도 높게 유지된다는 점, 그리고 일반적으로 연쇄살인범들의 사회적 지위가 대단치 않다는 점 등을 고려한다면 이러한 설명은 상당한 설득력이 있다. 실제로 유영철은 아내에게 일방적으로 이혼당한 뒤 새로 사귄 여성에게 전과자이자 이혼남이라는 사실이 알려져 청혼을 거부당하면서부터 살인 행각을 본격화했다.

역설적이게도 연쇄살인범들은 이러한 복수 행위를 통해 비록 불명예스럽긴 하나 자신이 갈구하던 명성을 얻고 이로써 사회적 지위를 높인다. 그 결과는 놀랍게도 뭇 여성들의 성적 관심이다. 가령 미국의 유명한 연쇄살인범 테드 번디 Ted Bundy는 수감 중 여성들로부터 수많은 러브레터를 받았으며, 심지어 법정에서 재판 받던 도중 한 여성과 결혼식을 올린 뒤 옥중에 있으면서 그 여성과 딸까지 낳았다. 연쇄살인범 스스로는 깨닫지 못하지만, 짝짓기의 전망이 흐려짐으로써 자행된 살인이 거꾸로 짝짓기와 번식의 유용한 도구가 된 것이다.

진화심리학자들은 우리 인간이 자연선택의 과정에서 살인이라는 심리적 적응을 진화시켰다고 말한다. 그러니까 살인은 연쇄살인범 같은 극소수 인간에게서나 볼 수 있는 비정상적인 일탈 행위가 아니라, 생존과 번식을 위한 기나긴 진화의 압력으로 인간에게 내재된 진화적 적응의 산물이라는 것이다. 그렇다면 인간의 본성은 본디 살인도 불사할 만큼 사악한 것인가? 그리고 인간의 살인 행위는 불가항력적인 현상이란 말인가? 물론 그렇지는 않다. 살인은 다만 특정 조건에서 그와 관련한 적응적 문제를 해결하기 위해 쓸 수 있는 다양한 방책 가운데 하나에 지나지 않기 때문이다. 실제로 우리들 대부분은 살인처럼 돌이킬 수 없는 극단적 행위가 아닌 다른 온건한 해결책을 '선택'한다. 뿐만 아니라 인간은 이타주의나 협력, 동맹 같은 전혀 다른 형태의 심리적 적응 또한 진화시켜왔다.

 가상토론

이기적 유전자인가, 이타적 개체인가

리처드 도킨스 공식 홈페이지의 한 채팅방에서 리처드 도킨스와 요아힘 바우어가 만났다.

이기적 유전자, 과학과 도덕 사이

바우어 안녕하십니까, 도킨스 박사님. 제가 보낸 메일의 회신으로 채팅을 제의해주셔서 감사합니다. 약속시간에 늦은 건 아닌지 모르겠네요. 독일과 영국의 시차를 깜빡했습니다.

도킨스 아닙니다. 저도 지금 막 채팅방을 개설한 참입니다. 그나저나 선생님께선 제가 쓴 책들의 내용에 대해 불만이 상당하신 것 같더군요. 이미 한 차례 메일을 주고받았고 하니 바로 본론으로 들어가도록 하지요. 하고 싶으신 말씀의 요지가 무엇인가요?

바우어 예. 제가 박사님의 견해들 가운데 특히 수용하기 어려운 대목은 왜 하필 다원주의의 생존경쟁과 투쟁이라는 측면만 부각시키는가 하는 점입니다. 생존을 위한 투쟁만 강조할 경우 인간은 본성상 이기적일 수밖에 없다는 논리가 필연적으로 도출됩니다. 하지만 이기성만으로는 인간 사회가 유지될 수 없습니다. 오히려 협력이 더 중요하지요.

도킨스 이런, 이런…… 아무래도 제가 쓴 책들, 특히 《이기적 유전자》에 대해 '도덕적 독해법'을 추구하는 다른 많은 양반들과 비슷한 입장이신 듯하군요.

바우어 도덕적…… 독해법이라뇨? -_-;;

도킨스 제 책에서 과학적 사실이 아니라 정치적 함의를 찾으려는 사람들의 독해 방식이지요. 저는 다만 1960년대 이후 새롭게 등장한 진화 이론들을 근거로 이기주의와 이타주의에 대한 진화생물학적 귀결을 말하려 했을 뿐입니다. 다시 말해 인간의 본성이 이기적이고 그것은 생물학적으로 타고난 결과이기 때문에 어쩔 수 없다는 식의 당위적 주장을 하지 않았다는 것이죠. 그러나 도덕적 독해론자들은 저의 책을 의도적으로 그렇게 읽고 나서, 제가 도덕적으로 용인할 수 없는 주장을 했다며 비판하고 있습니다.

바우어 하지만 박사님은 생물의 진화를 기본적으로 경쟁과 투쟁을 통한 적자의 생존으로 보고 계시지 않습니까? 이에 의거하여 박사님은 유전자 역시 원시 진화 단계에서 변이들과 치열한 생존 싸움을 거쳤으며, 이는 지금도 마찬가지라고 말씀하고 계십니다. 이러한 전제에서 출발한다면 유전자가 살아남기 위해 이기적이 되는 것은 실로 당연합니다. 실제로 박사님은 책에서 "유전자 차원에서 보자면 이타주의는 나쁜 것일 수밖에 없고 이기주의는 좋은 것일 수밖에 없다"고 말씀하셨습니다. 사물을 바라보는 철학적 전제와 과학적 사실을 혼동하고 있는 것은 오히려 박사님 아니신가요?

도킨스 아무래도 생물 진화를 바라보는 다윈주의의 관점을 잘못 이해하고 계신 듯하군요. 자연선택에 따른 적자생존만이 다윈주의의 전부라고 보는 것은 난센스입니다. 적자생존이란 생물학적 '적응'에 따른 자연선택의 우연한 결과에 지나지 않습니다. 다시 말해 다윈주의는 적자생존이라는 최종 목적지를 향해 질주하는 기관차가 아니라는 겁니다. 적자란 그저 생존자라는 의미 이상도 이하도 아니에요. 다윈주의에서 말하는 진화는 목적성이 없습니다.

바우어 그렇다면 어떻게 유전자가 이기적이라는 자못 가치 지향적인, 즉 목적성이 다분한 표현을 버젓이 쓰실 수 있는 거죠? 유전자가 이기적이라는 얘기는 《이기적 유전자》 초판 서문의 첫 문장에 쓰신 것처럼, 그저 '사이언스 픽션'이나 농담 정도로 받아들여야 합니까? 앞뒤가 전혀 맞지 않는 말씀을 하고 계시네요.

도킨스 불쾌하군요! 바우어 선생, 지금 내가 사용한 수사학적 표현 하나를 문제 삼아 나의 주장 전부를 무시하려 든다는 사실을 알고 있습니까? 처음부터 나와 싸울 목적으로 대화를 제의하신 겁니까? 매사가 이렇게 목적 지향적이라면 가치중립적인 다윈주의를 목적 지향적이라고 엉뚱하게 해석하시는 것도 무리는 아니겠군요?

눈먼 시계공이 진화적 진보를 낳다

바우어 흠…… 글쎄요? 제가 알기로 박사님은 유전자 선택론을 주장하면서도 단 한 번도 유전자 자체를 연구하신 적이 없습니다. 다만, 다윈주의에 입각한 투쟁 논리에 의거하여 유전자를 주인공으로 한 진화 초기의 가상 전쟁 시나리오를 작성해보셨을 뿐입니다. 이는 엄밀한 의미에서 과학이라볼 수 없지요.

도킨스 말씀이 지나치시군요!

바우어 그렇지 않습니다, 박사님! 저는 장기간에 걸쳐 유전자 조절, 면역학, 신경생물학에 관한 연구와 실험을 진행했던 사람입니다. 그리고 이를 토대로 지금은 인간 정신과 신체의 상호 작용을 연구 중이고요. 저의 연구 결과에 따르면 유전자는 단독으로 아무것도 할 수 없습니다. 오히려 유전자는 상호 관계와 협력을 통해 비로소 살아남을 수 있습니다. 만약 유전자에게 본성 같은 게 있다고 한다면 그것은 소통과 협력이지 단절과 투쟁은 절대로 아닙니다. 유전자의 생리가 이와 같다면 진화 역시 마찬가지일 수밖에 없습니다. 진화의 핵심은 생명체 간의 다양한 협력입니다. 이러한 점을 도외시한 채 유전자가 투쟁의 주체가 되어 진화를 주도해왔다고 보는 것은 데카르트 이후 정착된 서구의 주체 중심 철학이 과학적으로 변용된 일례에 지나지 않으며, 글자 그대로 SF적 상상에 불과합니다.

도킨스 허어…… 메일에서 대화를 나누고 싶다고 쓰셨던 분이 지금은 시종 상대방에 대한 비난과 공격으로 일관하고 계시는군요. 대화의 정의가 무엇인지는 알고 있는지 궁금합니다. 어쨌든 나는 《이기적 유전자》의 30주년 기념판 서문에서 책 제목을 "이기적"이라는 단어로 장식한 것이 그다지 사려 깊은 처사는 아니었음을 솔직하게 인정했습니다.

바우어 박사님을 폄하할 의도는 없었습니다. 제 언사가 다소 거칠고 무례했다면 그 점에 대해선 사과드립니다. 하지만 저의 비판을 비난이나 공격으로만 받아들이신다면 저로서도 유감입니다.

도킨스 관계의 어긋남은 결국 오해에서 비롯된 상호 몰이해가 감정적으로 발전함으로써 초래되는 경우가 흔합니다. 그간 적대적인 여러 학자들로부터 터무니없는 비판을 받아온 터라 오해받는 건 딱 질색입니다. 일단 내 얘기를 끊지 말고 한번 쭉 들어주시겠습니까? 나에 대한 오해의 폭을 가능하면 줄여보고 싶습니다.

바우어 예, 그렇게 하지요. 어쨌든 타인의 얘기를 귀담아 듣는 것도 정신과 의사로서 제가 해야 할 일이니까요.

도킨스 하하하! 네. 우선 나는 바우어 선생이 독일인이라는 점에 주목합니다. 경험상 독일 사람들은 나치의 인종주의와 우생학에 대한 부정적 기억으로 인해 생물학적 다원주의를 사회다원주의와 쉽사리 병치시켜버린다는 인상을 받습니다. 그러나 찰스 다윈의 생물학적 다원주의에서 말하는 진화는 허버트 스펜서가 창시한 사회다원주의에서 말하는 진보와는 서로 다른 개념이지요. 생물학적 진화를 사회적 진보와 혼동해서는 곤란합니다. 진화는 단순히 진보를 가리키는 말이 아니에요. 앞서도 말했지만 진화에는 의도된 바나 목적성이 없습니다. 적자를 '위해서' 진화하는 것이 아니라는 겁니다. 한마디로 사회다원주의는 생물학적 다원주의를 왜곡했다고 봐야 합니다. 자라 보고 놀란 가슴 솥뚜껑 보고 놀란다고, 독일인들은 사회다원주의에서 파생된 우생학적 인종주의의 파행으로 국가적 고통을 받은 탓인지 생물학적 다원주의에 대한 강박적 거부감에 시달리고 있는 것처럼 보일 때가 많습니다. 이런 상황에선 다원주의에 대한 정확한 이해가 힘들겠지요.

바우어 흐음…… 처지가 서로 뒤바뀐 듯합니다. 박사님께 정신분석을 받는 환자가 된 것 같은 기분입니다. 그렇다면 박사님은 진화에 진보적 요소가 전혀 포함돼 있지 않다는 말씀이십니까?

도킨스 그렇지는 않습니다. 학문이란 정치적 구호가 아닙니다. 아이들처럼 단순하게 편 가르기 하는 식으로 학문을 할 수는 없는 노릇이지요. 비록 내가 자연선택을 가리켜 목적성이 없다는 의미에서 '눈먼 시계공'으로 비유하긴 했습니다만, 진화에는 분명 진보적 경향이 내재해 있습니다. 다만, 내가 말하는 진화적 진보란 사회다원주의에서 말하는 절대적 진보가 아니라, 적응에 따른 누적적 개선과 선택으로 인해 생명체가 보다 상위 단계로 복잡하게 진화할 '가능성'이 있다는 측면에서의 진보입니다. 다시 말해 '진화 가능성의 진화'라고나 할까요? 물론 진화를 진보로 보는 시각이라면 거의 알레르기에 가까운 혐오 반응을 보였던 스티븐 제이 굴드Stephen Jay Gould 같은 친구도 있습니다. 나와 동갑인데 몇 해 전 안타깝게도 폐암으로 사망한 학문적 맞수였지요.

이타적 행동은 이기성의 표현인가

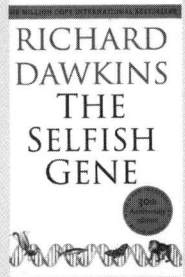

바우어　고생물학자 굴드 선생을 말씀하시는 거죠? 서로 앙숙인 줄로만 알았는데 막상 유명을 달리하니 아무래도 허전하신가 봅니다.

도킨스　-_-;

바우어　진화와 진보의 차이에 대한 박사님의 설명은 이제 납득이 갑니다. 하지만 박사님은 여전히 유전자가 모든 것을 좌우한다는 결정론적 사고에 매몰돼 계신 듯 보입니다. 그리고 여전히 유전자의 협

━━━━━ 유전자는 기본적으로 '이기적'이라고 주장한 영국의 생물학자 리처드 도킨스의 《이기적 유전자》와 도킨스의 주장에 반기를 든 독일의 의학자 요아힘 바우어의 《협력하는 유전자》의 책 표지. 바우어는 유전자는 경쟁하는 이기적 주체가 아니라 환경의 변화에 적응하려는 소통자라고 주장한다.

력보다는 경쟁을 강조하시는 것 같고요.

도킨스 《이기적 유전자》라는 책 제목 때문인지 가장 많이 받는 오해 중 하나가 바로 내가 유전자 결정론자라는 것입니다. 하지만 나는 진화적 관점에서 유전자를 자연선택의 단위로 보았을 뿐, 통속적인 유전자 결정론과는 아무 상관도 없습니다. 오히려 나는 내가 쓴 글들에서 여러 차례 유전자 결정론자가 아님을 강조했습니다. 그러니까 유전자와 인간 본성 사이에는 어떠한 결정론적 인과관계도 없다는 겁니다. 다시 말해 유전자가 이기적이라 해서 인간 본성까지 이기적이어야 할 아무런 이유가 없다는 거죠. 실제로 나는 이기적 유전자에 반항할 힘이 인간에게 있다고 말한 바 있습니다. 그리고 비록 책에서 유전자가 이기주의의 기본 단위라고 말했지만, 동시에 유전자와 환경의 상호 작용은 물론이거니와 유전자 간의 협력과 공생에 대해서도 간과하지 않고 충분히 얘기했다고 생각합니다.

바우어 그렇다면 개체 수준에서 동물들이 보여주고 있는 이타적 행동에 대해선 어떻게 설명하실 건가요? 유전자가 이기적임에도 그 개체가 이타적 행동을 보인다는 것은 이해하기 곤란한 현상입니다. 유전자 간의 협력과 공생의 결과로 개체 수준에서 이타적 행동이 표출된다는 얘긴가요? 이기적 유전자들이 서로 협력한다는 것은 논리적으로 앞뒤가 맞지 않습니다.

도킨스 이제야 하는 얘긴데요, 유전자 스스로는 이기적이라는 자각이 없습니다. 유전자의 이기성은 결과적으로 나타난 양상일 뿐이고, 유전자는 그저 맹목적으로 자기 자신의 복제본을 다음 세대에 남기는 과정을 반복할 따름입니다. 진화가 목적성이 없다는 앞서의 지적과 본질적으로 동일한 맥락의 얘기지요. 유전자들의 협력과 공생도 더 많은 복제본을 남기려는 '이기적' 시도의 다른 양상 내지 전술이라고 봐야 합니다. 개체의 이타적 행동 역시 다를 게 없어요. 이타적으로 보이는 행동도 실제로 알고 보면 모양을 바꾼 이기주의인 경우가 많으니까요. 어찌 보면 개체는 유전자를 담고 다니는 운반 용기에 지나지 않습니다.

바우어 이해가 잘 되지 않습니다. 개체보다 유전자가 더 중요하다는 말씀이신가요?

도킨스 아닙니다. 자연선택의 단위로서 이 둘은 똑같이 중요합니다. 나는 선택 단위로 유전자를 우선시하지만, 그렇다고 개체를 무시할 생각은 전혀 없습니다. 그러나 기나긴 진화의 역사에서 보자면, '운반자'로서의 개체는 유한한 반면 '자기복제자'로서의 유전자는 사실상 영원합니다. 자기복제자 단위로서 유전자는 우리가 알고 있는 한 유일한 것이고, 후대에 전해지는 것은 결국 개체가 아니라 유전자입니다. 그런 점에서 유전자는 복제의 단위인 동시에 진정한 선택의 단위라 할 수 있죠. 한편 운반자 단위는 유전자를 담아 운반할 수만 있다면 무엇이 됐든 상관없기 때문에 개체 수준뿐 아니라 집단이나 종 수준 역시 확장된 의미에서 운반자라 부를 수 있을 것입니다. 물론 개인적으로는 운반자 단위로서 개체를 선호합니다만. 아무튼 이렇게 본다면 유한한 운반자인 개체의 이타적 행동은 영원한 자기복제자인 유전자를 후대에 전하기 위한 '이기성'의 다른 표현일 따름입니다. 그러므로 이기적 유전자와 이타적 개체는 동전의 양면인 셈이지요.

바우어 말씀을 듣고 보니 제가 박사님의 주장 가운데 어느 부분은 오해를 한 것이 맞습니다. 하지만 인간의 본성을 유전자 수준에서 설명하려는 시도 앞에는 생물학적 결정론과 생물학적 환원주의라는 매력적이면서도 치명적인 함정이 도사리고 있음을 늘 경계해야 할 것입니다. 일찍이 철학자 데이비드 흄이 지적한 자연주의의 오류, 곧 사실 명제인 과학적 진술로부터 당위 명제인 도덕적 가치를 이끌어내려는 오류와 같은 이치라 해야겠지요. 그럼에도 저는 과연 철학적 전제 없는 완전한 객관적 관찰이 가능한지

늘 의심하고 있습니다. 요컨대 객관적 사실의 집합이라는 과학 지식 역시 오류투성이인 인간의 수많은 시행착오를 거쳐 이루어진 지식이라는 점에서는 다른 지식 체계들과 본질적으로 다를 게 없다는 것이지요. 다만, 객관적이고자 끊임없이 노력하는 과정 자체에서 과학 활동의 진정한 가치가 드러나는 게 아닌가라는 생각을 합니다.

도킨스 타당한 지적이십니다.

바우어 사실 박사님이 30여 년 전에 정리해서 내놓으신 이기적 유전자론도 오늘날의 연구 성과에 비추어 보면 오류가 적지 않습니다. 더욱이 박사님의 학문적 근간인 현대 종합 이론은 분자생물학의 최신 지식과 배치되는 내용이 상당합니다. 즉 돌연변이와 우연을 다윈의 자연선택론과 절충한 것만으로는 생물 진화의 원인과 동력을 제대로 파악하기 힘들다는 것입니다. 과학적 독단에 빠지는 우를 범하지 않으려면 고칠 건 고치고 바꿀 건 바꿔야 하지 않겠습니까? 아무튼 박사님과의 채팅을 통해 제 생각을 한번 더 다듬어보는 기회를 가질 수 있었던 점 감사드립니다. 시간이 늦어져 이만 나가봐야겠습니다.

도킨스 바우어 선생의 지적, 기억해 두겠습니다. 나에게도 유익한 시간이었음을 말씀드리고 싶군요. 언제든 또 메일 주시기 바랍니다. 안녕히 가세요. ^^

바우어 감사합니다. 안녕히 계십시오. ^^

더
읽어야 할 자료

책

- 리처드 도킨스, 홍영남 옮김, 《확장된 표현형》, 을유문화사, 2004.

    도킨스의 《이기적 유전자》를 독파해낸 독자라면 그 논의의 후속편인 이 책에 도전해볼 만하다. 도킨스는 이 책에서 유전자 결정론과 유전자 선택론을 구별해 설명하고 있으며, 전작에서 개괄적으로 소개한 '밈'을 '확장된 표현형'이라는 개념의 도입을 통해 심화한다.

- 앨런 그래펀·마크 리들리 엮음, 이한음 옮김, 《리처드 도킨스》, 을유문화사, 2007.

    다양한 분야의 학자들이 도킨스에 대해 쓴 글을 담고 있어 그를 둘러싼 최근 경향을 알 수 있다. 다만 엮은이들이 모두 도킨스의 제자여서 친親도킨스 성향의 글들이 주종을 이룬다.

- 요아힘 바우어, 이미옥 옮김, 《협력하는 유전자》, 생각의 나무, 2010.

    요아힘 바우어의 최근작이다. 도킨스의 가장 취약한 부분인 분자생물학의 최신 지식들을 대거 동원해 도킨스의 학문적 배경인 다윈주의의 현대 종합 이론을 정면으로 반박한다. 책의 제목으로도 짐작할 수 있듯이, 바우어는 전작들의 연장선상에서 도킨스와는 전혀 다른 생물 진화의 역사를 그려낸다. 다만 번역서가 전공자의 감수를 거쳤더라면 하는 아쉬움이 든다.

■ 요아힘 바우어, 이미옥 옮김, 《공감의 심리학》, 에코리브르, 2006.
의학적 관점에서 '거울 뉴런'에 대한 논의를 중심으로 인간의 자유 의지를 복권시키고 있으며, 도킨스의 유전자와는 다른 방식으로 작동하는 새로운 유전자상을 제시한다.

■ 린 마굴리스, 이한음 옮김, 《공생자 행성》, 사이언스북스, 2007.
'공생 진화'라는 새로운 학문의 장을 연 생물학자의 진술이 담담한 어조로 전개된다. 생물 진화란 경쟁과 선택에 의한 도태가 아니라 협력과 상생의 결과라는 요아힘 바우어의 기본 입장을 이 책에서도 재확인할 수 있다.

■ 장대익, 《다윈의 식탁》, 김영사, 2008.
현대 진화생물학의 흐름을 개괄적으로 소개한 책이다. 친親도킨스 진영의 학자들과 반反도킨스 진영의 학자들을 범주화하고, 이들의 가상토론이라는 형식을 통해 서로의 학문적 입장을 비교·서술하고 있는 것이 특징이다.

■ 매트 리들리, 신좌섭 옮김, 《이타적 유전자》, 사이언스북스, 2001.
번역서에 붙여진 제목으로 인해 《이기적 유전자》에 대한 비판서로 곧잘 오해받지만, 실은 이기적 유전자론을 정치적 우파의 관점에서 보완하고 재해석한 책이다. 원제는 《미덕의 기원 The origins of virtue》이다.

■ 피터 싱어, 최정규 옮김, 《다윈의 대답 1 – 변하지 않는 인간의 본성은 있는가?》, 이음, 2007.

매트 리들리의 책과는 반대로 정치적 좌파의 관점에서 생물학적 이타주의를 재조명한 책이다. 다윈주의 자체는 좌도 우도 아닌 만큼, 우파가 선점해버린 다윈주의의 관점을 좌파도 받아들여 인간 본성을 다시 통찰해야 한다고 저자는 역설한다.

■ 로버트 액설로드, 이경식 옮김, 《협력의 진화》, 시스테마, 2009.

저자는 정치학과 교수이지만, 진화생물학에 흔히 '죄수의 딜레마'라 불리는 컴퓨터 게임 이론을 도입해 생물의 이타주의를 설명하는 데 크게 기여하였다. 도킨스가 극찬을 아끼지 않은 이 책은 상호 호혜적 이타주의의 대명사가 된 '팃포탯' 전략을 상술하고 있다.

■ 딜런 에번스 글·오스카 저레이트 그림, 이충호 옮김, 《진화심리학》, 김영사, 2001.

진화심리학이란 인간 행동의 심리적 특성을 진화생물학과 인지심리학으로 접근해나가는 분야이다. 진화심리학을 개괄하고 있는 이 책은 일종의 학습만화다. 하지만 만화라고 깔보면 곤란하다. 진화심리학의 전반적 흐름을 밀도 있게 소개하고 있기 때문이다.

■ 데이비드 M. 버스, 홍승효 옮김, 《이웃집 살인마》, 사이언스북스, 2006.

진화심리학의 연구 성과를 바탕으로 인간의 살인 심리를 해석한 책이다. 지금까지 사회학이나 범죄심리학이 제대로 설명하지 못했던 살인의 이유를 진화심리학이라는 새로운 접근 방식을 통해 보여준다.

6 욕망

내 속엔 내가 너무도 많아!

김상현 (성균관대학교 강사)

생각 속으로 | 이성적인 나는 욕망하는 나와 만날 수 없을까?
고전 속으로 | 임마누엘 칸트와 지그문트 프로이트
역사와 현실 속으로 | 묻지마 살인, 아우슈비츠, 그리고 된장녀
가상토론 | 이성과 욕망, 어느 쪽이 인간다울까?

 생각 속으로

이성적인 나는 욕망하는 나와 만날 수 없을까?

인간에 대한 관심의 시작과 로고스

서양철학의 역사는 자연의 근원적 본질 또는 원리의 탐구에서 출발한다. 탈레스에서 시작한 이런 성격의 철학을 통상 자연철학이라고 부른다. 인간이란 무엇인가에 대해 최초로 물음을 제기한 사람은 소크라테스이다. "너 자신을 알라", "나는 내가 아무것도 모른다는 것을 안다無知의 知"는 말을 통해 인간 자신에 대한 성찰을 철학의 근본 물음으로 정립한 소크라테스는 익히 알다시피 당대 기득권층의 모함을 받아 청년선동죄와 신성모독죄를 범했다는 이유로 사형을 당하고 만다.

소크라테스의 제자로서 스승이 처형되는 과정을 곁에서 지켜본 플라톤은 그의 사상을 이어받아 이른바 이데아Idea론을 펼친다. 오늘날 영어에서 이데아는 관념, 생각, 단상의 의미로 쓰이지만, 플라톤이 말한 이데아란 '사유를 통해 파악할 수 있는 대상의 본질'이라는 의미를 갖는다. 예를 들어 희수, 지영, 희환, 재영 등등 다양한 이름을 가진 여러 사람들이 있다고 할 때, 모습이나 성격은 다르지만 이들이 인격적 존엄성을 가지고 이성적 사유를 할 수 있는 존재라는 점에서 동일한 본질, 즉 이데아를 가졌다는 것이 플라톤의 주장이다.

플라톤의 제자인 아리스토텔레스는 스승들의 사상을 이어받아 "인간은 로고스logos적 존재이다", "인간은 폴리스polis적 존재이다"라는 명제를 통해 인간의 본성을 규정한다. 로고스는 말 또는 이성을 의미하고, 폴리스는 고대 아테네와 같은 도시국가를 통칭하는 말이다. 그러므로 아리스토텔레스의 명제는 차례대로 "인간은 이성적 존재이다", "인간은 정치적 존재이다"라는 의미를 갖는다.

그리스 사람들은 자연의 법칙이나 원리가 인간 사회에 구현된 것을 폴리스라고 불렀고, 이 양자자연과 사회를 모두 로고스가 실현되는 방식으로 간주했다. 그러므로 인간이 이성적 존재라는 말과 정치적 존재라는 말은 사실상 같은 의미를 지닌 말이다.

인간에 대한 전통적 정의와 그 의미

우리가 가장 흔히 접할 수 있는 인간 본성에 대한 정의에는 대략 다음과 같은 것들이 있다.

- 인간은 이성적 존재자다.
- 인간은 도구적 존재자다.
- 인간은 도덕적 존재자다.
- 인간은 언어적의사소통적 존재자다.
- 인간은 사회적·정치적 존재자다.

앞에서 말했듯이 이런 정의들은 그리스의 소크라테스에게서 비롯되었고, 플라톤과 아리스토텔레스가 이론적으로 정교화했다. 이에 덧붙여 기독교의 전파와 득세로 신神이 인간 본성을 규정짓는 결정적인 역할을 하게 된다. 사실상 오늘날까지 우리에게 영향을 미치는 인간 본성에 대한 정의와 그 의미는 그리스적 전통과 기독교적 전통이 함께 어우러져 형성된 것이다. 이를 정리해보면 다음과 같다.

1 | 이성은 신성의 체화이다

신의 섭리는 자연의 존재 원리, 즉 자연 법칙의 근본이 되며, 신의 형상을 닮은 인간 "우리의 형상을 따라 우리의 모양대로 우리가 사람을 만들고", 창세기 1장 26절은 신의 창조 원리인 자연 법칙을 파악하고 이해할 수 있는 능력을 가졌다는 의미이다. 따라서 인간이 이성적 존재자라는 말은 액면 그대로 해석하자면 '사유할 수 있는 능력을 가진 존재자'를 의미하지만, 기독교의 전파로 말미암아 신의 섭리를 이해할 수 있는 능력으로까지 격상된다.

2 | 도구의 능력은 재창조의 능력이다

신이 가진 능력 중에서 우리를 놀라게 하는 것 중 하나가 바로 창조creation 능력이다. 신은 무에서 유를 창조했으며, 그렇게 창조한 자연의 법칙 역시 신의 창조물이다. 그런데 위에서 밝힌 바와 같이 인간은 그런 신의 창조 섭리를 이해할 수 있는 이성적 능력을 가지고 있다. 그리고 나아가 신의 창조 능력마저 닮아서 재창조re-creation의 능력을 타고났다. 즉 인간은 자연의 법칙을 이성적으로 파악하고 이를 통해 자신에게 필요한 도구들을 만들어낼 수 있는 능력을 가진 존재자인 것이다.

3 | 이성이란 계산 능력 또는 수학 능력을 의미한다

로고스라는 그리스어를 라틴어로 번역할 때 선택된 용어가 바로 '라치오ratio'이다. 이 말은 '비례'나 '비율'을 의미하는 말로, 오늘날 영어 'rational합리적'의 어원이 되는 말이기도 하다. "자연은 수학이라는 언어로 쓰여 있다"고 한 갈릴레오의 생각은 바로 이런 점을 계승하는 것이다. 다시 말해 서양인들은 신이 자연을 창조할 때 수학을 근본 원리로 삼았고, 인간의 이성은 그런 수학적 원리를 이해하고 활용할 수 있는 능력이라고 생각했다.

4 | 도덕적이란 자율적임을 의미한다

대개 신은 전지전능 무소불위하다고 말한다. 따라서 신은 완전히 자유로운 존재이다. '자유'라는 말은 그 원인이 자신에게 있음을 의미한다. 신은 탄생의 원인까지도 자신에게 있으므로 완전히 자유로운 존재로 간주된다. 그러나 인간의 경우 탄생의 원인이 자신에게 있지 않다. 다만, 성인이 되어 이성을 충분히 발휘할 수 있게 되면 자신의 행위에 대한 판단을 스스로 내릴 수 있다. 즉 행위의 원인이 자신에게 있는 것이다. 이런 인간의 자유를 신의 완전한 자유와 구별하여 '자율自律'이라고 부른다. 인간은 자율적 존재일 때 하나의 주체로 인정을 받으며, 윤리적 문제에 관해 자율적으로 판단할 때에는 언제나 선한 쪽으로 판단을 내리는 도덕적 존재자가 된다.

그러므로 인간이 이성적이라는 것은 학문적·이론적 영역에서는 세계를 합리적·수학적으로 파악할 수 있는 능력을 의미하며, 실천적·윤리적 영역에서는 행위에 대한 도덕적·자율적 판단 능력을 의미한다. 학자들은 이를 이론이성/실천이성으로 구분하여 명명하곤 하는데, 이렇게 구분한다는 것은 그 근본에서는 동일한 이성임을 전제하는 것이다.

5 | 인간은 의사소통을 통해 조화롭게 발전된 사회를 이룩하는 존재자다

이제 위에서 언급한 내용들을 정리해보자. 신이 창조한 이 세계는 신의 섭리를 따르는 참되고 선하고 아름다운 세계이다. 그리고 신은 그 아름다운 세계를 수학의 원리를 이용하여 창조했다. 신성이 체화된 존재로서 이성을 가진 인간은 이 세계를 파악할 수 있으며, 나아가 각자의 자율적인 판단실천이성의 판단에 따르면 전체 사회가 조화로운 발전을 이루게 된다. 왜냐하면 모든 인간은 이성적이기 때문에 서로 이성적 대화를 할 수 있으며, 그런 대화를 통해 최상의 대안이 무엇인지를 도출할 수 있기 때문이다. 이것이 곧 정치이며, 인간이 사회를 이룩하고 살아갈 수 있는 근거이기도 하다. 그러므로 강제에 의한 왜곡된 판단을 하지 않는다면 인간 사회는 조화와 발전을 이룩할 수 있다.

이성중심주의는 왜 비판받게 되었나

앞서 보았듯이 인간에 대한 다양한 정의들은 사실상 '이성'이라는 단 한 가지 개념의 변양태에 불과함을 확인했다. 인간이 이성적 존재자라는 정의를 철학자들은 '주체'라는 개념을 통해 간략하게 표현하곤 한다. 이런 생각을 통칭하여 오늘날 학자들은 '이성중심주의' 또는 '주체중심주의'라고 부른다. 대체로 20세 중반부터 이러한 명칭이 등장했는데, 그 배경은 인간의 본성을 '이성'에 근거하여 사고하는 관점에 여러 가지 문제점이 있음을 발견했기 때문이다.

우선, 가장 먼저 생각할 수 있는 것은 이성 이외의 능력, 예를 들어 정서나 감정, 상상력, 욕구나 욕망 등을 비이성적인 것이라는 이유로 인간 본성에서 배제했다는 점이다. 대체로 이성중심주의 또는 주체중심주의는 인간의 이런 측면들을 육체를 가진 인간이 어쩔 수 없이 갖게 되는 동물성의 형태로 간주한다. 따라서 이것들은 이성으로써 통제하고 조절해야만 하는 자연성에 불과하다고 본다. 하지만 타인의 고통을 보며 눈물 흘리고, 내면에서 폭발하는 욕망을 승화시켜 예술작품으로 구현하는 인간의 활동을 볼 때, 비이성적이라고 규정하는 인간의 능력들을 모두 동물적인 것이라고 폄하할 수는 없을 것이다.

다음으로, 도구적 본성을 옹호하는 관점은 인간을 제외한 모든 자연 사물들을 수단으로 간주하는 사고방식으로 확대되었는데, 이는 결국 자연환경의 파괴로 이어지는 결과를 초래했다. 오늘날 환경을 복구하기 위해 엄청난 비용과 대가를 치르는 데에는 근본적으로 이성중심주의가 결정적인 역할을 했다고 볼 수 있다. 그렇지만 이보다 더 직접적이고 현실적인 문제는 이성중심주의가 폭력이라는 비이성적 특성을 옹호 또는 정당화하는 모순적 결론을 초래한다는 사실이다. 그 단적인 예가 바로 다수결이다.

다수결이란 각 개인의 자율적 판단을 존중하며, 다수가 지지한 사항을 옳다고 인정하는 의사결정 원리를 말한다. 철저히 이성중심주의에 바탕을 두고 있는 원리이다. 그런데 현실에서 각 개인의 판단은 서로 다르다. 다수결이란 이런 다른 생각 중 하나를 전체의 생각으로 간주함으로써 성립한다. 따라서 다수결의 원리를 인정하는 한 소수의 생각이나 관점, 주장은 설 자리를 잃게 된다. 그리고 만약 소수자가 자신의 견해를 강하게 표출하면 법이나 제도, 관습 등을 이유로 묵살하곤 한다. 심한 경우에는 특정 시간 동안 특정 장소에만 머물게 하는 감금도 불사한다.

인류 역사에서 이런 종류의 폭력이 가장 심각하게 자행됐던 것이 바로 아우슈비츠에서 행해진 유대인 대량 학살이다. 이런 홀로코스트는 히틀러

Adolf Hitler를 추종하는 다수의 게르만 민족 우월주의자들이 소수의 유대인을 향해 벌인 살육극이다. 아우슈비츠를 경험한 유럽의 지식인들은 이 살육극을 목도하면서 인간이 이성적이라는 종래의 관점이 엄청난 비극을 초래할 수 있음을 알았고, 이 경험은 이성중심주의에 대한 재고와 비판을 촉발하는 계기가 되었다.

인간은 욕망하는 존재자다

이성중심주의에 대한 비판적 검토는 사실 19세기 말에 이미 등장했다. 독일의 낭만주의자들은 인간의 열정과 감정을 중시하는 문학과 사상을 선보이기도 했다. 하지만 가장 체계적으로 탈이성적 관점을 제기한 사람은 니체와 지그문트 프로이트 Sigmund Freud이다. 물론 그보다 훨씬 전에 인간 본성을 이기적이고 충동적이라고 본 사람도 있다. 마키아벨리 Niccolo Machiavelli와 홉스 Thomas Hobbes가 그렇다.

마키아벨리는 인간을 사악한 존재로 보았기 때문에 《군주론 Il Principe》에서 권모술수까지도 용인하는 정치론을 펼쳤다. 사회계약설을 주장한 홉스는 인간의 본성을 생명 연장에 대한 욕망에서 찾았다. 이때 생명 연장은 욕망의 원천으로 간주되며, 그래서 이른바 자기 보존의 충동이 인간을 규정짓는 핵심 요소가 된다.

자연 상태에서 인간은 자기 보존의 충동을 각자가 최대로 발휘하게 되므로 '만인의 만인에 대한 투쟁 상태'에 놓이게 되고, 이는 나아가 각자의 생존을 위협하며 동시에 공멸의 길로 나아갈 우려가 있다. 이때 이성은 자기 보존의 충동을 만족시키기 위한 최선의 길이 무엇인가를 생각하게 되

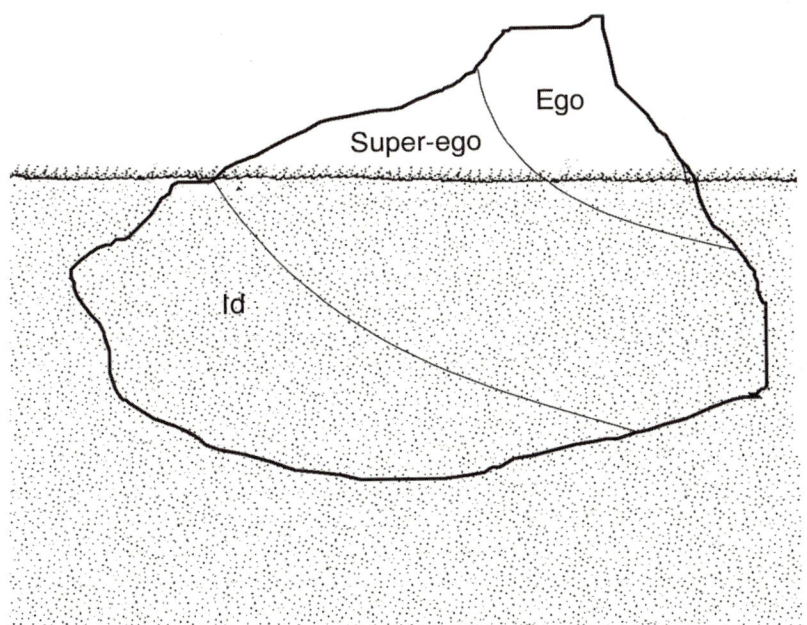

프로이드가 설명한 인간의 무의식을 형상화한 그림. 서양 철학사에서 이성중심주의에 반기를 든 프로이드는 인간의 본성이 성적 충동을 뜻하는 리비도libido에 있다고 보았고, 인간의 의식을 이드id, 에고ego(자아), 슈퍼에고super ego(초자아)로 구분했다.

고, 이러한 계산의 결과 나타나는 것이 바로 사회계약이다. 그러므로 이성은 공멸을 피하기 위해 필요한 능력, 즉 계산된 이기심에 불과하다는 것이 홉스의 주장이다.

서양철학의 역사에서 이성중심주의에 대해 가장 획기적인 반성을 보여 준 사람은 바로 프로이트다. 그는 인간의 본성이 성적 충동을 뜻하는 리비도libido에 있다고 보았다. 그리고 인간의 의식을 세 가지 층위로 구분하여 설명하는데 이드id, 에고ego, 자아, 슈퍼에고super ego, 초자아가 그것이다. 이드는 일종의 무의식으로 성적 충동의 원리에 따라 움직이며, 의식적 활동을 지배하므로 진정한 의미에서 행위의 주체라고 할 수 있다. 에고는 우리가 흔히 말하는 의식으로, 사회적 규칙에 따라 행동하는 것처럼 보이는 자아를 말한다. 그러나 실은 이드에 의해 그 행위가 결정된다는 것이 프로이트의 견해이다. 초자아란 부권父權으로 상징되는 사회적 통념이나 법규, 관습 등을 말하며, 이것들은 이드가 자아를 통해 그대로 표현되는 것을 방지하는 억압적이고 불합리한 신념 체계를 지칭한다. 결과적으로 자아란 성적 충동의 원리에 따르는 이드와 불합리하고 억압적인 초자아 간에 빚어지는 갈등의 결과에 지나지 않는다는 것이 프로이트의 주장이다.

니체도 이성중심주의에 반기를 든 대표적인 철학자 중 하나다. 그는 이성 중심의 사유를 아폴로적 사유라고 보고, 이에 반대하여 디오니소스적 사유를 주장했다. 디오니소스는 그리스 신화에 등장하는 술과 음악의 신이다. 술과 음악이 상징하는 것은 바로 인간의 욕망과 감정이다. 하지만 술을 빚고 마시는 과정이나 음악을 만들고 감상하는 과정을 생각해보면 알 수 있듯이, 인간의 욕망과 감정은 단지 맹목적인 동물성과는 다르다. 그러므로 니체의 사상, 나아가 프로이트의 사상을 단순히 반이성주의로 규정짓는 것은 곤란하다. 왜냐하면 반이성주의라는 표현은 이성을 부정한다는 단순한 의미만을 내포하고 있기 때문이다. 인간의 이성성을 인정하면서도 그것을 넘어서는 면, 또는 이성만으로는 설명할 수 없는 인간의 본질을 주장하고 싶어하는 것이므로 이들의 사상을 통상 탈이성주의라고 부른다.

탈이성주의 또는 포스트모더니즘이라는 명칭은 니체나 프로이트가 명명한 것이 아니다. 이 명칭은 먼저 예술계와 문화계에서 사용되었는데, 철학자들이 자신들의 사상을 대변하기 위해 차용한 것이다. 그 대표적인 인물 중 하나가 장 프랑수아 리오타르Jean-Francois Lyotard이다. 〈포스트모더니즘이란 무엇인가에 대한 답변〉이라는 짤막한 선언문을 통해 그는 인간을 이성이라는 단 하나의 특성으로 규정하는 획일성과 전체성에 전면적인 전쟁을 선포한다. 그는 인간의 개별성과 각각의 고유한 차이성이 이성이라는 획일적 규정보다 본질적이라고 생각한다. 이와 유사한 주장을 하는 사람들로 들뢰즈Gilles Deleuze, 가타리Félix Guattari, 푸코Michel Foucault 등이 있다.

인간을 바라보는 그 밖의 관점들

이성과 주체 또는 무의식과 욕망에서 인간의 본성을 찾는 이성중심주의 또는 탈이성주의와는 다른 관점들도 존재한다. 그 대표적인 예가 바로 인간에게는 타고난 특별한 본성이 없다고 주장하는 영국의 경험론자들이다. 이들은 인간이 '백지 상태'로 태어나 경험을 통해 인성이나 성격을 형성하게 된다는 관점을 가졌다. 존 로크John Locke, 데이비드 흄David Hume이 대표적인 인물들이다. 이들의 생각은 이후 행동주의 심리학자 왓슨John. B. Watson과 스키너Burrhus F. Skinner에게 영향을 미쳤다. 이들은 인간 본질에 대한 진정한 이론은 인간 행동에 대한 경험적 연구로부터 비롯된다고 주장함으로써 영국 경험주의의 전통을 계승했다. 예를 들어 스키너는 "만약 우리가 조건반사에 대한 동물적 실험으로부터 얻은 행동에 대한 지식을 인간 개인과 제반 제도들에 적용시켜 본다면 개인은 물론 사회적 삶을 이끌어갈 수 있는 반응들을 산출할 수 있을 것이며, 그에 따라 그 반응을 강화하게 해주는 사회 또한 구성할 수 있을 것이다"라고 말함으로써 인간성 자체를 공학적으로 구성할 수 있다고 주장하기도 했다.

실존주의 역시 이성주의나 탈이성주의와는 다른 관점을 제시하는 일군의 사조이다. 실존주의의 대표자 중 한 사람인 사르트르는 '실존은 본질에 선행한다'는 테제를 통해 인간에게는 그 어떤 타고난 본질이 먼저 있는 것이 아니라, 인간이 현실적으로 존재한다는 것이 먼저임을 주장했다. 현실의 인간은 매 순간 어떠한 형태로든 결정을 내리고 그것을 실행에 옮기게 되는데, 아무것도 결정되지 않은 미래에 대한 결정^{햄릿적인 상황 : 이것이나 저것이냐}은 타인에게 의지할 수가 없다. 따라서 오직 자신의 판단에 따를 수밖에 없으며, 이로써 자신의 결정과 그에 따른 행위는 순전히 자신이 책임져야 한다는 결론에 도달한다. 그리고 이런 판단과 결정이 이성에 의거하느냐 욕망에 의거하느냐 하는 문제는 상황에 따라 다르므로 일률적으로 확정지어 말할 수 없다. 그러므로 실존주의자는 인간이 실존한다는 것 외에 그 어떤 타고난 본성도 없다는 관점을 지녔다고 볼 수 있다.

고전 속으로

임마누엘 칸트와 지그문트 프로이트

임마누엘 칸트 Immanuel Kant (1724~1804)

규칙적인 산책으로 유명한 칸트는 독일 쾨니히스베르크의 한 가난한 수공업자 집안에서 태어났다. 대표적인 경건주의자들의 도시였던 쾨니히스베르크에서 수학하는 동안 '라이프니츠Leibniz-볼프Wolff 철학'에서 바움가르텐Alexander G. Baumgarten으로 이어지는 이른바 '강단 형이상학Schulmetaphysik', 즉 대륙합리론 철학을 배우고, 뉴턴의 저작들을 직접 접한다. 영국의 경험론자이자 회의론자인 흄의 인식론에 강력한 영향을 받아 그 자신의 표현대로 '독단의 선잠'에서 깨어나 '비판철학'을 정초한다. 약 15년간의 사강사 생활을 거쳐 마흔여섯 살에 비로소 쾨니히스베르크 대학의 정교수로 임용되어 논리학과 형이상학을 담당한다.

교수로 재직하는 동안 그는 대표 저서인 《순수이성 비판Kritik der reinen Vernunft》(1781)을 세상에 내놓는다. 그리고 두 번째 비판서로 불리는 《실천이성 비판Kritik der praktischen Vernunft》(1788)과 세 번째 비판서에 해당하는 《판단력 비판Kritik der Urteilskraft》(1790)을 출간하여 비판철학을 완성한다. 그 밖에도 그의 역사 철학이 잘 나타난 논문 〈세계 시민적 관점에서 본 보편사의 이념Idee zu einer allgemeinen Geschichte in Weltbürgerlicher Absicht〉(1784)과 〈'계몽이란 무엇인가'라는 질문에 대한 답변Beantwortung der Frage: Was ist Aufklärung?〉(1784) 등 인류 지성사에 엄청난 영향을 끼친 방대한 저작을 쏟아냈다.

> 임마누엘 칸트, 백종현 옮김, 《순수이성 비판》, 아카넷, 2006.

내가 무엇을 판단하든, 상상하든 나의 모든 사고활동에는 항상 '나는 생각한다'는 표상이 전제되어 있다. 왜냐하면 만약 이것이 전제되어 있지 않다면, 나는 내가 전혀 생각하지 않는 것을 생각하는 셈이 될 것이기 때문이다. 모든 사고활동에 앞서 주어질 수 있는 표상을 통상 직관이라고 부른다. 그러므로 모든 다양한 직관들은 이 직관들을 사고의 소재로 삼는 주관 안에서 '나는 생각한다'는 것과 필연적으로 연관된다. (…) 나는 이 표상나는 생각한다을 경험적 통각경험적 자아과 구별하기 위해 순수 통각순수한 자아이라 부른다. 또한 나는 그것을 근원적 통각근원적 자아이라고 부르기도 하는데, 왜냐하면 그것은 다른 모든 사고활동들이 전제할 수밖에 없는 것이면서, 그런 모든 사고활동에 있어서 언제나 동일한 상태를 유지하고 또 다른 모든 사고활동으로부터 도출할 수 없는 자기 의식이기 때문이다. 나는 이 통각자아의 통일을 자기 의식의 초월적 통일이라고 부르기도 하는데, 그것은 이 자기 의식의 통일로부터 선험적 인식의 가능성이 성립하기 때문이다. 가령 어떤 한 대상에 대해 우리가 생각하고 상상할 수 있는 모든 사고활동과 느낌들이 하나의 자기 의식에 속하지 않는다면, 이 모든 것들은 결국 나의 사고활동이 될 수 없을 것인데, 이것은 일종의 모순이다. 도대체 생각하고, 상상하고, 감각하는 모든 활동들이 나의 활동이 아니라면, 도대체 누구의 활동이며 또 어떻게 그런 활동이 가능하단 말인가! 다시 말해 생각하고, 상상하고, 감각하는 모든 활동들은 '나는 생각한다'는 명제로 대변되는 보편적 자기 의식을 전제할 때에만 성립할 수 있다. 왜냐하면, 만약 그렇지 않으면 그런 모든 활동들이 나의 활동이 될 수 없을 것이기 때문이다.

해설

데카르트는 "나는 생각한다. 고로 존재한다"는 유명한 명제를 남겼다. 위에 소개한 칸트의 글은 그 명제의 계승이라고 생각하면 된다. 과연 '나' 자신을 어떻게 정의할 수 있을까? 신체를 기준으로? 아니면 정신을 기준으로? 데카르트와 칸트는 모두 정신을 기준으로 '나', 즉 자아를 정의했다. 그리고 자아의 핵심은 '생각함 thinking'에 있다고 보았다.

예를 들어 지금 눈앞에 책이 있는데, 그 책을 읽으면서 다른 책상으로 그 책을 옮긴다고 가정해보자. 이 모든 행동이 가능한 근거는 무엇인가? 내가 신체를 가지고 있기 때문일까? 분명히 필요한 조건이기는 하지만 충분한 조건이 되지는 못한다. 왜냐하면 내가 자고 있다면 이런 지각과 행동이 불가능할 것이기 때문이다. 이런 일이 가능하려면 내가 생각하고 있어야 한다. 영어로 표현하자면 "I think that I read the book"에서 앞의 'I think'가 생략되었다고 보면 된다.

좀더 정확히 말하면, 나의 모든 인지활동과 실천활동은 'I think that~'이라는 바로 그 사실을 언제나 전제하고 있다는 것이 칸트의 주장이다. 물론 대부분의 경우 'I think that~'을 자각 또는 의식하고 있지는 않지만, '생각하는 자로서의 나'가 전제되지 않고서는 어떠한 인지나 행위도 불가능하다.

이와 같이 모든 인지와 행위를 수반하고 있는 모든 인지와 행위에 전제되어 있는 '나'를 가리켜 칸트는 '초월적 자아'라고 부른다. '초월적'이라고 부르는 이유는 경험적 관찰의 범위를 넘어섰다는 의미이다. 즉 '초월적 나'는 내가 열일곱 살 고등학생이든 30대 중반의 가장이든, 일상적 경험을 통해 규정되는 나를 벗어나 있으면서 그런 일상적 경험을 가능하게 하는 근거가 되기 때문에 '초월적 자아'라고 부른다.

그에 반해 생활에서 접할 수 있고 남들이 규정할 수 있는 열일곱 살의 나, 가장으로서의 나 등은 경험에 의해 규정되는 나라는 의미에서 '경험적 자아'라고 부른다. 그리고 초월적 자아는 경험과 섞이지 않은 자아라는 의미에서 '순수한 자아' 또는 모든 경험을 가능하게 해주는 근거가 되는 자아라는 의미에서 '근원적 자아'라고 부른다.

'통각apperception'은 어원상 '지각perception에 대한 지각'이라는 의미이며, '자아'와 등가어로 사용된다. 그러므로 '초월적 자아'를 '초월적 통각'이라고 써도 그 뜻은 아무 차이가 없다.

| 앞의 책.

도덕법칙은 그러므로 어떤 특정한 행위를 해야 하는 상황에서 그 행위가 순수한 실천이성에 근거한다면, 그 행위를 가능하게 하는 객관적인 규정 근거가 됨과 동시에 또한 이 행위를 가능하게 하는 주관적인 규정 근거이기도 하다. 도덕적 행위를 가능하게 하는 이 주관적인 규정 근거를 통상 동기라고 부른다. 동기라고 부르는 이유는 도덕법칙이 주관의 감성에 영향을 미치고, 무엇을 행하고 하는 의지에 대해 결정적인 영향을 미쳐서 도덕

법칙을 준수하고자 하는 감정준법정신을 야기하기 때문이다. 어떤 행위 상황에 있어서 도덕성을 준수하려는 감정은 우리의 주관 안에 행위에 앞서 미리 전제되어 있는 것은 아니다. 도대체가 이런 일은 불가능하다. 왜냐하면 모든 감정은 감성적인 것이고, 감성적인 것은 외적 경험이 있은 후에야 가능하기 때문이다. 그런 반면에 윤리적으로 행하려는 마음의 동기는 모든 감성적 조건으로부터 자유로워야 하므로 도덕적으로 행하려는 감정이 선행하는 것이 아니라 이런 감정을 야기하는 동기가 선행한다고 말해야 한다. 감성적 감정은 일종의 본능이나 욕구 등 생리적 조건에 따르려는 성향인 자연적 경향성에서 유래한다. 그렇다면 도덕법칙을 가능하게 하는 존경이라는 감정은 어떤가? 존경이라는 감정도 감정인 한에서는 자연적 경향성과 연관되어 있기는 하지만, 그 근본적인 특성에 있어서 자연적 경향성에 한정될 수 없고, 오히려 그 경향성을 초과하고 있다. 그러므로 존경의 감정은 그 본질에 있어서는 순수한 실천이성에 의거해서만 가능하다고 말해야 할 것이다. 따라서 존경이라는 감정은 그 근원에 있어서 정념적일 수 없고, 오직 실천이성에 의해서 작동된 것이라고 말해야만 한다. (…) 우리가 어떤 행위를 해야만 하는 윤리적 결정의 상황에서 도덕법칙을 준수하려는 동기에 따라 행위한다는 것은 순수 실천이성의 객관적 법칙이 감성의 충동들보다 우선한다는 것을 반증한다.

해설

칸트는 인간의 행위를 크게 두 가지로 구분한다. 하나는 자연법칙에 종속된 행위이고, 다른 하나는 자연법칙으로부터 자유로운 행위이다. 자연법칙에 종속된 행위는 간단히 말하자면 신경생리적 조건에 따른 행위를 말한다. 우리는 갈증을 해소하기 위해서 물을 마시고, 배가 고프면 먹을 것을 찾는다. 타인에게 맞으면 아프고, 겨드랑이를 간질이면 웃음이 난다. 이런 행위들은 모두 자연법칙에 종속된 행위이다.

여기에 덧붙여 모든 생명체는 생리적으로 자기 보존을 위한 행동을 하게 마련이다. 그러므로 자신의 생명 보존에 이익이 되는 방식으로 행동하려는 경향을 띤다. 칸트는 이를 자연적 경향성이라고 부른다. 나에게 빵을 주는 사람, 아부하는 사람은 우선 나의 이익을 증대시켜주기 때문에 좋아하는 경향성이 있다. 반면에 나를 비판하고 자극하는 사람에 대해서는 손해를 입을지도 모른다는 생각에 싫어하는 경향성이 있다.

이와 같이 넓은 의미의 자연법칙자연적 경향성을 포함하는 의미에 종속된 행위는 윤리적 가치 개념에서 보자면 대단히 이기적인 결과를 초래한다. 역으로 말하자면, 인간의 이기적 행위는 자연법칙이나 자연적 경향성에 종속된 자유롭지 못한 행위라고 말할 수 있다. 그리고 이 부자유스러운 행위는 윤리적으로 유의미한 행위라고 볼 수 없을 것이다.

그런데 인간은 이런 자연법칙이나 경향성을 거스르고 자신의 이성에 따라 자유롭게 행동할 수 있는 능력이 있다. 이런 행동을 가능하게 하는 이성을 학문과 진리 탐구의 능력을 발휘하는 이성인 이론이성과 구분하여 실천이성이라고 부른다. '존경'이라는 말은 일상적으로 사람에 대해서 쓰지만, 철학적 맥락에서는 좀더 광범위한 의미로 '인정하고 수긍하여 떠받들고자 하는 마음과 감정'을 말한다. 그러므로 '존경'을 불러일으키는 대상은 사람 외에도 국가, 신 등이 있을 수 있다.

 이제 국가를 위해 자신의 목숨을 희생하는 사람을 생각해보자. 자연법칙과 경향성의 관점에서 보자면 있을 수 없는 일이다. 즉 이로부터 자유로운 행위이다. 그렇다면 무엇이 그로 하여금 자연법칙을 거스르게 만들었을까? 그것은 국가에 대한 존경감 때문이다. 그리고 이 존경감은 실천이성이 내린 판단에 근거한다. 즉, 무엇이 보다 옳고 선한 것인가를 판단하여 행동으로 옮길 수 있는 능력실천이성이 없다면 존경감도 생기지 않을 것이고, 존경감이 없다면 목숨을 버리는 일 따위는 일어나지 않을 것이기 때문이다.

 이런 희생을 하는 사람들이 있다는 것은 적어도 이성을 가진 인간에게는 자연법칙과 경향성에 앞서 이를 누르고 통제할 수 있는 실천이성이 있다는 것을 반증하는 것이다. 법칙과 경향성에 종속된 행위를 타율他律―규칙이 다른 곳자연법칙과 경향성에 있음―적 행위라고 부르고, 실천이성에 의거한 행위를 자율自律―규칙이 자기 자신에게 있음―적 행위라고 부른다.

지그문트 프로이트 Sigmund Freud (1856~1939)

신경학자이자 정신분석학의 창시자. 오스트리아-헝가리 제국의 소도시 프라이베르크에서 태어나 네 살 때 가족과 함께 빈으로 이주하여 빈 대학 의학부에 진학한다. 중추신경계 해부 등에 관해 6년간 공부한 뒤 파리의 살페트리에르 병원을 방문해서 장 마르탱 샤르코Jean Martin Charcot의 지도 아래 히스테리 환자들을 연구할 기회를 갖는다. 그는 브로이어Joseph Breuer와의 만남을 계기로 이때의 관찰을 심화 발전시켜 자유연상법을 이용한 치료법을 개발하면서 비로소 정신분석학을 창시하게 된다.

이후 연구 영역을 넓혀 꿈, 농담, 실수 등을 연구한 뒤 인간의 마음에 무의식이 존재한다고 주장한다. 그리고 인간의 성性충동 발전 과정을 추적하여 유아 성욕과 오이디푸스 콤플렉스를 주장함으로써 사회에 큰 파장을 일으킨다. 프로이트의 이러한 주장들은 전통적 인간관에 대한 중대한 이의 제기로 간주되었다. 즉 인간은 이성적으로 사고하고 실천하는 주체라는 이성중심주의에 맞서 무의식과 성충동이 인간의 사고와 행위를 결정짓는 근거임을 제기한 것이다.

주요 저서로는 브로이어와 함께 쓴 《히스테리 연구Studien über Hysterie》(1895), 꿈의 분석이 무의식을 알 수 있는 지름길임을 주장하며 꿈을 왜 꾸며 그것이 어떻게 작용하는가를 상세히 설명한 《꿈의 해석Die Traumdeutung》(1900), 《성이론에 관한 세 가지 논문Drei Abhandlungen zur Sexualtheorie》(1905), 《정신분석 입문Vorlesungen zur Einfuhrung in die Psychoanalyse》(1917), 《쾌락원칙을 넘어서Jenseits des Lustprinzips》(1920), 《자아와 이드Das Ich und das Es》(1923) 등

이 있다.

| 지그문트 프로이트, 윤희기·박찬부 옮김,
《정신분석학의 근본 개념》, 열린책들, 2004.

　무의식이 존재한다는 우리의 가정은 의식에 대한 자료들에 단절되는 부분이 많다는 점에서 필수적이다. 건강한 사람이나 병든 사람 모두에게는 종종 의식에서는 그 근거를 찾을 수 없는 어떤 작용을 미리 전제해야만 설명이 가능한 정신적 활동이 종종 일어난다. 건강한 사람의 경우는 실수나 꿈, 병든 사람의 경우는 어떤 정신적 증상이나 강박 등으로 나타나는 모든 행위가 그런 정신적 활동에 속한다. (…) 더욱이 무의식이 존재한다는 가정을 토대로 우리가 의식 과정에 영향을 미칠 수 있는 어떤 행위의 절차를 성공적으로 구축해낼 수 있다면 그것 또한 우리가 가정한 무의식의 존재를 분명하게 확인해주는 논박할 수 없는 증거가 되는 셈이다. 사정이 이렇기 때문에 우리는 정신에서 일어나는 모든 것들은 당연히 의식에 드러나는 것이어야 한다는 주장은 이제는 더 이상 설득력이 없는 주장이라고 볼 수밖에 없다. (…) 혹자는 잠재된 기억은 정신적 과정의 잔재라고 답한다. 그러나 여기서 우리가 분명하게 깨달아야 할 중요한 사항은 그와 같은 반대나 이의 제기가 그저 막연히 무슨 원칙처럼 여겨지던 등식, 즉 의식과 정신은 동일한 것이라는 생각에서 비롯된 것이라는 사실이다. 이 등식은 정신적인 것이면 무엇이든지 과연 반드시 의식적인 것인가 하는 의문 자체를 허용하지 않는 '선결 문제 미해결의 오류'이거나 아니면 관습이나 용어 체계의 문제이다.

해설

프로이트나 니체가 등장하기 전까지 근대의 철학자들은 인간의 문제를 '심신mind-body 문제'라는 명칭으로 다루었다. 이 명칭이 말해주듯 인간의 본성은 신체라는 입장과 마음이라는 입장으로 대변된다. 전자는 통상 유물론이라고 부르고 후자는 관념론이라고 부른다. 근대의 철학자들은 대개 관념론자였다. 인간의 본성을 마음이라고 했을 때 이들은 마음을 정신spirit, 자아self/ego, 의식consciousness 등의 명칭으로 표현했고, 정신과 의식을 크게 구분하지는 않았다.

그런데 프로이트는 정신일체의 신체활동과 대조되는 인간의 활동적 과정이나 활동이 모두 의식자신의 생각, 느낌, 행위 등을 자신이 인지하고 자각하는 상태이라고 주장하는 관념론자들의 주장을 정면으로 반박한다. 예를 들어 꿈은 정신적 과정이지만 우리가 그것을 의식하지는 않는다. 이것을 근거로 인간의 정신활동에는 아직 의식화되지 않은 활동이 있다고 주장하는데, 이것을 무의식unconsciousness이라고 부른다. 나아가 무의식은 우리가 자각할 수는 없지만, 우리가 자각하고 의식하는 모든 정신적 과정의 근거가 된다고 프로이트는 주장한다.

앞의 책.

그러므로 자아는 근원적인 것이 아니라 오이디푸스 콤플렉스의 후계자일 뿐이다. 따라서 그것은 이드id, 원본능의 가장 강력한 충동과 가장 중요한 리비도libido, 성적 에너지적 변화 양상의 표현이기도 하다. 이드와 리비도는 타인과의 관계에서 무난하게 인정받을 수 있는 이상적인 자아를 내세우고, 이렇게 등장한 자아는 오이디푸스 콤플렉스를 극복하는 동시에 자신을 이드에 대한 종속관계 속에 위치시킨다. 자아가 근본적으로 외부세계나 현실의 대변체인 반면, 초자아는 그것과는 대조적으로 내부세계나 이드의 대변체로서 존재한다. (…) 자아가 우리 인간의 고차원적 성격에 대해서 걸 수 있는 모든 기대에 부응한다는 것을 보여주기는 쉬운 일이다. 아버지에 대한 대리 표상으로서 자아는 온갖 종교를 일으키는 씨앗을 품고 있다. 자아가 자신의 이상에 미치지 못한다고 선언하는 자기 판단은 신자가 그의 열망 속에서 호소하는 종교적 겸손감을 낳게 한다. 어린아이가 자람에 따라 아버지의 역할은 선생님이나 다른 권위적 인물에 의해서 계승된다. 그들의 명령과 금제는 이상적 자아에 막강한 상태로 남아 있고 양심의 형태로 도덕적 검열을 계속 수행한다. 양심의 요구와 자아의 실제적 수행 사이의 긴장은 죄의식으로 경험된다.

해설

앞선 프로이트의 글과 해설에서 언급했듯이, 프로이트는 정신의 근원을 무의식에 두었다. 무의식을 지배하는 본능을 그는 '이드'라고 부르고, 이드의 에너지를 '리비도'라고 명명한다. 리비도는 성적 에너지를 말하는데, 프로이트는 이 성적 에너지가 자아를 형성한다고 주장한다. 그러므로 근대 관념론자들이 생각한 것처럼 자아가 근원적인 것이 아니라 이드와 리비도로 대변되는 무의식이 근원적인 것이다.

자아는 이드와 초자아의 역학관계에 의해 형성되는데, 유아기에 경험하는 이 양자의 역학관계를 오이디푸스 콤플렉스라고 부른다. 이 명칭은 아버지를 죽이고 어머니와 결혼한 그리스의 오이디푸스 신화에서 유래했다. 유아기의 어린아이는 어머니와 동일해지려는 욕구이 욕구의 가장 근원에는 성적 욕구가 있다는 것이 프로이트의 입장이다가 있는데 이를 아버지가 금지한다는 것이다. 결국 금기를 넘어서지 못하고 아버지에게 복종하면서 본래의 욕구를 숨기고 도덕성에 합당한 자아를 형성하게 된다는 것이 오이디푸스 콤플렉스의 내용이다.

이때 '어머니를 향한 욕구를 가진 나'는 바로 리비도를 가진 이드이며, '욕구를 금지하는 아버지'는 초자아를 상징한다. 끊임없이 분출하는 욕구와 이를 억제하는 초자아 사이에 일정한 타협이 이루어지는데, 이 타협의 결과로 자아가 생겨난다는 것이 프로이트의 주장이다. 초자아는 현실에서 금기, 당대 사회의 가치관, 종교 등으로 등장하므로 이드가 초자아와 타협해서 생겨난 자아는 당연히 당대의 금기와 가치관 등에 무난하게 어울릴 수 있는 그런 특성을 지니게 된다.

역사와 현실 속으로

묻지마 살인,
아우슈비츠 그리고 된장녀

묻지마 살인, 과연 인간의 행위일까

■

세상에 불만을 품은 30대 남자가 대낮에 관공서 민원실에 들어가 아무 이유도 없이 여성 공무원을 흉기로 찔러 숨지게 한 사건이 발생했다. 범행을 저지른 최모(36) 씨는 "세상 살기가 싫고 교도소에 가고 싶어서 그랬다"고 진술해 충격을 주고 있다.

사고 발생 강원 동해경찰서에 따르면, 최 씨가 동해시 천곡동 동해시청 1층 민원실에 침입한 시간은 이날 오후 1시 10분경. 최 씨는 아무런 이유 없이 민원실 고객봉사과 여성 공무원 남 모(37·여·기능 9급) 씨를 흉기로 4차례 찔러 숨지게 했다.

최 씨는 또 이에 앞서 민원데스크에 앉아 있던 또 다른 공무원 이모(37·여·7급) 씨에게도 흉기를 휘둘러 팔 등에 부상을 입혔다. 이 씨는 최 씨가 남 씨에게 다가가는 것을 말리다 부상을 당했다. 최 씨는 범행을 저지른 뒤 민원실 문을 나서다 시청 직원 등에 붙잡혀 경찰에 인계됐다. 최 씨의 흉기에 찔려 머리 등을 다친 남 씨는 인근 병원으로 긴급히 옮겨졌으나 끝내 숨졌다. 부상을 당한 이 씨는 동해시 인근 병원에서 치료를 받고 있다.

— 《동아일보》, 2008. 7. 22.

■

흔히 '묻지마 살인'이라고 불리는 이러한 사건은 우리나라뿐만 아니라 이웃 일본과 미국에서도 자주 발생한다. 대개 정신병이 그 원인이라고 생각하지만, 실제로는 정신병과 무관한 사람들에 의해 저질러지는 경우가 많다. 자신과 아무 관계도 없는 사람들을 대상으로 아무 동기 없이 화풀이로 살인이나 폭력을 저지르는 것이다. 일반적으로 분노, 우울, 공격성과 폭력 같은 인간의 본성은 이성에 의해 통제되기 마련이다. 그러므로 '무동기 살인 또는 범죄'는 인간이 이성을 온전히 발휘하지 못한다면 결코 인간적이지 못하다는 사실을 여실히 보여주는 사례라고 할 수 있다.

이성은 어떻게 아우슈비츠를 낳았나

2차 세계대전을 일으킨 아돌프 히틀러는 그의 오른팔인 하인리히 힘러 Heinrich Himmler와 함께 정치범을 포함한 유대인 학살을 감행한다. 1940년 4월 27일, 하인리히 힘러는 첫 번째 수용소의 건립을 명령했으며, 같은 해 6월 14일 폴란드 정치범들이 최초로 수용되었다. 이후 아우슈비츠에는 가스실, 시체보관실, 화장장 등이 건립되어 죄 없는 수많은 사람들이 죽임을 당했다. 물론 모든 사람들이 처음부터 죽음의 가스실로 향한 것은 아니었다. 수용자들 중에 강제노동에 활용할 수 있는 젊고 건강한 사람들은 노동수용소로 보냈고, 그렇지 못한 노약자나 어린아이들은 가스실험실이나 생체실험실 등으로 보내 각종 의학 실험의 대상으로 이용했다. 특히 악명 높은 의사 멩겔레 Josef Mengele가 선별 작업을 지휘했다고 알려져 있다. 아우슈비츠에서 사망한 유대인은 100~250만 명으로 추산되는데, 400만 명에 이른다고 주장하는 사람도 있다.

일명 홀로코스트라고 불리는 이 대학살은 과연 인간의 본성이 무엇인가에 대해 심각한 물음을 던졌다. 16세기 뉴턴 Isaac Newton 으로 말미암아 자연을 이성적으로 이해하기 시작했고, 이후 데카르트와 칸트 등을 거치면서 인간의 이성과 인류의 진보에 무한한 신뢰를 보냈던 인류는 마침내 산업혁명을 통해 물질문명의 꽃을 피웠다. 이전까지 신화^{고대}와 종교^{중세}라는 불합리한 세계관에 갇혀 살던 인간이 이제 이성의 시대를 맞이했고, 이성에 힘입어 인류는 곧 유토피아를 이룩해낼 수도 있으리라는 기대와 희망에 부풀었다.

하지만 이성에 대한 무한한 신뢰는 홀로코스트로 상징되는 폭력과 억압으로 말미암아 재검토를 요구받게 된다. 도구적 이성의 발달은 물질문명을 발전시키는 원동력이기도 했지만, 이데올로기에 의해 비정상적으로 정당화되는 악을 그만큼 광범위하게 출현시켰다. 히틀러를 중심으로 일치단결한 폭력적 게르만 민족주의는 각 개인의 자발적 동의와 참여^{이성적 참여}가 사실은 이성의 탈을 쓴 비이성적 야만의 표출일 수 있음을 보여주었다. 이성중심주의에 의해 전개되고 정당화된 물질문명과 합의에 근거한 사회적 의견의 통합이 유토피아를 가져다주기는커녕 대학살을 정당화하는 상황을 야기한 것이다. 아도르노 Theodor W. Adorno, 벤야민 Walter Benjamin, 한나 아렌트 등 수많은 철학자들은 이런 사건들을 경험하면서 이성중심주의가 어쩌면 전체주의의 다른 모습일지도 모른다고 주장하면서 인간의 이성성에 의문을 제기했다.

유대인 수백 만이 학살된 비극의 현장 아우슈비츠 수용소. 홀로코스트라고 불리는 이 대학살은 '인간의 본성이 무엇인가?'라는 심각한 물음을 던졌다.

욕망의 여러 얼굴들

■

된장녀 | 비싼 명품을 즐기는 여성들 중 스스로의 능력으로 소비활동을 하지 않고 다른 사람애인, 부모 등에게 의존하는 여성들을 비하하는 속어이다. 그러나 이 본래의 개념에 머무르지 않고 그 의미가 계속 확대 재생산되어, 현재는 주로 남성들이 생각하는 모든 부정적인 여성상을 통틀어 지칭하는 대명사가 되었다.

지름신 | 동사 '지르다'의 명사형 '지름'과 '신'의 합성어이다. '지르다'는 요즘 와서

충동적으로 물자나 서비스를 구매함을 일컫게 되었는데, 전부터 동사 '저지르다' 혹은 '지르다'는 '내기에서 돈이나 물건을 걸다'와 같은 의미가 있었으며, 현대 소비 양상의 변화에 따라 어떤 계획되지 않은 소비 행위를 저지른다는 확장된 의미를 갖게 된 것으로 보인다.

— 위키백과

■

  된장녀나 지름신이라는 말은 좋은 의미보다는 부정적인 의미로 사용되는 일이 더 많은 것 같다. 특히 된장녀는 단지 '명품을 밝히는 여성'을 지칭하는 데서 그치지 않고 남성의 관점에서 부정적인 여성상을 통칭하는 말로 변모하고 있다는 사실을 고려해볼 때 더욱 그렇다. 사회적으로 통용되는 의미가 어떻든 간에 된장녀와 지름신은 인간의 판단과 행위가 이성보다는 욕망에 좌우된다는 사실을 보여주는 예라고 할 수 있다.

  이와는 전혀 다른 범주인 것 같지만, 정치인의 정치활동과 이데올로기의 관계를 생각해보자. 그들이 내세우는 공약이나 이념 등은 너무나 이성적이다. 항상 국민을 위하고 나라의 번영을 위해 온갖 노력을 경주하겠다고 목소리를 높인다. 하지만 정작 그들이 추구하는 것은 권력과 명예 그리고 재물이 전부인 것처럼 보인다. 프로이트나 니체가 말한 것처럼, 인간은 확실히 욕망의 존재이며 이성은 욕망을 실현하기 위한 도구에 불과한 것인지도 모르겠다.

 가상토론

이성과 욕망, 어느 쪽이 인간다울까?

사회자 전통적으로 인간은 이성적 존재자라고 정의해왔습니다. 이성이란 합리적 사고능력을 의미하는데, 그 대표적인 예가 수학에서 말하는 계산능력입니다. 그런데 컴퓨터 과학이 발달한 요즘에는 계산능력으로 대표되는 이성능력이 인공지능AI에 독보적 지위를 넘겨주어야 한다는 주장도 만만찮게 제기되고 있습니다. 그리고 이와 더불어 인간 본연의 모습을 욕망에서 찾아야 한다는 주장이 강력하게 대두되고 있는 상황입니다. 무엇이 문제의 쟁점이고, 이를 어떻게 바라보고 판단해야 하는지 평범한 우리에게는 너무나 어려운 문제가 아닐 수 없습니다. 그래서 이번에 이성주의자의 대표이신 칸트 교수님과 무의식의 발견을 통해 탈이성주의의 문을 연 프로이트 박사님을 모시고 이 문제를 진지하게 풀어보는 시간을 마련했습니다. 자, 두 분께서는 서로 인사하시지요.

칸트 만나서 반갑습니다.

프로이트 아, 드디어 만나뵙는군요.

동물인가, 만물의 영장인가

사회자 자, 그럼 바로 시작하겠습니다. 고대 그리스에 디오게네스라는 사람이 살았습니다. 그 사람은 인간이 모든 면에서 자유로워야 한다고 주장했는데, 사실 그의 행동을 보면 짐승인지 인간인지 구분이 되지 않는 경우가 많았다고 합니다. 벌거벗고 다니기 일쑤인 데다 음욕이 동하면 아무데서나, 심지어 행인들이 많은 시장통에서조차 자위를 서슴지 않았다고 합니다. 이쯤 되면 겉모습은 인간이지만 사실은 짐승이라고 해야 하지 않을까요?

프로이트 으음, 그 사람은 어떤 꿈을 꿨는지 정말 궁금하군요.

사회자 이런 사례를 염두에 두고, 먼저 칸트 교수님께서 과연 인간의 본성이 이성적인가 하는 입장에서 말씀해주시지요.

칸트 평소 존경해 마지않는 플라톤 교수님이 살았던 그 시절에 그런 인간이 있었다는 사실이 새삼 놀랍군요. 사회자님께서 인간을 규정할 수 있게끔 하는 본성이 무엇일까 돌아볼 수 있는 적절한 사례를 이렇게 알려주시니 논의를 진행하기가 한결 수월할 것 같습니다. 저는 디오게네스가 그런 행동을 하게 만든 본능을 자연적 경향성 또는 소질이라고 부릅니다. 인간도 신체를 가지고 있는 이상 자연법칙을 거스를 수 없습니다. 그런 자연법칙이 인간의 신체를 통해 표현되는 것들을 저는 자연적 경향성이라고 부르지요. 이런 자연적 경향성은 인간은 물론 동물에게도 동일하게 나타나는 충동입니다. 이를 본능이라고 하든 욕망이라고 하든, 결코 인간을 인간이게끔 하는 본질적 요소로 볼 수는 없다고 생각합니다. 사실, 디오게네스의 행위는 개만도 못한 행위라고밖에는 생각할 수 없습니다. 그래서 우리 시대에는 그 사람의 학파를 일컬어 견유학파라고 부르지 않습니까?

사회자 역시 플라톤의 이데아론을 근대적 버전으로 완성시킨 칸트 교수님다운 말씀입니다. 제가 듣기로는 플라톤 역시 그런 견해를 가졌다고 들었습니다만……

칸트 예, 그렇습니다. 플라톤 역시 인간은 욕망을 가지고 있지만 이는 전적으로 동물적인 요소에 불과하다고 주장한 적이 있습니다. 그가 쓴 《향연Symposion》이라는 책을 읽어보셨나요? 거기에는 분명히 이렇게 쓰여 있습니다. 성적 욕망이란 인간의 짐승 같은 부분이어서 이성으로 통제하고 조절해야만 한다고 말이지요. 그러니까 플라톤도 저와 유사하게, 인간을 인간이라고 부르는 이유는 바로 이성적으로 사고하고 행동하기 때문이라고 주장했던 겁니다.

사회자 내친 김에 이성에 대해 좀더 말씀해주시기 바랍니다. 우리는 평소에 논리적이고 합리적으로 사고하는 것도 이성이라 부르고, 본능과 충동을 억제하고 윤리적으로 합당한 행위를 하는 경우에도 이성이라고 부르는데요, 이때 이성이라는 말을 쓰는 것이 타당한가요?

칸트 사회자님께서는 의외로 많이 아시는군요. 예, 그렇습니다. 일례로 저는 《판단력 비판》이라는 책의 서문에서 이성을 이론이성과 실천이성으로 구분한 바 있습니다. 물론 플라톤과 그의 제자 아리스토텔레스가 먼저 구분해놓은 것을 제가 정리한 것에 불과하지만요.

프로이트 거 좀, 저도 말할 기회를 주시죠. 진행이 편파적이군요.

칸트 역시 충동을 중시해서인지 참을성이 없군.

사회자 아, 프로이트 박사님! 잠시만 기다려주십시오. 곧 발언 기회를 드리겠습니다. 계속하시지요, 칸트 교수님.

칸트 예, 그러니까 사고하는 이성을 이론이성, 행위의 원리를 제공하는 이성을 실천이성이라고 부릅니다. 이론이성은 학문적 진리를 탐구하는 능력을 말하고, 실천이성은 도덕법칙을 인지하고 행위로 옮기는 능력입니다. 이

둘은 동물에게서는 찾아볼 수 없는 인간의 고유한 특성이지요. 우리가 '주체'라고 할 때는 바로 이와 같은 이성을 본질로 하는 인간을 의미하는 것입니다. 따라서 디오게네스 같은 사람은 겉모습은 인간이지만 그 본질은 짐승이라고 해야 옳다고 생각합니다.

사회자 그렇군요. 인간의 본질은 이성에 있고, 그런 이성을 가진 인간을 주체라고 부른다는 말씀이시군요. 그렇다면 이 점에 대해 프로이트 박사님은 어떻게 생각하시는지요? 아마도 동의하시지 않을 듯한데……

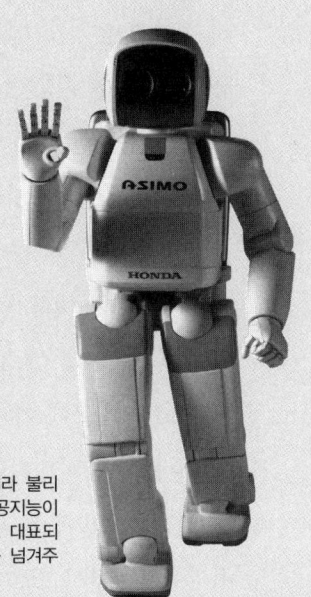

■ 세계 최고의 휴머노이드 로봇이라 불리는 일본 혼다에서 개발한 아시모(Asimo). 인공지능이 아직 초보 수준이기는 하지만, 계산 능력으로 대표되는 이성 능력이 인공지능(AI)에 독보적 지위를 넘겨주어야 한다는 주장도 만만찮게 제기되고 있다.

왜 인간은 타인을 동정하는가

프로이트 답변을 하기 전에 한 가지만 물어봅시다. 사회자님, 칸트 교수님! 가끔 술을 한잔씩 하시지요? 술이 아니라면 타인이 고통 받는 장면을 영화나 TV에서 종종 보시지요? 그때 어떤 모습을 보이는 사람들이 보다 인간적이라고 생각하십니까?

사회자 뭐, 술이야 한잔씩 하죠. 제가 알기로는 플라톤의 스승이었던 소크라테스 선생도 항상 술자리에서 토론을 벌이곤 했다는군요. 취기가 적당히 올라야 솔직한 얘기가 나오고 인간적 교류도 이뤄지는 것 아닙니까? 심지어 저의 대학 은사께서는 사람이 술을 해야 출세할 수 있다고까지 하셨습니다.

칸트 그런가요? 저는 몸이 약해서 술은 못 마십니다. 그런데도 대학교수까지 하면 사회적 기준으로는 출세한 것 아닐까요? 술에 대해서는 동의하기 어렵지만, 가끔 영화에서 정말 아름다운 사랑을 할 때나 삶이 주는 고통을 감내하는 장면들을 볼 때 울컥하곤 합니다. 행여나 다른 사람들이 그런 내 모습을 볼까봐 애서 참지요. 하지만 인간이라면 누구나 타인의 행복과 불행을 같이 기뻐하고 슬퍼해야 하지 않을까요? 뭐 그런 당연한 질문을 하십니까?

프로이트 전혀 대화가 안 될 줄 알았는데 그렇지도 않군요. 지당하신 말씀입니다. 인간이라면 누구나 슬픔과 연민과 동정심을 가지고 있습니다. 육체적 고통 때문에 아파하는 사람에게 냉정하게 의사한테 가보라고 말한다면, 틀린 말은 아니지만 인간적인 조언이라고 볼 수는 없을 것입니다. 인간을 인간이라고 부를 수 있는 이유는 이성을 가졌기 때문이 아니라, 감정과 욕망을 교류하고 또 이성을 통해 승화시킬 수 있기 때문이지요. 일찍이 니체는 순전히 이성을 중심으로 자신의 주장을 펼치는 플라톤과 칸트 교수님의 이론을 아폴로적 사유라고 불렀지요. 마치 하늘에 떠 있는 태양처럼 모든 것을 이성으로써 명징하게 밝힐 수 있다고요. 그런데 이성을 통해 모든 것을 알 수 있다는 믿음은 너무 과장되었고, 모든 악의 근원을 인간의 감성이나 욕망에서 찾는 것도 문제라고 봅니다.

칸트 나의 심오한 주장을 그런 식으로 단순화하다니…… 참, 이해할 수 없군요, 인간이란……

사회자 아, 잠시만요. 칸트 교수님! 일단 프로이트 박사님의 말씀을 끝까지 들어보도록 하지요.

프로이트 감사합니다. 사회자님 균형감이 있으시군요. 사실 니체가 말한 내용은 제가 《꿈의 분석》을 비롯한 여러 책과 글에서 지속적으로 제기했던 문제입니다. 인간의 본성을 이성으로 단정하는 것은 너무 단순한 생각입니다. 사실 모든 생명체는 욕망의 덩어리죠. 근본적으로 모든 개체는 자신의 생존을 위한 자기 보존의 욕구를 가지고 있는 동시에 종족의 생존을 위한 종존 보존의 욕구를 가지고 있지요. 간단히 말해 그것은 식욕과 성욕입니다. 특히 성욕은 모든 인간 행위의 무의식적 동력으로 작용하지요. 주체 또는 자아는 성욕이 본성인 생명체가 자신의 욕망을 그대로 실현시킬 수 없기 때문에 타인과의 관계에서 인정받는 대리인으로 내세운 것에 불과합니다. 이성이란 이런 대리인주체 또는 자아의 본성일 뿐, 인간 자체의 본성이라고 볼 수 없습니다.

사회자 프로이트 박사님의 주장은 그러니까 인간이란 결국 성적 에너지가 집약된 무의식을 기반으로 하며, 이성이니 주체니 하는 것들은 무의식의 표현에 불과하다는 것이군요. 그렇게 정리해도 되겠습니까?

프로이트 예, 정확합니다. 한 가지 덧붙이자면, 많은 사람들이 제가 성적 욕망에 지나치게 집착한다고 말하는데, 사실 저는 거기에만 집중하는 것은 아닙니다. 다른 욕망들도 모두 인정하고 중요하게 생각하지만, 그 중에서도 성적 욕망이 가장 근원적이라고 주장하는 것뿐이지요.

인간은 과연 이성적 존재인가

칸트 거 참, 뭔가 속은 기분이군요. 인간의 정서적 연대감, 연민과 동정에 따른 슬픔이 때로 더 인간적인 것처럼 보인다는 답변을 유도하고서는 그것을 빙자하여 이젠 인간이 이성적 존재라는 사실마저 부정하고 동물과 다름없다는 주장을 펼치시는군요. 불쾌합니다. 그런 감정들이 인간을 보다 인간답게 만든다는 사실을 부정하지는 않습니다. 그렇지만 그 모든 것은 인간이 이성적 존재라는 것을 전제로 할 때에만 성립하는 것이지요. 안 그렇습니까?

사회자 아, 예…… 좀 진정하시고. 어떻습니까, 프로이트 박사님! 지금 칸트 교수님의 말씀이 상당히 일리 있는 주장으로 여겨지는데……

프로이트 아, 오해가 있었군요. 인간이 이성적이라는 사실을 부정하는 것이 아닙니다. 다만, 인간은 본래 이성적인데 신체를 가졌기 때문에 동물성도 함께 지녔다는 것이지요. 그러니까 욕망으로 특징지어지는 이런 동물성은 이성으로 통제해야 할 악의 근원이라는 주장에 반대하는 것입니다. 오히려 인간은 본래 욕망의 덩어리인데, 이 욕망을 실현하기 위한 방편으로 욕망 그 자체에 충실한 동물과는 달리 이성을 발달시켰다고 보는 것입니다. 니체도 인간의 이러한 특성, 즉 욕망이 보다 근원적이고 이성이 부차적이라는 면에서 인간의 본성을 디오니소스적이라고 규정한 바 있습니다.

칸트 교수님도 아시잖습니까?

칸트 알긴 제가 어떻게 압니까? 그 친구는 저보다 나중에 태어난 사람인데…… 아무튼 니체란 사람이 말한 아폴로적이니 디오니소스적이니 하는 것들은 모두 문제의 본질을 호도하는 말처럼 여겨지는군요. 그런 식으로 남의 주장을 교묘히 왜곡하여 비판하는 것을 '허수아비 공격의 오류'라고 하지요. 불쾌합니다.

프로이트 이것 참…… 사회자님, 다윈 선생을 지금 좀 부를 수 없을까요? 인간이 이성능력을 욕망 충족의 수단으로, 즉 자연 적응을 위한 수단으로 사용해서 진화했다는 것은 분명하지 않습니까? 이걸 모르시나요, 칸트 교수님?

칸트 은연중에 인신공격까지 하시는군요.

프로이트 인신공격이라니요? 천만의 말씀입니다. 그저 아시는지 궁금했을 뿐입니다.

칸트 그렇다고 칩시다. 다윈 선생의 진화론이 과학적으로 타당하다는 것에는 이의가 없습니다. 하지만 제가 드리고 싶은 말씀은 그런 역사적 순서에 따른 인간 본성의 형성이 아닙니다. 사변적이고 논리적인 근거를 따지는 것이지요. 시간적·역사적으로는 욕망이 먼저고 이성이 나중에 계발되었다는 사실은 분명해 보입니다. 우리 뇌에서 이성적 사유를 담당하는 전두엽이 가장 늦게 진화한 것이 바로 그 증거지요. 하지만 사과나무의 열매인 사과와 그 씨앗의 관계를 생각해보세요. 시간적으로는 씨앗이 먼저고 사과가 나중이지만, 우리 중 누구도 사과의 본질인 달콤함과 아삭함이 씨앗에 있다고 말하지는 않을 것입니다. 마찬가지로 욕망이 먼저고 이성이 나중일지라도 인간의 본성이 이성에 있다는 것은 너무도 분명한 사실입니다.

프로이트 답답하군요. 그 말씀은 마치 아들이 아버지의 본성이라는 주장과 다름없군요. 《판단력 비판》에서 아름다움과 숭고함에 대해 말씀하신 분이 욕망을 그렇게 폄하하다니 답답한 노릇입니다. 예술과 문화를 생각해보세요. 그것들은 모두 인간의 욕망이 승화된 것들입니다. 자본주의라는 경제 시스템도 마찬가지입니다. 잘 먹고 잘 살려는 인간의 욕망을 이성으로써 체계화한 제도가 아닙니까? 욕망을 단순히 동물성과 등치시키는 것은 손바닥으로 하늘을 가리고자 하는 것과 같습니다. 인간의 욕망은 동물적이면서 초이성적이지요. 그리고 그런 욕망이야말로 인간을 진정으로 인간이게끔 하는 원동력입니다.

칸트 아니, 점잖은 사람인 줄 알았는데 알고 보니 무례한 사람이군요. 어떻게 동물적 본능을 인간의 본성으로 간주한단 말입니까? 본능은 악의 원천이고 이성은 성의 원천입니다. 그러니까……

사회자 두 분 말씀을 가로막아서 죄송합니다. 토론이 상당히 과열되었군요. 더구나 우리에게 주어진 시간을 이미 상당히 초과했습니다. 안타깝지만 오늘은 여기까지만 토론하고 다음 기회를 또 마련하도록 하겠습니다. 정리하자면, 칸트 교수님은 어디까지나 인간은 이성적 존재이고 욕망은 동물성, 자연적 경향성에 불과하다는 말씀이신 것 같습니다. 그리고 프로이트 박사님은 디오니소스적 특성 또는 욕망이 인간의 가장 근원적인 본성이라는 주장을 펼치신 것 같고요. 두 분이 워낙 상반된 주장을 하시니 한 번의 토론으로 합의점에 도달하기는 어려울 것 같습니다. 지금까지 지켜봐주신 방청객 여러분, 어떻게 좀 도움이 되었는지 모르겠군요. 두 분 장시간 수고 많으셨고, 우리는 또 다음 주에 다른 주제로 여러분을 찾아뵙겠습니다.

더
읽어야 할 자료

책

- 장 디디에 뱅상·뤼크 페리, 이자경 옮김, 《생물학적 인간, 철학적 인간》, 푸른숲, 2002.
  생물학적 관점과 철학적 관점에서 인간에 대해 이해한 바를 잘 해설해놓았다. 자연과학과 철학에 별 관심이 없다면 약간의 인내심이 요구되는 책이다.

- 장영란 외, 《성과 사랑 그리고 욕망에 관한 철학적 성찰》, 서광사, 1999.
  플라톤에서 푸코에 이르기까지 성과 사랑 그리고 욕망을 다룬 철학자들의 주장을 정리한 책이다. 난해한 연구 서적이 아닌 입문자들을 위한 책이므로 어렵지 않게 읽을 수 있다.

- 소광희 외, 《인간에 대한 철학적 성찰》, 문예출판사, 2005.
  불교, 노자, 유학을 비롯하여 플라톤, 마르크스, 하이데거에 이르기까지 동서고금의 철학적 성찰을 기반으로 '인간'에 대한 개념을 체계적으로 서술한 책이다.

- 로저 트리그, 김성한 옮김, 《인간 본성과 사회생물학》, 궁리, 2007.
  인간 본성에 대한 논의는 가장 오래된 철학적 논의 중 하나이다. 이는 '본성이냐 양육이냐'의 형태로 논쟁이 벌어지기도 하고, 만약 본성이 있다면 과연 그러한 본성이 어느 정도까지 우리를 구속하는가를 놓고 다양한 의견이 제시되기도 한다. 이 책은 인간의 본성을 파악하는 핵심과 인간본성에 대한 견해를 사회와 생물학적인 관점으로 나눠 설명한다. 인간이 오직 유전자에 의해서만 형성되는 존재가 아니며 인간의 본성이란 것은 있는지, 또한 어디에 소속되어 있는지 등의 내용을 사회생물학과 사회과학, 인문과학적인 측면으로 구성해 문제점을 지적하고 인간에 대한 올바른 이해를 할 수 있도록 한다.

■ 로저 트리그, 최용철 옮김, 《인간 본성에 관한 10가지 철학적 성찰》, 자작나무, 1999.
플라톤, 아리스토텔레스, 아퀴나스, 홉스, 흄, 다윈, 마르크스, 니체, 프로이트, 비트겐슈타인의 인간 본성에 관한 성찰을 간결하게 정리한 책이다.

■ 표도르 도스토예프스키, 홍대화 옮김, 《죄와 벌》, 열린책들, 2009.
니체의 초인 사상이 반영된 소설이다. 인간의 본성과 욕망, 이데올로기와 가치관의 문제를 정면으로 다룬 고전 중의 고전이다.

영화

■ 오시이 마모루, 〈공각기동대〉, 2002.
고스트'영혼'을 지칭를 가진 안드로이드와 본래 인간이었지만 사고로 신체의 일부와 뇌를 인공지능에 의존하고 있는 쿠사나기 소령이 등장하는 명작 애니메이션이다. 주인공 쿠사나기 소령은 자신의 정체성에 끊임없이 의문을 던지며 마침내 안드로이드와 결합하여 '진화'한다. 인간이 무엇이며, 내가 누구인지 진지하게 고민하게 만드는 영화로 〈매트릭스〉, 〈마이너리티 리포트〉의 모티브가 된 작품이다.

■ 이안, 〈색계〉, 2007.
스파이와의 정사 장면에서 살고자 하는 본능과 죽고자 하는 충동이 동시에 표출되는 장면이 압권이다. 관능적인 장면 속에 녹아 있는 인간 본성을 성찰할 수 있는 영화다.

7 개인

나의 역사, 마음에서 몸으로

신정순 (홍익대학교 입학사정관)

생각 속으로 | 역사 속의 개인, '나'는 누구인가
고전 속으로 | 르네 데카르트와 메를로-퐁티
역사와 현실 속으로 | 홀로코스트, 〈펠리칸 브리프〉 그리고 존 케이지의 〈4분 33초〉
가상토론 | 너와 나는 진정 자유로울 수 있을까?

 생각 속으로

역사 속의 개인, '나'는 누구인가

개인은 어떻게 달라져왔을까

구체적인 역사적·경험적 현실을 따져볼 때, 어느 한 시대와 사회가 '개인'과 '사회' 어느 쪽에 방점을 찍느냐에 따라 '개인individuum'은 매우 다양한 형태로 나타났으며 그 함의 또한 크게 달랐던 것같다. 그러나 사전적 의미로 볼 때 개인은 크게 두 가지, 즉 국가나 사회를 구성하는 낱낱의 사람 또는 어떤 단체의 제약에서 벗어난 존재로서 한 사람의 인간으로 이해할 수 있다.

그렇다고 한다면, '셀카질'과 아바타, UCC 동영상을 통해 그 어떤 제약에서 벗어나 자기 자신을 자유롭게 표현하려 애쓰는 현대인은 어떤 의미의 개인에 가까울까? 아마도 후자의 의미에 더 가깝지 않을까 싶다. 이러한 의미에서 개인이라는 말은 언제부터 통용되어왔을까?

지금으로부터 그리 머지않은 18세기 이후 근대 민주주의와 자본주의가 출현하면서부터라고 보면 된다. 근대 이후부터 사람들은 독립을 추구하는 자율적 존재로서의 개인을 최고 원리로 삼아, 그러한 개인의 자유와 권리를 최고 가치로 생각하는 개인주의를 지향해왔고, 또 개인의 자율적 능력을 바탕으로 하는 사회, 인간으로서의 존엄성이 존중되는 사회를 형성하고자 노력해왔다. 그리고 현대 사회 역시 그런 개인을 중시한다. 아니, 그럼 18세기 이전에는 개인이 없었던 것일까?

물론 있었다. 하지만 지금의 개인과는 그 의미가 달랐던 것만은 분명하다. 생존이 최우선 과제였던 원시시대 또는 고대 노예제 사회에서 대다수 사람들은 자기 자신을 돌아볼 겨를이 없었기 때문이다. 근대적 의미의 개인화된 모습이라곤 '자신에 대한 배려'와 '자신을 성찰하고 돌아볼 것'을 주장했던 소크라테스 같은 철학자 또는 "우리는 개인의 선과 행복을 추구하고…… 자족해야 한다"고 주장했던 일부 고위층에게서나 엿볼 수 있었다. 그러니 고대인들에게 자유나 자율성이라는 용어가 허용되었다면, 그것은 개인 그 자체로서의 자유라기보다는 사회 구성원, 즉 시민으로서의 자유였다고 할 수 있다. 이는 아리스토텔레스가 인간을 '정치적사회적 동물 politikus zoon'로 정하고, 공동체에서 벗어나서는 존재할 수 없는 시민으로 이야기했다는 점에서 확인된다. 그럼 암흑시대로 불리는 중세 봉건 사회에서는 어땠을까?

자기 돌보기가 어렵긴 중세에서도 마찬가지였다. 하지만 기독교가 처음부터 개인을 상대로 영혼의 구원을 이야기했다는 점에서, 그리고 종교개혁이 그 어느 때보다 개인의 결단을 요구했다는 점에서 볼 때, 중세에도 개인은 있었다고 할 수 있다. 특히 종교개혁 때부터는 자기 스스로 결정한 인생을 살려는 사람들이 늘어나고 개인적인 행동과 생각이 나타나기 시작했다는 점에서 그렇다. 그러나 근본적으로 중세 사람들은 자기 자신을 이미 정해진 보편적인 울타리, 곧 신 안에서 이해했다는 점에서 근대적 개인과는 다르다. 그런 측면을 고려해볼 때, 근대적 개인의 실마리는 개인과 개

'개인'이란 국가나 사회를 구성하는 낱낱의 사람, 또는 어떤 단체의 제약에서 벗어난 존재로서 한 사람의 인간을 뜻한다. 이 말은 언제부터 쓰기 시작했으며, 자신을 자유롭게 표현하려 애쓰는 현대인들은 어떤 개인의 의미에 더 가까울까?

인적 삶의 '발견'을 대주제로 삼아 그것을 글일기과 그림으로 적극 표현했던 르네상스 시대 인문학자들에게서 찾아볼 수 있다.

그러나 실제로 대부분의 대중이 근대적 개인으로 탄생하게 된 계기는 근대 유럽의 시민혁명과 "나는 생각한다, 고로 존재한다 Cogito ergo sum"로 대변되는 데카르트 René Descartes 철학이다. 이때부터는 일부 귀족 계층뿐만 아니라 대중도 개인으로서 자아를 고찰하기 시작했으며, 특히 시민이 아닌 한 개인으로서의 자유와 인간으로서 존중받을 권리, 그리고 그러한 삶을 가능하게 해줄 사회 체제로까지 관심의 폭을 넓혀가게 되었다. 그 결과 사람들은 사회보다 각 개인의 자유와 권익을 우선시하고, 그것을 극대화시켜주는 개인주의라는 새로운 사상의 등장을 맞이한다. 사회의 기본 단위로서 개인이 역사의 무대에 처음으로 등장하게 된 것이다. 이후 개인주의를 기원으로 하는 민주주의와 자본주의가 출현했으며, 그것의 출현이 가치와 원리로서 개인의 확립을 더 공고히 하는 역할을 하게 된다.

그렇다면 포스트모던한 현대 사회에서는 어떤 개인의 모습을 요구하고 있을까? 물론 앞서 언급했듯이, 현대인들은 근대적 개인의 단면을 이어받고 있다. 그러나 다른 한편, 현대의 많은 사상가들이 근대적 개인의 모습을 비판하고 청산하려는 걸로 봐선, 어쩌면 "새 술은 새 부대에"라는 속담처럼 현대에 맞는 전면적이고 획기적인 인간형을 새롭게 창조해야 할지도 모르겠다. 이 모든 일은 근대적 개인의 장단점을 제대로 파악하고 있을 때라야 비로소 가능할 것 같다.

근대적 개인은 정말 독립적이고 자율적이었을까

개성 강한 현대의 젊은이들이라면 부모의 간섭에서 벗어나 혼자만의 공간에서 그야말로 자유로운 삶을 꿈꿀 것 같다. 하지만 오랜 인구정책의 결과 대부분의 가정에서 자녀를 하나 아니면 둘만 낳다 보니 대학 6~7학년생이니, 캥거루족이니, 헬리콥터맘이니 하는 말들이 유행하며 20~30대 성인이 되어서까지도 부모의 도움을 바라는 상황이다. 그러니 얼마나 많은 이들이 "성인이 되면 부모로부터 정신적으로나 경제적으로 독립해야지"라는 말에 공감을 표할지 의문이다.

그러나 어쨌든 근대적 개인은 지나간 시대의 모든 '구속으로부터의 해방'을 꿈꾸며 자기 자신에게 몰두했으며, 그 결과 불합리한 전제적·봉건적 전통과의 단절을 이루고 자유를 얻어낼 수 있었다. 그런 근대적 개인의 자유를 집약해서 "독립적이고 자율적"이라는 말로 표현할 수 있다. 그러니 근대적 개인의 진상을 파악하려면, 독립적이고 자율적이라는 말이 갖는 의미부터 살펴보아야 할 것이다.

나 홀로 주체?

로마의 정치가이자 학자였던 키케로Cicero는 그리스 철학자 데모크리토스

Demokritos가 물질세계의 구성 요소로 여겼던 '원자들' 하나하나를 '개인'으로 불렀으며, 독일의 철학자 라이프니츠Gottfried WilhelmLeibniz는 《단자론Monadologia》이라는 책에서 개체성을 '단자monad'로 정의했다. 단자란 저마다 단자적으로, 본질적으로 유일하며 스스로를 향해 닫혀 있어서, 다시 말해 서로 엄격히 독립되어 있어서 '결코 함께 소통하지 않음'을 뜻한다.

근대는 이러한 정의들과 데카르트의 '자율autonomy, 개인의 자기 규정'로부터 근대의 원리와 가치로 확립된 개인의 입지를 굳히는 계기를 마련한다. 그리고 이때부터 근대적 개인은 곧 공동체로부터 분리된 원자이자 소통 불가능한 나 홀로 주체단독자 또는 자기 자신만을 필요로 하는 그 자체로 충분한 존재, 다시 말해 본질적으로 완전한 독립성과 독자성을 갖춘 존재임을 주장하게 된다. 그런데 문제는 이렇게 비사회적인 개인에게는 나 이외의 다른 존재들, 즉 타자들예를 들어 자연이나 다른 사람 또는 비이성적인 것들은 불필요하다는 데 있다. 그렇다면 그 자체로 완전성과 독자성을 갖춘 근대적 개인은 행복할까?

니체Friedrich Nietzsche를 비롯한 비합리주의적 진영과 정신분석학 등에서는 나 홀로 주체를 외친 근대적 개인이 역설적이게도 나 홀로 주체의 자율에 대한 압박으로 우울증, 정신질환, 행동발달장애 등에 시달림에 따라 완전한 독립성과 독자성을 갖춘 개인이 되고자 했던 근대인의 이상은 한낱 꿈에 지나지 않았다고 말한다. 또 이런 점 때문에 탈근대적 사유를 시도하는 현대의 많은 사상가들은 완전한 독립성을 갖춘 단독자로서의 근대적 개인에 대한 비판의 시선을 거두지 않으며, 근대적 개인이 타자를 억압하거나 배제하는 결과를 초래하게 되었고, 그 결과 자신마저 소외되고 말았다고 비판하기에 이른다. 그렇다면 근대적 자유를 표현하는 또 다른 말인 '자율'은 어떤 의미이기에 근대적 개인의 입지를 확고히 하는 것일까?

주체는 왜 자율성을 강조할까

자율이라는 말이 처음 등장한 것은 고대 도시국가에서였다. 그러나 개인의 의미가 그렇듯, 이때의 자율은 개인보다는 도시국가의 자치권에 관련된 것이었으며, 재산권과 참정권을 가진 소수의 시민들에게 한정된 권리를 뜻하는 것이었다. 그랬던 자율의 의미가 도시국가의 '정치적 자치'에서 '개인의 자기 규정'으로, 즉 개인이 스스로 규칙을 정하고 그에 따르며 자신을 규율하는 것으로 바뀌게 된 것은 순전히 근대 철학자들의 공로이다. 근대 철학자들은 우주의 최고 원리와 가치로 여겨져왔던 신성이나 법이 인간의 내면으로 들어와, 인간이 자기가 따를 규범을 스스로 제정할 수 있는 능력 이성이 된다는 신성법의 내면화 과정에 관한 기반을 제공한다.

그 결과 근대인은 개인의 자율성을 강조함으로써 불합리한 전통과 단절하고, 신이나 그 외의 다른 어떤 권위에도 의존하지 않은 채 인간이 그 자체로 존엄성의 근거가 될 수 있는 개체임을 확신하게 된다. 또 그것을 기반으로 그러한 삶을 가능하게 할 사회 체제를 구성하기 위해 나아간다. 데카르트는 《방법서설 Discours de la méthode》에서 그러한 이성적 능력이 세상 누구에게나 공평하게 분배되어 있음을 주장함으로써 평등을 기본으로 하는 민주주의의 성립에까지 영향을 끼친다.

■
다른 모든 일에 대해서 만족할 줄 모르는 사람들도 자기가 가진 것 이상으로 양식이성을 가지고 싶어하지 않는다는 점으로 보아, 양식은 세상 누구에게나 공평하게 분배되어 있는 것이 틀림없다.
■

다른 한편, 개인의 자율을 강조함으로써 불합리한 전제적·봉건적 전통과의 단절을 꿈꾸었던 근대또는 근대 철학는 인간의 욕망을 부정했던 중세의 봉건적 사상 체계윤리도덕와 결별하고 욕망의 적극적 긍정을 이끌어낸다. 이때부터 이기적이고 사적인 마음 자체가 인간의 본성으로 받아들여지게 되었으며, '욕망하는 주체'로서의 개체성이 확립된다. 이러한 기반은 자본주의에 영향을 미쳐 욕구또는 욕망 실현를 위한 의식과 행동이 사회 유지를 위한 가장 효과적인 활동이기적 합리성으로 권장 받기에 이른다.

이상으로 볼 때, 근대 철학에서 개인의 자율성 강조는 인간이 독립적이고 자율적으로 자기가 따를 규범을 스스로 만들 수 있는 존재임을 보여줌으로써 외부의 사물이나 신에게서 도덕이나 법을 구하지 않고도 그 자체로 존엄하다는 걸 증명했으며, 나아가 욕망하는 주체로서의 개체성 확립이라는 결과를 가져왔음을 알 수 있다. 또 그것이 그런 개인에게 맞는 개인주의와 그것을 바탕으로 한 민주주의 그리고 자본주의 같은 새로운 가치 체계를 형성하는 데 일조했음을 알 수 있다. 그런 체계들이 다시 근대적 개인의 개체성을 공고히 하는 데 기여했음은 물론이다.

그렇다면 이쯤에서 시민이 아닌 한 개인으로서의 자유와 인간으로서 존중받을 권리 그리고 그러한 삶을 가능하게 해줄 사회또는 사회 체제로까지 관심의 폭을 넓혀간 근대의 개인주의는 이기주의인가 아닌가 하는 질문을 던질 수 있다. 그것의 사회적 관심이라는 것이 철저히 비사회적인 개인의 자유에 정향되어 있다면, 개인의 자율성이라는 이상 역시 한 개인의 완전한 독립과 완벽한 자기 충족 그리고 무한한 욕망과 연결되어 언제라도 사회적 물의를 일으키게 될 것이기 때문이다.

개인주의는 이기주의와 어떻게 다를까

개인 없는 사회도 없지만 사회 없는 개인도 불가능하다. 그래서 인간은 사회적 관계 속에서 자아를 실현하고 삶의 의미를 찾는 존재이며, 개인과 사회는 상호 의존적이라고 말하지 않는가. 그럼에도 구체적 상황^{현실}에서는 수많은 개인의 욕구와 사회의 공동선 사이에 다양한 불일치가 존재한다. 이때 개인의 자유를 그 무엇보다 우선하여 절대적으로 주장한다면 개인주의는 언제라도 이기주의^{집단이기주의}로 변모할 수밖에 없다. 여기서 개인의 자유를 어느 정도로 제한하고 허용할 것인가 하는 문제가 발생한다.

규제나 제한을 받아들인다는 것은 다른 이와의 관계라는 문제, 즉 공존에 필요한 조건이라는 문제를 고려함을 뜻한다. 따라서 개인이 자신의 자유와 권리를 최우선시하면서도 다른 사람 또는 사회와의 관계 문제를 적극적으로 고려한다면, 그 결과 자신의 자유를 어느 정도 제한하거나 강제성을 띠는 제도의 필요성을 인정한다면, 이러한 개인주의는 이기주의와 다르다고 하겠다. 이기주의는 근대적 개인의 단면처럼 사적인 이익을 위해 개인의 독립을 절대화하고 그 개인이 사실상 모든 사회적·공동체적 가치로부터 분리되어 있을 때 나타난다.

이에 프랑스 소르본 대학의 철학 교수 알랭 르노^{Alain Renault}의 경우, 데카르트적 주체의 자율성과 라이프니츠적 개인의 독립성을 별개로 논의할 것을 권고하고 근대의 자율성을 새롭게 재해석함으로써 바람직한 현대적 개인상을 모색해나가고자 한다. 그는 프랑스 개인주의 논쟁의 중심인물과 그들의 주장을 자세히 소개하는 《개인/주체철학에 관한 고찰^{L'individu Réflexions sur la Philosophie du Sujet}》이라는 책에서 주체의 자율성과 개인의 독립성 중 어느 것을 근거로 삼느냐에 따라 근대성에 대한 평가가 달라질 수 있음을 이야기하며, 개인이 "세계의 일원으로서 스스로 생각함으로써 자신의 단독성을 초월할 수 있을 때" 책임감 있는 주체로 승격될 수 있다고 주장한다.

■

나는 무한한 과정을 거쳐 특권과도 같은 이기적인 성향개인성에서 스스로 빠져나와 인류의 이타성에 나를 열면서, 나 자신이 '나 자신의 근원'이 되도록 애쓸 뿐이다. 이런 의미에서 내재성 속의 초월성인 자율성의 이상을 '완전한 울타리절대적 독립성'라는 용어로 표현할 수는 없다. 자율성을 목표로 하는주체로 새로워질 것을 목표로 하는 개인은 그 목표 자체로 인해 주체성의 구조를 지닌 모든 개인들이 함께하는 세계의 일원으로 스스로를 생각함으로써 자신의 단독성을 초월하는 것이다.

■

알랭 르노의 주장에서, 결국 우리는 근대적 개인의 자유를 표현하는 자율성의 이상을 완전한 또는 절대적인 독립성으로 연결 짓지 말고 스스로를 세계의 일원으로 규정하고 그에 따라 규율하라는 것임을 이해할 수 있다.

고전 속으로

르네 데카르트와 메를로-퐁티

르네 데카르트 René Descartes (1596~1650)

프랑스 철학자 데카르트는 방법론적 회의를 거쳐 철학의 출발점이 되는 제1원리인 "나는 생각한다, 고로 존재한다"라는 명제를 선언함으로써 이성 중심의 근대적 합리주의 철학의 정초를 닦았다. 데카르트 이래로 근대 철학은 이 명제에 절대적인 영향을 받게 되는데, 이 명제는 이후 《방법서설》(1637)과 《철학의 원리Principia Philosophiae》(1644)에 실린다. 그 외의 주요 저술로는, 코페르니쿠스Nicolaus Copernicus와 갈릴레오 갈릴레이Galileo Galilei가 주장한 지동설을 바탕으로 세계에 관한 자신의 견해를 진술한 《세계》, 존재론과 인식론에 관한 연구 결과를 집필한 《성찰Meditationes de Prima Philosophia》(1641) 등이 있다.

> 르네 데카르트, 이현복 옮김, 《성찰》, 문예출판사, 1997.

몇 해 전에 이미 나는 어린 시절부터 내가 얼마나 많은 거짓된 것을 참된 것으로 받아들여왔으며, 그 뒤 그것들 위에 세워진 것들 모두가 얼마나 의심스러운 것인지, 따라서 언젠가 내가 학문에서 확고하고 불변적인 진리를 세우고자 한다면 일생에 단 한 번쯤은 내가 이전에 받아들였던 그 모든 것을 철저하게 전복시켜 아주 처음부터 토대를 다시 쌓아올려야 한다는 것을 깨달았다.

그래서 지금 나는 지금까지 내가 참된 것으로 여겨온 것들은 모두 감각으로부터 또는 감각을 통해서 받아들인 것이었는데, 이 감각들이 가끔은 우리를 속인다는 것을 경험했으니, 이제 단 한 번이라도 우리를 속인 것에 대해서는 전적으로 신뢰하지 않는 것이 현명하다고 생각한다. 그렇다면 어떻게 해야 할까? 아르키메데스는 지구 전체를 그 장소로부터 다른 곳으로 이동시키는 데 확고부동한 점 하나밖에는 요구하지 않았다고 한다. 이제 나도 그처럼 다행히 확실하고 의심할 여지없는 단 한 가지만이라도 발견할 수 있다면, 큰 희망을 품어도 괜찮을 듯싶다.

그래서 이제 나는 내가 보는 모든 것을 거짓이라고 가정하고자 한다. 망상으로 가득한 기억이 내게 보여주는 것은 결코 존재한 적이 없었다고 믿어본다. 그리고 그 어떤 감각기관도 없다고 생각해본다. 물체, 모양, 연장, 운동, 장소는 환영일 뿐이라고 믿기로 한다. 그렇다면 참된 것은 뭘까? 아마도 확실한 것은 하나도 없다는 것 한 가지가 참일 게다.

나는 이렇게 세계 안에는 아무것도, 즉 하늘도 땅도 정신도 물체도 없다고 나 자신을 설득했다. 그렇다고 한다면 이는 나도 없다고 설득하는 게 아닌가? 그렇지는 않다. 내가 나 자신에게 어떤 것을 설득했다면, 확실히 나는 있었다. 또는 설령 누군지는 모르나 아주 유능하고 교활한 기만자가 있어서 온 힘을 다해 항상 나를 속이고 있다고 해도, 그가 나를 속이려면 내가 있다는 것만은 의심할 수 없어야 하지 않을까? 그가 마음껏 속이게 하라. 그러나 내가 나 자신을 어떤 무엇이라고 생각하는 동안만큼은 그도 나를 결코 아무것도 아닌 것이 되게 할 수는 없을 테니 말이다. 그렇다면 이제 나는 이것에 대해 충분히 생각하고 모든 것을 주의 깊게 살펴본 뒤 "나는 있다, 나는 현존한다"라는 명제는 내가 이것을 말할 때마다 또는 정신으로 파악할 때마다 필연적 참이라고 결론짓지 않을 수 없다.

그러면 사유한다는 것은 어떤가? 나는 여기서 사유야말로 나에게 속하는 것임을 발견한다. 이것만은 내게서 분리해낼 수 없다. 나는 있다. 나는 현존한다. 이것은 확실하다. 그렇지만 얼마 동안이나? 물론 내가 사유하는 동안이다. 왜냐하면 내가 사유하기를 멈춘다면 그 순간 나는 존재하는 것, 즉 현존하는 것도 멈출 것이기 때문이다. 지금 내가 승인하는 것은 필연적으로 참된 것뿐이다. 그러므로 정확히 말해 나는 단지 하나의 사유하는 것, 다시 말해 정신, 영혼, 지성 또는 이성일 뿐이며, 나는 참된 것, 참으로 현존하는 것이다. 그러나 나는 어떤 것인가? 나는 말했다. 하나의 사유하는 것이라고.

이러한 것들을 고찰하기 시작하면서 내가 첫 번째로 깨달은 것은, 정신과 신체 사이에는 큰 차이가 있다는 점이다. 다시 말해 신체는 본성상 언제나 분리될 수 있는 데 반해 정신은 분리될 수 없는 큰 차이가 있다는 것이다. 실제로 내가 정신을, 즉 오직 사유하는 것인 한에서의 나 자신을 살펴볼 때, 나는 거기서는 그 어떤 부분도 가려낼 수 없으며, 오히려 내가 하나의 단일한 전체임을 이해한다. 그리고 정신 전체가 신체 전체와 하나로 결합되어 있는 것처럼 보이긴 하지만, 발이나 팔 또는 그 밖의 다른 신체 부위가 내 몸으로부터 분리되었다고 해서 내 정신으로부터 뭔가가 떨어져 나가는 것은 아님이 분명하다. 또 의지능력, 감각능력, 이해능력 등이 정신의 부분들이라고 말할 수도 없다. 왜냐하면 동일한 하나의 정신이 의지하는 것, 감각하는 것, 이해하는 것이기 때문이다. 그러나 물질적인 것, 즉 연장을 가진 사물은 이와 다르다. 그것들 가운데서 부분으로 나뉠 수 없고 또 나뉠 수 있는 것으로 이해할 수 없는 것이란 생각할 수 없다. 이 한 가지 사실만으로도 정신이 신체와 완전히 다르다는 것은 충분히 드러났다고 할 수 있다.

해설

근대 이전 불합리한 전통과의 단절을 꿈꾸며 '독자적이고 자율적인 개인'이고자 했던 데카르트. 그는 자신만의 독특한 방법론_{방법론적 회의}으로 참된 것이라고 여겨오던 기존의 모든 것들에 대해 의심에 의심을 거듭한 결과, 추호의 의심도 불러일으키지 않는 오직 하나뿐인 고정불변의 진리를 찾아내고자 노력한다. 그는 이러한 철학적 태도를 지구 전체를 옮기는 데에 단 하나의 점밖에 요구하지 않았던 아르키메데스에 비유하며, 모든 것을 의심한 결과 찾아낸 철학의 출발점이 되는 제1 원리가 바로 "나는 생각한다, 고로 존재한다"임을 암시한다.

이 명제의 성격 규명은 "나는 있다, 나는 현존한다"를 이해하는 것에서부터 시작된다. 그는 우선 모든 것_{세계 안의 하늘, 땅, 정신, 물체 등}을 없는 것으로 의심해나갈 때, 나 자신에게 무언가가 없다고 설득하고 있는 나는 있는 게 아닌가라고 반문한다. 그런 뒤 그런 의심의 과정에 누군가 교활한 자가 있어 나를 속이고 나 또한 속는다 하더라도, 그때도 '속고 있는 나'는 있는 게 아닐까 의심한다. 그리고 자신이 그렇게 깊이 생각한 결과 사유하고 있는 나는 있으며, 따라서 내가 사유하는 동안 내가 현존하고 있음 또한 확실하다는 결론을 내렸으므로 '코기토 Cogito'야말로 참된 진리라는 것이다. 그런데 이 명제는 결국 나는 하나의 사유하는 것정신, 영혼, 지성 또는 이성일 뿐이고, 사유하는 한 나는 참된 것이며 참으로 현존하는 것임을, 다시 말해 사유하는 이성적 존재이기에 현존까지도 보장받을 수 있음을 주장한 것이라고 이해할 수 있다.

코기토가 절대 불변의 진리임은 신체가 언제나 나로부터 분리될 수 있는 것인 반면, 정신은 분리될 수 없다는 표현, 다시 말해 정신과 신체의 차이를 드러내는 부분에서 다시 한 번 강조된다. 그는 여기서 언제나 나를 현혹하고 속이는 감각과 달리 사유야말로 나에게 속하는 것으로서 나와 분리될 수 없는, 그리고 내가 하나의 단일한 전체임을 보증해준다고 말한다. 또 정신이 신체와 하나로 결합된 듯 보이지만 문제가 발생하여 신체의 일부를 제거해도 무방하며, 또 제거한다 해도 그것이 내 정신으로부터 뭔가를 떼어내는 것은 아님을 강조한다. 그리고 동일한 하나의 정신이 의지, 감각, 이해 능력을 수행하는 것이라면, 정신은 필연적으로 물질적인 것또는 연장을 가진 사물과는 전혀 다른 것이라고 부연설명하고 있다.

모리스 메를로-퐁티 Maurice Merleau-Ponty (1908~1961)

프랑스 현상학의 대표자인 메를로-퐁티는 사르트르Jean Paul Sartre와 함께 《탕 모데른Les Temps Modernes》지의 객원 편집자로 활동한 바 있다. 대표적인 철학서로 《행위의 구조 La Structure du Comportement》(1942), 《지각의 현상학 Phénoménologie de la Perception》(1945) 등이 있는데, 특히 《지각의 현상학》은 의식 일변도였던 서양 철학의 시선을 인간의 몸으로 되돌려놓음으로써 데카르트적 심신이원론을 넘어서고자 했던 역작으로 평가받고 있다. 그 외의 주요 저술로 《의미와 무의미Sens et Non-sens》(1948), 《철학의 찬미Eloge de la Philosophie》(1952), 《변증법의 모험Les Aventures de la Dialiétique》(1955), 《기호Signes》(1960), 《가시적인 것과 비가시적인 것Le visible et l'invisible》(1964) 등이 있다.

> 메를로-퐁티, 류의근 옮김, 《지각의 현상학》, 문학과지성사, 2002

데카르트 전통에 따르는 이성 중심의 지성주의는 우리에게 진정한 의미의 감각을 말해주지 않는다. 왜냐하면 지성주의에서 감각함 또는 감각이란 인식을 분석하기 위해 인식의 구체적인 작용으로 되돌아갈 때에야 나타나는 것이며, 따라서 이곳엔 감각은 없고 의식만이 있기 때문이다. 그러나 정작 우리에게 주어지는 것은 그런 의식이나 어떤 순수 존재가 아니다. 그것은 바로 경험, 다시 말해 유한한 주체몸와 이 주체의 발생지이자 주체에 관여하며 머무는 불투명한 존재세계 상호 간의 소통이다. 우리는 몸으로 이 세계와 "사귀고" 이 세계를 "이해하고" 이 세계에서 의미를 발견한다.

나는 귀를 기울이거나 주시하면서 어떤 감각을 기다리는데, 그때 갑자기 외부 세계에 있는 어떤 감각적인 것이 나의 귀나 시선을 사로잡는다. 이에 나는 푸름 또는 붉음이 존재하는 공간을 진동시키면서 채우는 쪽으로 내 몸의 일부 또는 심지어 내 몸 전체를 내맡긴다. (…) 이와 마찬가지로, 감각적인 것은 운동적이고 생동적인 의미를 갖는 데 그치는 것이 아니라, 어떤 지점에서 우리에게 제시되는 세계 – 에로의 – 존재가 지닌 일정한 방식이다. 이때 우리의 몸은 가능하다면 그러한 세계 – 에로의 – 존재 방식을 되잡고 인수한다. 그래서 감각은 말 그대로 일치를 이루는 몰입이다. (…) 요컨대 내 몸은 모든 다른 대상들 중 한 대상에 불과한 것, 다시 말해 다른 감각적 성질의 복합들 중 감각적 성질들이 모인 하나의 복합체에 불과한 것이 아니다. 내 몸은 모든 다른 대상들상황들에 감응하는 대상이다. 모든 소리에 반향해서 울리고, 모든 색깔에 진동하는 그런 고유한 대상이라는 것이다.

몸틀신체 도식이라는 개념으로써 새롭게 기술하고자 하는 것은 그저 몸의 통일성만이 아니다. 그것을 통해 의미의 통일성과 대상의 통일성도 기술하고자 한다. 내 몸은 표현 현상의 장소 또는 표현 현상의 활동성 자체다. 예컨대 내 몸에서 시각적인 경험과 청각적인 경험은 서로를 함축한다. 그것들의 표현 가치는 지각 세계의 선술어적인선논리적인 통일성의 기초가 된다. 그럼으로써 또 술어적인 표현과 지성적인 의미의 기초가 된다. 내 몸은 모든 대상들에게 공통된 조직이다. 적어도 지각 세계에 견주어볼 때, 내 몸은 내가 하는 '이해'의 일반적인 도구이다.

그러므로 데카르트와 함께 사물들로부터 사물들에 대한 사유로 되돌아간다는 것은 결국 경험을 심리적 사건들의 총합으로 환원하는 것이거나, 그러한 심리적 사건들을 넘어서서 시간이나 그 어떤 한계에도 부속되지 않는 사유의 체계와 장을 재인식하는 것일 따름이다. 전자에서, 자아나는 오로지 공통의 이름이거나 가설적인 원인에 불과할 것이다. 그럴 때 사람들은 어떻게 나의 현존있음이 다른 사물들의 현존보다 더 확실할 수 있는지 알 길이 없다. 왜냐하면 포착 불가능한 순간이 아니고는 나의 현존은 직접 존재하지 않을 것이기 때문이다. 후자에서, 사유의 체계와 장은 사건에 전혀 의존하는 바 없이 그저 의식으로서의 존재일 뿐인 존재 양식을 띤다. 그리고 사유의 체계와 장은 정신적 작용으로서, 자기가 겨냥하는 모든 것을 멀리서 포착해서 자신 속에다 압축시킨다. 그런가 하면 사유의 체계와 장은 "나는 생각한다"로서, 자기 자신에 의해 존재하지만, "나는 존재한다"자체와는 그 어떤 결합도 하지 않는 셈이 된다. 따라서 "코기토에 대한 데카르트적인 교설은 논리적으로 정신의 비시간성을 확정하고 영원성을 띤 의식을 인정하는 것으로 귀결된다."

해설

메를로-퐁티는 데카르트 이래로 하나의 '철학적' 범주로서 명확히 정의된 주체로서의 코기토는 실제 현실과 접촉하기 이전부터 이미 완성되어 존재하는 초월적 주체로서 가설적 원인에 지나지 않음을 주장한다. 따라서 그러한 주체 개념을 기반으로 한 인식이란 우리가 경험 이전에선험적으로 이미 규정된 문제틀을 대상에 적용함으로써 얻어지는 자기 반복의 순환적인 인식일 따름이다. 다시 말해, 이성 중심의 서구 합리주의 전통이 말하는 인식이란 사유의이성적 체계와 장만을 재인식하는 것일 뿐, 경험이나 나 이외의 다른 존재들몸, 감각, 타인, 세계 등에 대한 진정한 의미이해에는 도달하지 못하는 것이라는 말이다. 이에 메를로-퐁티는 《지각의 현상학》에서 데카르트와는 다른 진정한 의미의 경험, 감각 그리고 몸주체의 참의미를 밝혀내고자 한다.

메를로-퐁티에 따르면, 경험이란 사유하는 주체가 아니라 유한한 주체로서의 몸, 다시 말해 세계를 살아가는 몸주체와 이 주체의 발생지이자 주체에 관여하며 그 속에 머무는 불투명한 존재인 세계 상호 간의 소통이다. 그는 이를 몸주체가 세계와 "사귀며 이해한다"는 말로 표현한다. 그에 따르면, 우리 몸또는 감각은 이성 중심의 지성주의에서 말하는 오류의 근원도 아니며, 그저 단순히 운동적이고 생동적인 의미만을 지니는 것도 아니다. 오히려 세계를 살아가는 방식이자

기존의 잘못된 존재 방식을 되잡아 새롭게 이해하는 '이해의 일반적 도구'이다.

따라서 그에게 몸은 그저 다른 대상들 중 하나인 대상_{또는 감각적 성질이 모인 하나의 복합체}이 아니라, 대상과 사태에 감응하여 시청각적으로 몸을 통일시키고 _{몸틀 또는 신체 도식을 통해} 그것에 반향하고 울리고 진동하며 의미의 통일성과 대상의 통일성을 만들어내는 고유한 대상으로 새롭게 자리매김한다. 이러한 주장은, 내 몸은 표현 현상의 장소 또는 표현 현상의 활동성 자체라는 말로 표현되며, 내 몸을 통해 이루어지는 경험이야말로 지각 세계의 논리 이전의 통일성의 기초이자, 술어적 표현과 지성적 의미의 기초라는 말로 표현된다.

역사와 현실 속으로

홀로코스트, 〈펠리칸 브리프〉 그리고 존 케이지의 〈4분 33초〉

홀로코스트는 왜 일어났는가

우리를 지배하고 있는 '전체주의적 과정'이란 무엇을 뜻하는가? 그것은 인간이 필요 없는 유토피아를 건설하겠다는 목표 아래 궁극적으로는 인간을 쓸모없게 만드는 근대적 태도를 의미한다. 급속한 인구 팽창, 지속적인 과학과 기술의 발전 그리고 이에 따른 고향의 상실로 특징지어지는 시대에 대중은 실제로 공리주의적 범주에서 보면 '남아돌아가 쓸모없게' 된다.

한나 아렌트Hannah Arendt에 따르면, 근본악은 이와 같이 인간을 쓸모없게 만들고자 하는 전체주의적 체계 속에서 탄생했다. 이런 관점에서 보면 모든 것을 자신의 기술적 통제 하에 두고자 하는 근대의 인간중심주의는 그 자체로 이미 전체주의적 요인을 함축하고 있다. 유대인을 과학적으로 말살하고자 했던 나치 정권은 바로 이와 같은 전체주의가 구체적으로 표현된 것이라고 할 수 있다. 한나 아렌트는 이렇게 유대인으로서 겪을 수밖에 없었던 자신의 시대적 운명 속에서 근대적 인간과 인간의 조건을 사유할 수 있는 실마리를 발견한다.

개인이 이익을 추구하는 과정에는 반드시 이익이 충돌하는 문제가 발생하게 마련이며, 특정 개인이나 집단이 자기 이익에만 몰두하여 전체 공익에 반하는 이기적인 행동을 할 때 개인주의는 언제라도 이기주의로 빠질 수밖에 없다. 이에 사람들은 개인의 자율성이나 의지보다는 그것을 잘 교정해줄 수 있는 공동체 의식의 필요성을 이야기한다. 그러나 문제는 사회 전체를 포괄하려는 공동체 의식이 도를 넘어 전체주의로 흘러가면서 발생한다.

전체주의는 개인을 전체 속에서 비로소 존재 가치를 갖는 도구나 수단쯤으로 규정짓고, 개인의 일방적인 희생과 충성을 강요할 뿐만 아니라 강력한 국가권력이 국민생활을 간섭하고 통제하는 것을 적극적으로 허용한다. 그래서 전체주의는 위험스러운 체제로 인식되는데, 전체주의의 잔혹함과 폭력성을 단적으로 드러낸 예가 바로 나치 독일의 유대인 600만 대학살 홀로코스트이다.

나치 전범 아돌프 아이히만Adolf Eichmann의 재판 과정을 묘사한 《예루살렘의 아이히만Eichmann in Jerusalem》이라는 저서에서 '악의 평범성'을 주장했던 한나 아렌트 역시 나치 정권의 홀로코스트를 전체주의의 구체적 표현이라고 지적한다. 또 그녀는 포스트모던한 현대가 모든 것을 자신의 기술적 통제 하에 두고자 하는 근대의 이성중심주의·인간중심주의를 계승하는 한, 다시 말해 현대가 불가능한 것을 가능하게 하고자 하는 과학과 기술시대의 무한한 역량을 지향하는 한, 전체주의적 경향은 근본악으로서 전체주의적 국가에서뿐만 아니라 '세계 도처에서' 일상적으로, 그리고 전율스럽게도 정상적으로 진행될 것임을 경고한다. 그렇다면 한나 아렌트가 말하는 인간의 조건은 어떻게 마련될 수 있을까?

■ 유대인 수백 만을 학살한 나치 전범 아돌프 아이히만의 재판 장면. 한나 아렌트는 나치 정권의 홀로코스트를 전체주의의 구체적 표현이라고 지적하며 비판적 분석 능력을 잃어버린 대중은 자칫하면 누구나 거대한 악의 전령이 될 수 있다고 말한다.

개인의 자율성은 어떻게 집단이기주의로 변질되는가

법정 스릴러의 대가 존 그리샴John Grisham의 세 번째 소설《펠리컨 브리프 The Pelican Brief》가 1993년 영화로 다시 태어났다. 대법원 판사 로젠버그와 그의 동료 젠슨이 같은 날 비슷한 시각에 살해되나 사건은 미궁에 빠진다. 명석한 두뇌의 소유자인 뉴올리언스 법대생 다비 쇼줄리아 로버츠 분는 살해된 두 사람이 환경을 중시했다는 공통점에 착안하여 '펠리컨 브리프'라는 가상의 시나리오를 작성한다. 그녀의 보고서가 백악관과 FBI로 퍼져나가면서 다비는 암살범에게 쫓기는 신세가 되고 만다. 대통령이 보고서에 지목된 인물이 자신의 후원자임을 알고 사건 은폐를 명령했기 때문이다. 워싱턴 DC의 한 호텔에서 누군가를 기다리던 다비는 또다시 사람이 살해되는 걸 목격하고 더 이상 달아날 수도, 숨을 곳도 없는 긴박한 상황에 처하게 된다. 생사의 기로에서 공포에 지친 다비는 그레이 그랜섬덴젤 워싱턴 분이라는 워싱턴 헤럴드 기자에게 도움을 청하고, 펠리컨 브리프가 특종임을 예감한 그랜섬과 다비의 목숨을 건 사투 덕분에 사건의 전말이 밝혀진다.

다비의 추론에 따르면, 대법원 판사 암살 사건은 멸종 위기의 펠리컨을 둘러싼 환경단체와 유전 개발업자 빅터 매티스 간의 소송환경주의자가 생태보전 지역인 늪에 운하를 뚫으려는 것에 극렬 반대하여 주법원에 매티스 석유회사를 제소하고, 재벌 빅터 매티스는 루이지애나 주 뉴올리언스의 법률회사를 총동원하여 환경주의자들과 맞서게 되는 소송과 정경유착에 따른 결과였으며, 그녀가 암살자에게 쫓기게 된 이유는 바로 그런 사실이 알려지는 것을 막기 위해 백악관에서 손을 쓰기 시작했기 때문이다.

개인의 자유를 강조하면서 개인과 사회의 관계를 해명하는 견해로는 자유주의가 있다. 자유주의적 개인주의에서 개인은 자신의 자유롭고 자발적인 의지를 제한하는 모든 규제로부터 벗어나 오로지 자신의 이익행복과 안전만을 위해 자유롭게 판단하고 행동할 수 있는 존재이다. 따라서 이때 개인의 자율성 이상이란 결국 한 개인의 완전한 독립과 완벽한 자기 충족 그리고 무한 욕망과 연결된 지역집단이기주의일 따름이다.

지역이기주의의 일상적인 예로 쓰레기소각장, 화장터, 공중화장실 등의 설치를 둘러싼 자치단체들 간의 갈등이나 충돌을 들 수 있다. 집단이기주의의 예로는 영화 〈펠리칸 브리프〉에 나오는 매티스 기업을 들 수 있다. 부도덕한 방법으로 축재하려는 기업의 이기적인 물욕과 기업 중심의 경제정책 그리고 이를 위해 국가권력까지도 이용하는 정경유착의 전형을 보여주고 있기 때문이다.

비록 영화이긴 하지만 〈펠리칸 브리프〉에서 우리는 사적인 이익의 관철을 위해 자신의 권한과 영향력을 행사한 한 기업가의 행위가 단지 늪지대 파괴에 따른 펠리컨의 멸종이라는 환경파괴뿐만 아니라 정치계, 법조계의 부패와 살인으로 이어지면서 법과 정의마저 위협하는 절망적인 상황을 초래하는 것을 볼 수 있었다. 이렇듯 기업의 집단이기주의가 가져올 수 있는 폐해의 심각성을 깨달은 세계는 지금 이윤 창출과 윤리적 책임경영의 절충 또는 기업의 사회적 책임 강화를 통해 자유주의또는 신자유주의가 지닌 부정적 측면을 해소해줄 것을 적극적으로 요구하고 있다.

존 케이지의 소리 없는 음악 〈4분 33초〉는 무엇을 위한 곡인가

사례 1 | 1952년 8월, 뉴욕 주 우드스탁에서 존 케이지John Cage의 〈4분 33초〉가 초연되었다. 세 개의 악장으로 된 이 곡은 '조용히tacet'라는 말 외에는 그 어떤 악상도 없다. 연주자가 한 일 또는 할 수 있는 일이라곤 피아노 뚜껑을 열었다 닫았다를 반복하다가 자리에서 일어나는 것뿐. 그러나 그곳엔 분명 비음악적인 소리이긴 하지만 청중과 자연이 우연히 만들어내는 소리들이 있었다.

사례 2 | 유년기의 인류는 자연을 그저 쓰고 버리는 도구로 간주하지 않았다. 말 못하는 자연에서 언어적 본질을 보고, 그것과 평등하게 소통하며 미메시스mimesis를 했다. 미메시스란 철학에서 말하는 의식 속 대상의 표상이나, 미학에서 말하는 화폭 위 대상의 모방이 아니다. 그것은 주위 환경에 맞춰 몸 색깔을 바꾸는 카멜레온과 같은 존재론적 닮기를 말한다. 가령 어린이를 보라. 그들은 장사꾼과 선생님만을 연기하는 게 아니라 풍차와 기차도 연기한다.

이성의식 중심, 인간 중심적인 근대적 사유 안에 타자의 자리는 없다. 그래서 타자를 고려하거나 타자에 대한 배려를 고심하는 현대의 많은 사상가들은 케이지의 〈4분 33초〉처럼 놀라움이나 경악을 안겨주는 어떤 감각적인 것감성적인 것과의 마주침 또는 치열한 사랑에 빠진 연인처럼 자기 중심에서 벗어날 수 있는 상황의 경험을 중요하게 여긴다. 또는 독일의 미학자 벤야민Walter Benjamin이 말하는 '미메시스'처럼, 자연친화적이고 공감적인 행동 방식을 회복함으로써 타자를 억압하거나 배제해온 근대인의 사유방식 또는 삶의 방식에서 벗어날 수 있기를 희망한다.

 가상토론

너와 나는 진정 자유로울 수 있을까?

신세대 수환은 물질적 풍요 속에서 디지털-사이버 시대에 걸맞은 다양한 활동, 예를 들어 아바타와 UCC 제작 등을 통해 자기 자신을 자유롭게 표현하고 즐기며 살고자 한다. 그리고 무엇보다 누구의 눈치도 보지 않고 자기만을 위한 삶을 살고 싶어한다.

그러나 현실은 그리 녹록지 않다. 경제적 어려움도 그렇지만, 자기만의 세계에 갇혀 자기밖에 모르는 이상한 녀석 취급하는 타인의 시선도 불편하다. 그물망처럼 얽히고설켜 돌아가는 세상에서 타인들의 요구를 무조건 무시할 수도 없는 노릇이다. 나의 행복이 세계나 다른 사람들의 행복과 밀접하게 연관되어 있다고 생각하기 때문이다. 그렇다고 나만의 자유를 포기할 마음도 없다.

이런 상황에서 수환이 할 수 있는 일이라곤 그저 "도대체 뭘 할 수 있지 What can I do"를 외치는 것뿐일까? 어떻게 해야 할까? 고민에 고민을 거듭하던 밤, 수환의 꿈속에 언젠가 철학책에서 봤던 데카르트와 메를로-퐁티가 나타나 고민 상담을 자처한다. 수환은 잠결에도 이때다 싶어 두 박사님께 도움을 청한다.

세상을 바꾸는 건 바로 너의 몫이야

수환 제 고민은 한마디로, 어떻게 하면 사회 속에서 나 홀로인 제가 다른 사람들과 더불어 각자 자유로울 수 있냐는 거예요.

데카르트 나 홀로라, 음…… 그렇지, 그걸 바로 개인이라고 하지. 이 문제는 아무래도 제가 해결해야 하지 않나 싶은데요? 나 홀로인 사람, 좀 어렵게 말해서 개별자로 존재하는 개인이란 결국 제가 근대에 정초했던 독립적이고 자율적인 근대적 개인을 뜻할 테니 말입니다.

메를로-퐁티 하하하! 뭐, 정 원하신다면 전 옆에서 듣고 있을 테니, 어디 속 시원하게 해결해주시죠. 잠깐지 설치는 걸 보니 짠하네요.

데카르트 그러게요. 뭐 그래도 꿈에서 절 만났으니 이젠 걱정 없다고 봐야죠. 험험. 그럼 시작해볼까요? 사실 현대라는 상황이 근대와 많이 다른 것 같아 '꼭 그렇다' 자신할 순 없지만, 내 생각엔 자네가 자유로운 삶을 살려면 우선은 독립적인 존재가 되어야 하지 않나 싶네.

수환 전 그게 두렵고 자신 없어요. 제가 너무 나약한 건가요?

데카르트 기운을 내게. 인간은 누구나 '나는 생각한다'는 자의식을 가진 존재가 아닌가? 두려워 말고 스스로 독립적으로 사유하게나. 남의 간섭이나 강요에 신경 쓸 게 뭐 있나?

수환 그렇지만 저를 보는 곱지 않은 시선들이 두려워요. 또 제 삶의 방식을 다른 사람에게 인정받고 싶기도 하고요. 어떤 땐 지니라도 나타나 사회 전체를 제가 원하는 대로 바꿔줬으면 좋겠어요. 아, 참! 지니 아세요? 호리병 속 마술사!

데카르트 하하하! 지니라…… 그건 좀 심하군. 난 사회 전체가 바뀐다고 해서 개인이 바뀌는 것은 아니라고 보네. 세상을 바꾸는 건 자네 몫이야. 자네가 원하는 대로 자신의 이성으로 삶을 계획하고 그것을 준수하게. 그럼 되지 않겠나! 그래야 진정한 자유인이라 할 수 있지. 또 그래야 그런 삶이 가능하도록 사회를 구성해나갈 수 있을 테고 말이야.

수환 박사님 말씀은 결국 저더러 사회의 제약으로부터 벗어나 독자적이고 자율적인 개인으로 꿋꿋하게 살아가라는 말씀이시죠? 또 그런 삶을 위해 사회도 바꿔나가고!

데카르트 암, 두말 하면 잔소리지! 뭐 그리 큰 문제도 아니구먼 잠까지 설치고 그러나. 정 힘들다 싶으면 우선 경제적으로 독립하게나! 르네상스 사람들처럼 자기 마음대로 원하는 사람과 결혼하는 것부터 시작해보든가! 자율적이고 독립적으로 말이야. 자, 그럼 이젠 고민이 해결됐나?

수환 아, 뭐……

데카르트 흠, 이렇게 쉬울 수가! 메 박사님, 다 된 것 같으니 우린 다른 사람 고민이나 상담해주러 갑시다.

메를로-퐁티 잠깐만요. 제 생각엔 수환 군의 고민이 아직 완전히 해결된 것 같지 않은데요. 수환 군! 자네 고민의 핵심은 나만의 자유가 아니라 어떻게 하면 이 사회에서 나도 타자도 자유로울 수 있을까, 그거 아닌가?

수환 아, 네. 그래요. 전 제 자유로운 삶으로 인해 저 아닌 다른 누군가가 희생되거나 힘들어하는 건 싫거든요. 전 제 행복이 세계나 다른 사람과 동떨어져 존재하는 것은 아니라고 봐요.

메를로-퐁티 보세요, 수환 군이 타자와의 관계를 고려하는 이상 이 문제는 아직 해결된 게 아니에요. 또 그 문제는 데 박사님의 독자적이고 자율적인 근대적 개인의 이상만으론 해결될 수도 없고요.

데카르트 아니, 그건 또 무슨 말씀이신지? 새로운 이념이나 방향을 추구하려는 사람이라면 누구나 정치, 경제, 문화 등 모든 방면에서 기존의 것에 반발하게 마련이고, 그럴 땐 제가 말하는 '생각하는 자아', 즉 코기토만 한 게 없을 텐데…… 그게 아니라면 혹시 제 코기토에 무슨 오류라도 있다는 말씀인가요?

메를로-퐁티 후하하! 예리하시긴…… 그렇다고 할 수 있죠.

데카르트 그 말씀은, 저의 코기토가 있었기에 신과의 관계를 가정하지 않고도 인간이 그 자체로 존중받을 권리를 부여받을 수 있었다는 것과, 그러한 개체성의 정립이 가능했기에 중세까지 이어져 내려오던 불합리한 봉건적 잔재들을 청산할 수 있었다는 걸 부인한다는 말씀인가요?

메를로-퐁티 아, 그건 아닙니다. 다만 저는 타자와의 관계 면에서 볼 때 교수님의 코기토에는 근본적인 문제가 노정되어 있다는 것을 말씀 드리고 싶을 뿐입니다.

데카르트 허허, 타자와의 관계라! 뭐 어쨌든, 모든 것을 의심의 대상으로 삼는다는 건 좋은 태도이고, 메 박사님 나름의 의견도 있을 테니 어디 한 번 박사님의 고견을 들어보도록 하죠. 자네도 잘 듣게나. 어려운 주제라고 딴청 피우지 말고 집중하게!

아바타와 UCC 제작 등으로 자신을 자유롭게 표현하고 즐기며 살고자 하는 개인의 시대, 그물망처럼 얽히고설켜 돌아가는 세상에서 나는 진정 자유로울 수 있을까?

개인 없는 사회도, 사회 없는 개인도 없다

수환 아이쿠! 아, 네…… 실은 이야기가 점점 어려워져서 저도 모르게 가상 게임을 떠올리고 있었는데, 헤헤헤! 제가 딴생각하는 걸 콕 집어내시는 걸 보니 근대 철학의 '아버지'가 맞으신가봐요!

데카르트 이 친구 딴청 피우긴. 메 박사님 말씀 계속하시죠.

메를로-퐁티 우릴 만날 수 있는 기회가 그리 흔한 건 아니니 잘 듣게나. 그럼 우선 데 박사님께 하나 묻겠습니다. 박사님의 근대적 개인이란 결국 공동체로부터 분리된 원자이거나 소통 불가능한 나 홀로 주체, 다시 말해 본질적으로 완전한 독립성과 독자성을 갖춘 단독자를 뜻하는 게 아닙니까?

데카르트 그렇다고 할 수 있죠. 인간이 그 자체로 존중받을 수 있는 권리를 부여받으려면 그 정도는 되어야 할 테니까…… 안 그렇습니까?

메를로-퐁티 그렇긴 하죠. 하지만 타자와의 관계를 고려했을 때, 바로 그 지점에 함정이 있다고 봅니다. 박사님이 말씀하시는 완전한 독립성과 독자성을 갖춘 근대적 개인이란 결국 사회적 측면에서 볼 때 비사회적 개인을 뜻하는 것일 테니까 말입니다.

데카르트 그게 그렇게 되나? 아니, 아니지. 제 코기토도 타자를 고려하는 사회적 행위에 대한 어떤 당위적 명제들이나 준칙들을 얼마든지 이야기할 수 있습니다. 계약을 통해서 말이에요. 제 코기토가 그렇게 계약에 의해 사회 윤리적인 명제들을 구성해낼 수 있는 한, 완전히 비사회적인 개인은 아니라고 봅니다. 그렇게 되면 자율의 의미도 자기가 정한 법을 스스로 지키는 것뿐만 아니라 타인과의 관계에서 계약에 의해 동의한 절차나 자기 의지의 표현인 법을 지키는 것으로 확장될 테니까요.

메를로-퐁티 예, 옳은 말씀이에요. 하지만 그건 이론상으로나 그렇지 실제는 다르다는 게 문제죠.

데카르트 이론과 실제가 다르다! 왜 그렇다는 겁니까?

메를로-퐁티 거듭 말씀드리지만, 데 박사님의 코기토가 독립된 존재로서 원초적 개인을 전제로 하는 한, 그 개인은 결국 자연이나 다른 인간들 그리고 사회와도 대립적인 관계에 놓일 수밖에 없을 것이기 때문입니다. 게다가 사회로부터 독립된 개인이라는 대전제를 밀고 나가면 결국 개인은 사회 이전에 존재하는 것이며, 사회의 목적이란 개인의 원초적 계약을 보호하는 것으로만 생각하기 십상인데, 그런 사회에서 어떻게 타자와 더불어 자유로울 수 있겠습니까?

데카르트 음…… 그게 그렇게 되나? 그 점을 우려해서 제가 이성적 능력이 세상 누구에게나 공평하게 분배되어 있음을 주장했던 것인데…… 제가 그런 주장을 했기에 평등을 기본으로 하는 민주주의가 성립된 것이고요. 안 그런가요?

메를로-퐁티 예, 하지만 문제는 데 박사님의 코기토는 사회가 개인의 무제한적 욕망을 위해 헌신해야 하는 것으로 잘못 이해할 수 있는 여지를 제공한다는 데 있습니다. 그래서 실제로 개인의 자유를 보장하기 위한 사회적 장치를 마련하는 데 주력했다고 하는 자유민주주의 사회에서 많은 사람들이 평등한 삶을 살지 못하는 것일 테고요. 그런데 그렇게 되면 사회는 결국 '만인의 만인에 대한 투쟁'의 상황으로 변할 테고, 또 그럴 경우 그 어디에서도 자신의 권리를 안정적으로 누릴 수 있는 개인은 없을 테니 문제죠. 그래서 수환 군이 이러지도 저러지도 못하고 고민하는 것 아니겠어요? 안 그런가, 수환 군?

수환 아, 네. 듣고 보니 그런 심오한 뜻이 있었군요. 그러니까 제가 직감적으로 문제가 있다고 생각해서 이러지도 저러지도 못하고 고민한 거군요?

데카르트　흠, 이런! 전 왠지 그 모든 문제들이 코기토 자체에 있다기보다는 그것을 잘못 이해하고 활용한 후대에게 책임이 있지 않나 싶은데요.

몸으로 사는 개인은 자유로울까

메를로-퐁티　하하하! 꼭 그렇다고만은 할 수 없다니까요. 들어보세요. 박사님께서 사유하는 주체를 단 하나의 진리로 만드시는 바람에, 다시 말해 물질보다 의식을 우선시하면서 세계나 인간의 몸이 갖는 중요성을 간과하시는 바람에 결국에는 구체적인 경험의 세계는 물론이고 세계와 인간 사이 상호 관계의 중요성마저 무시하는 결과가 발생했습니다. 그러니 그 책임을 면하긴 어렵다고 봐야죠.

수환　아! 그래서 현대 철학자들이 근대 계몽주의에서 이성 중심의 코기토를 지나치게 강조하며 한 개인을 완전하고 절대적인 것으로 생각하게 되면서 나 이외의 다른 존재들, 음…… 예를 들어 자연세계은 물론이고 인간의 몸이나 다른 사람들까지도 억압하거나 배제했다고 비판하는 거군요?

데카르트　아니, 이건 또 무슨 소린가요? 아니, 그럼 메 박사님께서는 인간의 몸을 정신과 똑같이 중요하게 다루기라도 해야 한다는 말씀이신가요?

메를로-퐁티　예, 그렇습니다. 저는 오히려 인간의 몸이야말로 세계와 같은 존재 지평에 놓인 것으로, 세계를 이해하고 세계의 의미를 우리 인간에게 전달해줄 수 있는 매개체라고 생각합니다.

데카르트　어떻게 그럴 수 있죠? 인간의 정신이란 조각낼 수 없는 단일한 전체를 이루는 반면, 인간의 몸이란 발이나 팔처럼 떼어서 생각할 수도 있고, 게다가 인간의 감각이란 불확실해서 멀리 있는 것을 잘 못 보는 예도

허다하지 않습니까? 어디 그뿐입니까? 그게 꿈인지 아닌지 분간하지 못할 때도 있다고요.

수환 잠깐만요, 데 박사님! 그럼 박사님께서는 감각의 중요성을 전혀 인정하지 않으시나요? 제가 심취해 있는 가상세계에서도 그렇고, 현대 사회에서는 감각을 굉장히 중요하게 여기는데……

데카르트 그런가? 사실 난 정신 속에서 사유를 강화하고 지속하게 하는 한에서만 감각이란 녀석을 긍정한다네.

메를로-퐁티 그 말씀은 정신과 육체 간의 인과관계를 어느 정도 인정하신다는 걸로 들리는데, 그렇다면 데 박사님께서는 정신과 육체가 어떻게 매개된다고 보십니까?

데카르트 음…… 이거야 원, 참 난처하군요. 제가 송과선몸과 정신이 만나는 지점을 뜻하는 말로 데카르트는 뇌의 한복판에 있다고 했다이라는 걸 생각해내긴 했지만 그게 육체나 정신 어디에 속한 건지 결정을 내리지 못했거든요. 그건 그렇고, 자꾸 몸을 강조하시는 걸 보니 혹시 메 박사님께선 몸을 강조함으로써 제 코기토를 해체하려는 건 아닌지 의심이 되네요.

메를로-퐁티 하하, 그런가요? 보는 사람 입장에선 그렇다고도 말하더군요. 하지만 전 그저 지성적 사유를 전제로 감각을 해석할 것이 아니라 감각 그 자체를 독립적인 것으로, 그리고 감각의 주체는 사유가 아니라 몸이라는 것을 전제해야 한다는 걸 강조하고 싶습니다. 따라서 사유하는 존재로서의 인간보다 직접 몸감각으로 행동하는 존재로서의 인간으로 살아가야 된다는 걸 우선시하고 싶고요. 물론 이런 주장을 하는 이유는, 타자와의 관계를 고려하고자 한다면 이성 중심의 이성과 감정감성의 이원화로는 일상적 삶의 준거를 제시하기 어렵다고 판단했기 때문입니다.

데카르트 감각하고 행동하는 주체라…… 애매하군요. 하지만 완전한 사유란 반성하는 데 그 힘이 있는 것이니, 사유에게는 완전한 타자인 감각을 감각 그 자체로 인정해야 하는 건 아닐까 고민은 해봐야겠네요. 그렇지만 다른 한편 감각은 원천적으로 정신과 달리 단 하나의 진리를 갖기 어려운데 각자의 몸을 가진 인간들이 어떻게 소통할지 의문이 드네요.

메를로-퐁티 예, 그 문제는 또 한참 이야기해야 하는데 벌써 동이 트는군요. 이 문제는 다음 기회로 미루기로 하죠. 어쨌든 분명한 건, 수환 군이 자기만의 사유 또는 가상세계에만 너무 빠져 있지 말고 스스로 구체적인 삶의 현장에서 타자와 더불어 살아가며, 자신도 타자도 모두 자유로울 수 있는 길을 반성적으로 찾아나가야 한다는 겁니다. 그 점만큼은 데 박사님도 동의해주실 걸로 아는데요. 안 그렇습니까, 데 박사님?

데카르트 아, 그럼요. 그렇고말고요. 제 말이 그 말입니다. 독자적이면서도 자율적으로! 수환 군, 알겠나?

수환 하하! 어렵네요. 그렇지만 두 분의 말씀을 듣다 보니 제가 제대로 이해했는지는 모르지만요, 때로는 특히 불합리하거나 부당한 사태를 만났을 땐 물러서지 않고 독립적이고 자율적인 나 홀로 주체가 되어야겠지만, 그렇다고 독단에 빠져선 안 되겠다는 생각이 드네요. 맞나요?

메를로-퐁티, 데카르트 아, 뭐 우선은 그 정도면 됐지 싶네만……

메를로-퐁티 무엇보다 근본적으로는 구체적인 삶을 살아가는 몸주체로서 세계를 향하여 세계와 상호관계를 맺으며 행동하고 새로운 가치를 만들어나가야 한다는 걸 잊지 말게나.

수환 아, 네. 열심히 살게요. 두 분 선생님 정말 감사드립니다. 그런데 어쩌죠! 동은 트고 알람은 울리는데 이제야 잠이 쏟아지니…… 앗! 그런데 이게 꿈인가 생신가? 아하품!

더
읽어야 할 자료

책

■ 모리스 메를로-퐁티, 박현모 외 옮김, 《휴머니즘과 폭력 – 공산주의 문제에 대한 에세이》, 문학과지성사, 2004.

폭력은 좋은 것인가, 폭력은 피할 수 없는 것인가, 폭력을 피할 수 없다면 어떻게 사용해야 하는가에 대한 답변이다. 직접적으로는 스탈린이 자행한 혁명가들의 숙청이 과연 옳은 것인가에 대한 답변이라 할 수 있다. 스탈린을 옹호하는 책으로 보일 수도 있으나, 상대를 배려하는 윤리적 입장이 전제될 때 야만적인 또는 일방적인 폭력을 피할 수 있음을 말해준다.

■ 모리스 메를로-퐁티, 류의근 옮김, 《지각의 현상학》, 문학과지성사, 2002

이 책은 현대 철학의 고전으로, 신체의 자기 체험과 그 구조를 기술한 명저이다. 의식 일변도로 흘러가던 서양 철학의 눈길을 신체로 되돌려 놓는 신기원을 이룩한 책으로 평가 받는다. 후설의 선험적 의식으로부터 신체에로 이행하는 것이 메를로-퐁티의 출발점으로, 의식의 삶에서 신체의 삶으로의 전회는 메를로-퐁티의 현상학을 사르트르 및 하이데거의 현상학과 구별 짓는다. 퐁티는 이 책에서 전통 철학의 도식과 접근, 범주와 개념을 현상학적으로 비판해나간다.

■ 조광제, 《몸의 세계, 세계의 몸 – 메를로-퐁티의 "지각의 현상학"에 대한 강해》, 이학사, 2004.

경험주의와 지성주의 간의 논쟁을 뛰어넘어 몸과 세계가, 주체성과 객관성이 근원적으로 점착되어 있는 '현상의 장'을 토대로 삶의 의미를 탐구한 메를로-퐁티의 《지각의 현상학》을 새롭게 해석, 정리한 책. 영화나 생활의 사례 등을 들어가면서 이해하기 까다로운 원전의 대목들, 몸 현상학의 핵심 내용을 쉽게 파악할 수 있도록 돕는다.

■ 진중권, 《놀이와 예술 그리고 상상력》, 휴머니스트, 2005.

주사위, 체스, 카드 등의 게임과 인형놀이, 불꽃놀이 등 20가지 놀이를 통해 상상력과 창의력을 기를 수 있는 방법을 알려주는 책. 21세기에는 아는 것만으로는 더 이상 힘이 되기에 부족하며, 상상력을 통해 패러다임의 변화를 모색해야 함을 이야기하고 있다.

■ 한나 아렌트, 이진우 외 옮김, 《인간의 조건》, 한길사, 1996.

유대인으로서 근대적 근본악을 온몸으로 경험한 지은이가 세계에 관해 단순히 관조하고 성찰하는 형이상학적 전통을 넘어서 인간답게 살아갈 수 있는 실천철학적 방향 노동, 제작, 행위 을 제시한 책이다.

동영상

■ 파울 첼란, 〈죽음의 푸가 Todestuge〉, http://kr.youtube.com/watch?v=wZR_JaxnosY&feature=related.

전체주의가 가장 극명하게 드러났던 홀로코스트의 참상과 함께 루마니아 태생의 유대시인 파울 첼란의 시 〈죽음의 푸가〉가 낭송되는 유튜브 동영상. 홀로코스트 현장을 쉼표와 마침표 하나 없이 써내려간 이 시를 듣고 있노라면 저절로 숨이 차오른다.

■ 존 케이지, 〈4분 33초〉, http://kr.youtube.com/watch?v=HypmW4Yd7SY&eurl=http://blog.naver.com/PostView.nhn?blogId=intuitio&logNo=90018250312&from=search.

아방가르드 작곡가 존 케이지가 작곡한 피아노를 위한 작품. 연주 시간 4분 33초 내내 아무 연주도 하지 않는 음악 작품으로, 1952년 8월 29일 뉴욕 주 우드스탁에서 데이비드 튜더 David Tudor가 초연했다. 연주자와 청중이 소리 죽이고 있어도 우연적인 소리는 있음을 보여주는 이 작품은 음악의 정의에 대한 도전으로 여겨지고 있다.

8
덕

다시 인간으로 돌아가는 길을 묻다

오지석 (루터대학교 강사)

생각 속으로 | 우리는 어떤 사람이 되어야 하는 걸까?
고전 속으로 | 제러미 벤담과 알래스데어 매킨타이어
역사와 현실 속으로 | 도덕 재무장 운동, 나치의 준법과 히틀러의 연설
가상토론 | 20세기 윤리학은 진정 윤리적일까?

 생각 속으로

우리는 어떤 사람이 되어야 하는 걸까?

선도 없고 악도 없다?

책을 잘 읽지 않는 사람도 《천일야화》 혹은 《아라비안나이트》란 제목은 들어보았을 것이다. 아버지를 살리기 위해 왕과 결혼한 세헤라자데라는 여인이 매일 밤 왕에게 재미있는 이야기를 들려주어 자신을 죽이지 못하게 했다는 내용의 《아라비안나이트》는 전 세계적으로 읽히는 고전이 되었다. 그러나 이 책이 세계적으로 유명한 고전이 되는 데 지대한 공언을 한 빅토리아 시대 영국의 모험가 리처드 버턴 Richard F. Burton을 아는 사람은 드물다.

버턴은 39개 언어를 거의 완벽하게 습득했고, 세계의 수많은 지역을 여행했으며, 수많은 언어로 된 작품들을 번역한 모험가이자 번역가였다. 다양한 문화와 전통, 언어를 습득하고 평생토록 이러한 경험을 즐기며 살았던 그는 한 작품에서 자신의 경험을 토로하듯 이렇게 말했다고 한다.

"선도 없고 악도 없다. 이것들은 인간 의지의 변덕에 지나지 않을 것이다."

리처드 버턴의 이력만큼이나 상대주의의 시각을 잘 보여주는 것도 없을 것이다. 선이든 악이든 절대적인 것, 영원한 것은 없으며 모두가 상대적이란 말이다.

20세기에 들어서면서 윤리학과 도덕철학을 뒤흔든 것은 바로 이러한 윤리적·문화적 상대주의였다. 영원하고 절대적인 가치와 윤리는 존재하지 않으며, 사회마다 서로 다른 도덕과 가치가 존재할 뿐이다. 더 나아가 도덕과 윤리는 사회적으로 승인받은 관습에 붙여진 편리한 명칭에 불과하다고 주장했던 것이 윤리적 상대주의이다. 문화가 다르면 도덕규범도 다르며, 절대적이고 보편타당한 규범이나 가치관은 없다는 뜻이다.

다시 말해 한 사회에서 적용되는 행위의 규범이 다른 사회에서는 적용될 수 없는 것이다. 윤리적 상대주의에서 '옳다'는 것은 내가 속한 사회가 인정하는 것이고, '그르다'는 것은 내가 속한 사회가 인정하지 않는 것일 뿐이다. 이러한 생각을 그대로 표현한 것이 바로 버턴의 말처럼 "선도 없고 악도 없으며, 다만 인간의 변덕이 있을 뿐"인 것이다. 즉 모든 인간 사회에 통용될 수 있는 윤리와 규범이 존재한다는 윤리적 절대주의 또는 보편주의와 정반대되는 입장인 것이다.

본래 윤리적 상대주의는 서로 다른 욕구와 가치 들이 대립할 때, 그러한 갈등을 해결할 수 있는 하나의 공통된 평가 척도를 찾기 어렵다는 데서 등장한 것이다. 특히 오늘날과 같은 다문화 시대에 윤리적 상대주의는 자신과 다른 생활방식에 대한 관용과 관련하여 꽤나 매력적으로 들릴 수 있다. 그래서 윤리적 상대주의는 서로 다른 가치와 도덕을 가진 사회에 대해 자기중심적·폐쇄적·독선적 태도가 아니라, 그들의 가치를 인정하고 이해하고 관용을 보이는 개방적인 태도로 나아가게 하는 장점이 있다.

그러나 어떤 이들은 윤리적 상대주의가 문화적 차이에 관한 사실로부터 도덕의 지위에 관한 결론을 이끌어내는 자연주의적 오류를 범하고 있다고 지적한다. 게다가 상대주의를 받아들이면 다른 사회의 규범을 비판하지 못

우리는 나를 들여다보는 도덕적 거울에 성인군자로 비치는 것까지는 바라지 않고, 그저 괴물로 비쳐지지 않기만을 바란다. 괴물로 보이지 않으려면 최소한 어떻게 살아야 하는가라는 고민은 "나는 왜 도덕적이어야 하는가"라는 윤리학의 궁극적 물음이다.

할 뿐 아니라 우리 자신의 규범을 비판하는 일마저 금지되며, 나아가 인간이 도덕적으로 진보할 수 있다는 생각이 의심받게 된다고 비판한다. 또 각 문화권의 외형적 차이를 심층적으로 들여다보면, 겉으로 보이는 것만큼 차이가 큰 것은 아니라고 반박하기도 한다.

윤리적 상대주의는 오늘날 그렇게 환영받는 입장은 아니다. 그러나 사이먼 블랙번Simon Blackburn의 말처럼, 근대 서구의 가치와 윤리는 보편이고 그 이외의 문화와 윤리는 특수하거나 계몽되어야 할 것으로 간주하는 제국주의적 시각에 경종을 울리는 윤리적 상대주의의 의미는 결코 작다고 할 수 없다. 하지만 윤리적 상대주의가 윤리적 딜레마를 초래한다는 것은 분명하다. 이에 대한 현대의 반향은 크게 두 가지로 나눌 수 있다. 그 중 하나가 규범윤리학 전통이라면 다른 하나는 '덕 윤리'의 부활이다. 우리는 이 글에서 공리주의와 덕 윤리를 통해 이러한 논점을 생각해 볼 것이다.

다수가 행복하다면 왕따도 괜찮은가

일반적으로 규범윤리는 옳음right에 대한 이론과 선 또는 좋음good에 대한 이론으로 나뉜다. 여기서 살펴볼 공리주의는 후자에 속하는 입장으로서, 영국 도덕철학 또는 윤리학의 진수라고 할 수 있다. 우리에게 잘 알려진 제러미 벤담Jeremy Bentham 이전에도 프랜시스 허치슨Francis Hutcheson과 같은 영국 철학자들에게서 이러한 입장을 발견할 수 있지만, "최대 다수의 최대 행복"이라는 슬로건을 통해 공리주의를 가장 명료하게 형식화하고 가장 강력하게 주장한 이는 제러미 벤담이다. 그래서 제러미 벤담이 공리주의의 기반을 다졌다고 평가받는다.

그는 인간을 "고통과 쾌락이라는 두 주권자의 지배하에 있는 존재"라고 보았다. 또 행복을 추구하는 것이 인생의 목적이고, 그 행복은 고통을 피하고 쾌락을 얻는 데 있다고 믿었다. 그리고 그러한 쾌락의 원칙을 따르는 것이야말로 도덕적으로 '옳은 행위'라고 말했다. 즉 쾌락을 증진하고 고통을 피함으로써 얻게 되는 유용성을 공리와 동일시했다. 공리주의에 대한 도전은 여기서부터 시작된다. 도대체 "무엇에 유용한가"라는 물음에 답변하는 것이 벤담 이후 공리주의를 주장하는 이들의 최대 고민이라고 할 수 있다.

공리주의는 '최대 다수의 최대 행복은 선 또는 좋은 것'이라는 정식에 따라 가치를 논한다. 또 공리주의는 행위를 평가하기 위해 행위의 결과나 효용성을 중요하게 여긴다. 결과주의 입장에서는 그릇된 것, 의무를 다하지 않는 것, 부당한 것, 다른 사람의 권리를 침해하는 것으로 여겨지는 행위를 하더라도 결과가 좋고 선하다면 무마되거나 정당화될 수 있다고 보는 것이다.

오늘날 우리는 현실의 많은 부분에서 공공의 행복 또는 이익이라는 이름으로 일어나는 많은 사건들을 목격한다. 그런데 그러한 일들이 다른 이들의 권리를 제한하거나 유린함으로써 실행할 수 있다면 어떠할까? 우리는 과연 그것에 찬성해야 할까? 우리가 공리주의자라면 '찬성'이라고 답할 것이다. 공리주의자에게 행복은 종종 도서관, 병원, 학교, 훌륭한 하수시설과 같이 '공익'의 형태를 띠기 때문이다. 공리주의자들은 개인의 주관적이며 사적인 행복은 측정할 수 없지만, 공공시설과 그것 때문에 생기는 행복은 어느 정도 측정할 수 있다고 생각한다.

공리주의가 설득력과 힘을 갖게 되는 것은 개개인의 문제에서보다 공공정책이라는 주제에서이다. 공리주의는 공공정책 입안자들의 지침으로 제안된 것이다. 벤담은 《도덕과 입법 원리 서설Introduction to the Principles of Morals and Legislation》이라는 책에서 공리주의를 설파했다. 제목에서도 알 수 있듯이, 이 책은 주로 입법자, 재판관 그리고 공공정책 입안자들을 독자로 상정한다. 달리 말하자면 개개인으로서 "나는 어떻게 살아야 할 것인가"라는 물음보다는 사회 전체의 입장에서 "우리는 집단적으로 무엇을 해야 할 것인가"라는 물음에서 출발하는 것이 공리주의이다.

공리주의자들은 개인적인 선택이 아닌 공공을 위한 기준이라는 측면에서 보아야만 유용성의 원리 또는 공리의 원리에 대한 여러 가지 비판에서 벗어날 수 있다고 생각한다. 이러한 사고는 공리주의적 계산이 사람들의 권리를 침해하거나 제한할 수 있다는 요구에 동의할 수 있도록 한다. 그리고 이러한 요구가 자신에게 적용된다고 할지라도 일반적인 정책을 만들어야 하는 정부 또는 공공기관에서 이와 같은 일은 드물고 극단적인 경우이기 때문에 일일이 대응하지 않아도 될 것이라고 판단하도록 이끌어갈 수 있다.

우리가 공리주의에 대해 생각할 것은 공리주의가 개개인의 도덕에 초점을 맞추기보다는 사회 운영 원리의 하나로서 등장한 것이기 때문에 개인의 이익과 공공의 이익, 사회 집단들 사이의 이해관계가 충돌할 때 현실적으로 최선의 대안을 찾는 데 매우 강력한 힘을 발휘할 수 있다는 사실이다. 그러나 이러한 공리주의의 맹점은 "최대 다수의 최대 행복은 옳은 것이자 선"이라고 말한다는 데에 있다. 왜냐하면 다수가 원하는 것이 언제나 선이 아닐 수 있고, 심지어 소수에게 커다란 희생을 초래할 수 있기 때문이다.

어떤 사람이 될 것인가, 이것이 문제로다

　계몽시대 이후 1980년까지 서구 윤리학은 "내가 무엇을 해야 하는가"라는 물음에 답을 찾으려는 노력을 경주해왔다. 그런데 규범윤리학의 전통을 따르는 사람들은 "우리는 어떠한 규범에 따라 행동하고 판단할 것인가"라는 물음에만 골몰하지, "나는 어떠한 사람이 되어야 하는가"라는 물음은 제기하지 않는다. 이러한 흐름에 반대하며 사람의 성품에 관심을 가져야 한다고 외친 이가 철학자이자 윤리학자인 알래스데어 매킨타이어Alasdair MacIntyre이다.

　그는 1981년 《덕의 상실After Virtue》을 발표하면서 '덕 윤리'의 부활을 강력하게 주장했다. 이 책은 "나는 어떠한 성품을 형성하면서 살아야 하는가"라는 문제가 윤리학의 무대에 다시 등장했음을 공표하는 것이었다. 매킨타이어 같은 이들은 지금까지 지배적 윤리 이론이었던 공리주의와 칸트로 대표되는 의무론에 싫증을 내고, 기억 저편에 있던 '덕 윤리'의 전통을 다시 끄집어냈다.

덕 윤리학이 등장하기 이전 윤리이론에 대한 관심은 크게 다음 두 가지로 전개되어왔다. 첫째, 윤리이론은 규범윤리 가운데 왕의 자리를 다투는 공리주의와 의무론의 싸움에 초점을 맞추는 경향이 있었다. 둘째, 이론적인 천착을 완전히 포기하는 경우가 흔히 있었다. 이와 같은 이론들에서는 인간의 성품에 대한 고찰을 살펴볼 수 없다. '덕'이라는 말이 시대에 뒤떨어지고 봉건적 냄새가 난다고 느끼는 사람들도 있겠지만, 개인의 성품에 대한 문제들은 전통 윤리학 연구에서 중심적 지위를 점하고 있었다.

그렇다면 최근 논의가 불붙은 덕 윤리는 어디에서 비롯된 것일까? 거슬러 올라가보면 덕 윤리는 아리스토텔레스로부터 비롯되었다. 우리가 아리스토텔레스를 다시 주목하는 이유는 그의 윤리학에서 행위 중심보다는 행위자를 강조하기 때문이다. 달리 말하면 우리가 어떤 사람이 되어야 하며, 어떤 삶을 살아야 하는지를 묻기 때문이다.

근대 이후 도덕 이론은 판단, 동기, 관심, 헌신 등의 중요성을 간과함으로써 덕을 경시하는 입장을 취해왔다. 공리주의자들과 칸트주의자들은 덕을 단지 규칙과 원칙의 준수 정도로만 생각했으며, 덕이야말로 윤리적 결정을 내리게 하고 규칙과 원칙의 실행을 가능케 하는 것임을 이해하지 못했다. 덕 윤리가 호소력을 가지는 것은 그것이 도덕적 동기에 대해 자연스럽고도 매력적인 설명을 할 수 있기 때문이다.

우리는 오로지 추상적 의무나 "옳은 것을 하고자" 하는 욕구 또는 동기에 의해서만 행동하는 사람들의 공동체에서 살기를 원하지 않고, 그러한 사람이 되길 원하지도 않는다. 그래서 의무를 강조하는 윤리보다 우정이나 사랑, 충실함 같은 개인적 자질을 강조하는 덕 이론이 필요한 것이다. 그리고 덕 윤리는 근대 도덕철학의 주요 주제인 공정성을 의심한다. 즉 모든 사람이 도덕적으로 동등하며, 무엇을 해야 할지 결정할 때 모두의 이익을 똑같이 중요하게 다루어야 한다는 이념을 의심한다는 것이다. 왜냐하면 공정성을 강조하는 모든 도덕 이론은 가족과 친구에 대한 사랑을 설명할 때 어려움을 겪는다. 하지만 덕 윤리는 이 점을 쉽게 설명한다.

덕 윤리는 행위자 중심의 윤리이다. 덕 윤리를 주창하는 이들은 행위를 규정하는 규칙 체계보다는 유덕한 자가 되기 위해 먼저 성품을 함양해야 한다고 생각한다. 의무론적 윤리 이론이 의무, 금지 그리고 도덕과 무관한 사항을 말하는 것과 달리, 덕 윤리는 인간다움과 덕성 함양을 도덕의 본질로 설명한다. 그래서 행위자의 성품, 태도, 인격 등에 관심을 가진다. 그리하여 덕 윤리는 "내가 무엇을 어떻게 해야 하는가"를 묻기보다 "나는 어떤 사람이 되어야 하는가"를 묻는다. 이런 문제의식의 배경에 있는 것이 바로 공동체이다. 행위자의 인격은 공동체와 전통 안에서 이해되는 것이기 때문이다. 개인의 성품은 독자적으로 형성되는 것이 아니라 공동체의 영향을 받으며 공동체의 전통과 가치를 반영한다는 것이다.

하지만 덕 윤리 이론을 그 자체로 하나의 완전한 이론이라기보다는 총체적인 윤리 이론의 한 부분으로 이해할 수 있다. 우리는 이런 이해를 바탕으로 옳은 행위와 덕스러운 성품이라는 개념을 어떻게 조화시킬 수 있을까를 고민해야 할 것이다. 그리고 덕 윤리를 옹호하는 이들은 덕 윤리가 과연 독립적인 윤리 이론이 될 수 있는가? 다양한 덕들 사이에서 하나의 핵심적인 덕을 제시할 수 있는가? 그리고 이 이론이 현대 사회에 어떻게 적용될 수 있는지, 적용될 수 있는 공동체는 어떤 형태인지에 대해 의미 있는 대답을 해야 한다.

도덕은 인간을 위해 만들어진 것이다

우리는 늘 어떻게 살아야 할 것인지 결정해야 하는 상황과 맞닥뜨리며 살아간다. 다시 말해 매일매일 끊임없이 도덕적 결정을 내리며 살아가는 것이다. 우리에게 실제로 성가신 것은 어떤 거대 담론에서 발생하는 일들이 아니라 개인적으로 처리해야 하는 자질구레하면서도 다양한 윤리적 문제들이다. 우리는 우리 자신과 삶에 대해 의문을 제기하는 상황에 둘러싸여 있다. 그래서인지 몰라도 우리는 도덕을 귀찮은 것, 힘든 것으로 여긴다.

도덕이라는 말은 왠지 모르게 진부하고 고리타분한 느낌뿐만 아니라 심지어 짜증이 나기도 한다. 때로는 거부감이 일고, 때로는 반발심이 일어나기도 한다. 그래서 우리는 누군가가 나에게 무엇을 하라고 하면, 그 말을 듣기 싫어한다. 우리는 그저 삶을 즐기고 싶을 뿐이다. 그것도 떳떳한 마음으로 즐기길 원한다. 또한 이런 상태를 깨뜨리는 사람들이나 이론을 불편하게 여긴다. 우리는 사이먼 블랙번Simon Blackburn이 이야기한 것처럼 자신을 들여다보는 도덕적 거울에 성인군자로 비쳐지는 것까지는 바라지 않고, 그저 괴물로 비쳐지지 않기만을 바란다.

괴물로 보이지 않으려면 최소한 어떻게 살아야 하는가라는 고민은 "나는 왜 도덕적이어야 하는가"라는 윤리학의 궁극적 물음이다. 여기에 대해 윤리학자들은 몇 가지 답을 제시한다. 그 가운데 가장 흔한 것은 사회적 이유 또는 페어플레이 논증이다. 이것은 운동 경기에서 페어플레이를 위한 규칙이 필요하듯, 인간에게는 도덕이 필요하다는 주장이다. 인간은 사회적 존재이므로 정글의 법칙이 지배하는 현실에서 사회와 공동체를 유지하기 위해서는 최소한의 규칙은 지켜야 한다고 주장한다. 또 다른 이유는 도덕적 보상이다. 인간이 선을 행하면 어떤 방식으로든 보상을 받게 마련이며, 자신의 행동에 대해 평가받는다는 생각이다.

그런데 이러한 물음에 답한다는 것은 우리 스스로가 어떤 인간이 되고자 결단할 때 그렇게 결단하는 이유를 묻는 것이라고 바꾸어 말할 수 있다. 다시 말해 우리는 자기의 궁극적인 규범적 결단에 대해 반드시 스스로 책임을 져야 한다는 것이다. 우리는 각자 자기 나름의 생활방식을 규정하는 기본 원리를 따르기로 할 때, 자신을 일정한 방식으로 규정하는 선택을 한다. 그런 면에서 보면 도덕 원리를 따르려는 결단은 이성의 문제가 아니라 의지의 문제이기도 하다. 이성은 결단의 성격을 분명하게 해주고, 우리가 선택해야 할 여러 가지 대안을 충분히 이해할 수 있게 도와준다.

그러나 이성 자체는 우리에게 어떤 선택을 할 것인지를 말해줄 수 없다. 우리 자신을 규정해야 할 책임을 피할 수 있는 방법은 없다. 우리를 늘 따라다니는 물음, "나는 누구인가"에 대해서 우리는 각자의 방식대로 답을 해야 하는 책임이 있는 것이다. 우리는 각자 살아가면서 도덕 원리나 다른 어떤 원리를 실현할 것인가, 또 실현한다면 내가 가진 능력 내에서 어느 정도까지 할 것인가를 결정함으로써 그 물음에 답한다.

우리가 각자 자신의 선택을 이해하고 인정하며 그것이 자신의 선택이라는 사실을 회피하려 들지 않는다면, 그것은 이성의 명령에 어긋난 선택이라고 할 수 없을 것이다. 이것은 우리 스스로 어떤 종류의 인간이 되기로 결정한다는 것이다. 다원주의, 다문화 사회에서 살아가며 우리는, 나는 어떤 인간인가를 묻고 그 답을 찾으려는 노력을 게을리 하지 않아야 한다. 그때 거울에 비친 우리 모습은 최소한 괴물은 아닐 것이다.

고전 속으로

제러미 벤담과 알래스데어 매킨타이어

제러미 벤담 Jeremy Bentham (1748~1832)

벤담은 《도덕과 입법 원리 서설 Introduction to the Principles of Morals and Legis-lation》 (1789)을 저술하면서 규범윤리학의 한 축인 공리주의 utilitarianism와 한계효용학파의 창시자가 되었다. 또 변호사, 법학자, 철학자, 영국 내 진보 지식인들의 대부로도 활동했다. 그는 영국 사회를 합리적인 사회로 만들려고 노력했다. 특히 귀족의 특권에 기초한 제도들은 인간에게 행복보다는 불행을 안겨줄 뿐이라 생각했고, 범죄의 처벌에서도 전통과 어림짐작에서 벗어나 이성의 명령을 따를 때 시민들의 행복이 증진될 것이라고 힘주어 말했다. 그래서 1780년대 후반에 《파놉티콘 - 혹은 교도소 Panopticon: or The Inspection House》를 저술하고 실제로 그것의 건설을 시도하기도 했다.

그는 보편·평등선거와 의회의 정기화 등을 역설했고, 동성애자 처벌을 반대했으며, 가난 구제와 동물 해방을 주장했다. 사후에는 의과대학 해부실습용으로 자신의 몸을 기증했고, 유리관에 담아 런던 대학에 전시하게 했다.

제러미 벤담, 이성근 옮김, 《도덕과 입법 원리 서설》, 대양출판사, 1970.

자연은 인류를 고통과 쾌락이라는 두 군주의 지배 아래 두었다. 우리가 무엇을 할 것인지를 결정하는 것은 물론, 우리가 무엇을 해야 할 것인가를 지적하는 것도 오로지 이 두 군주에게 달렸다. 한편 옳고 그름의 기준과 원인과 결과에 대한 사슬이 오직 이들의 옥좌에 매여 있다. 그들_{고통과 쾌락}은 우리가 행하고 말하고 생각하는 것 모두를 지배한다. 이 두 요소의 예속으로부터 벗어나려는 우리의 모든 노력은 오직 이러한 예속을 증명하고 확인하는 데 기여할 뿐이다. 말로는 그 제국을 포기한 척 연기할지 모른다. 그러나 사실상 인간은 항상 이 제국에 예속된 채로 남아 있을 것이다. 유용성의 원리_{principle of utility 공리의 원리}는 이 예속을 인정하고, 그것을 이성과 법률의 손으로 행복의 천을 짜는 것을 목적으로 하는 그 체계의 기초로 가정한다. 이러한 체계를 의문시하는 모든 시도는 느끼는 것 대신에 들리는 것을, 이성이 아닌 순간적 충동을, 빛이 아닌 어둠을 다루는 것에 불과하다. …

　유용성의 원리는 이 책의 기초이다. 그러므로 도입부에 그 말이 무엇을 뜻하는지 명쾌하고 단정적으로 설명하는 것이 적절할 것이다. 유용성의 원리는 이해 당사자의 행복을 증가시키거나 감소시키는 경향에 따라, 다시 말해 행복을 촉진하거나 억누르는 것에 따라 모든 행동을 시인하거나 비난하는 원리를 의미한다. 여기에서 내가 말하는 모든 행동이란 개인의 모든 사적인 행동뿐 아니라 정부의 모든 법령까지도 포함한다.

　유용성이란 어떤 대상 속의 성질로서 그것이 관련된 당사자에게 이익, 편의, 쾌락, 선, 행복을 가져다주고 손해, 고통, 악, 불행이 발생하는 것을 방지하는 경향이 있다는 것을 뜻한다. 여기에서 말하는 행복이란 당사자가 사회 전체일 경우에는 사회의 행복을, 특정한 개인일 경우에는 그 개인의 행복을 가리킨다.

사회의 이익은 도덕 용어들 가운데 가장 일반적인 표현이다. 그러다 보니 이 말의 의미가 종종 불분명해지는 것도 놀라운 일이 아니다. 사회의 이익이란 (…) 사회를 구성하고 있는 구성원 하나하나의 이익의 총계이다.

개인의 이익이 무엇인지 이해하지 못한 채 사회의 이익을 이야기하는 것은 무익하다. 어떤 일이 어떤 개인의 쾌락의 총계를 증대시키는 경향이 있는 경우, 다시 말해 그 개인의 고통의 총계를 감소시키는 경향이 있으면, 그 개인의 이익을 증진한다거나 또는 개인의 이익에 도움이 된다고 한다.

유용성의 원리에 부합하는 행위는, 이를 하지 않으면 안 될 행위이거나 적어도 해서는 안 될 행위는 아니라고 언제든지 분명하게 말할 수 있다. 그것을 하는 것이 옳다거나 적어도 그것을 해야 한다는 사실이 그른 것은 아니라고 말할 수 있으며, 또 그와 같은 행위는 옳은 것이고, 적어도 그른 행위는 아니라는 것이다. 이렇게 해석할 경우 당위나 옳고 그름 그리고 이런 유형에 속하는 다른 단어들이 분명한 의미를 지니게 된다. 만일 달리 해석된다면 그들은 어떤 의미도 지니지 않을 것이다.

동기가 선 또는 악인 것은 오로지 그 결과에 따른 것이다. 즉 그것은 쾌락을 산출하거나 고통을 피하는 경향 때문에 선이며, 고통을 산출하거나 쾌락을 피하는 경향 때문에 악인 것이다.

해설

제러미 벤담의 공리주의를 제일 잘 설명할 수 있는 키워드는 아마도 '쾌락과 고통' 그리고 '유용성의 원리'일 것이다. 이들을 이해하기 위해서는 벤담이 생각하는 인간이란 어떤 존재인지를 살펴볼 필요가 있다. 그에 따르면 인간은 "고통과 쾌락이라는 두 군주의 지배 아래" 놓여 있다. 다시 말해 인간이란 언제나 고통을 회피하고 쾌락을 좇으려는 존재라는 것이다. 그에게, 아니 공리주의 이론에서 쾌락과 고통은 인간 행동의 옳고 그름을 판단하는 기준이 된다. 벤담은 가급적 다수의 쾌락을 극대화하고 고통의 총계를 감소시키는 쪽으로 법이 제정되어야 한다고 생각했다. 이 때문에 공리주의는 쾌락주의적 전통을 이어받은 것이라는 평가를 받는다.

또 벤담은 '일반적인 선'을 '최대 다수의 행복'이라고 본다. 그리고 이 행복을 평가할 수 있는 원리를 유용성의 원리라고 본다. 이러한 유용성의 원리에 주목하기 위해서는 행위의 동기보다는 결과에 관심을 가져야 한다. 공리주의자는 동기보다 결과를 고려한다. 그러다 보니 이들이 윤리학에서 강조하는 것은 행위 주체, 즉 '행위를 한 사람이 어떤 사람인가'가 아니라 '그의 행위가 어떤 것이었나' 하는 것이다. 행위의 결과를 중시하는 이러한 태도는 공리주의를 '결과주의'라고 평가하도록 이끌었다.

알래스데어 매킨타이어 Alasdair MacIntyre (1929~)

영국의 도덕철학자이자 공동체주의자, 이야기 윤리학자. 영국 계몽주의 운동의 진원지인 스코틀랜드 글래스고에서 태어났다. 1949년 런던 대학에서 고전학 학사, 맨체스터 대학에서 고전학으로 석사 학위를 받았다. 매킨타이어의 이름이 본격적으로 알려지기 시작한 것은 자유주의-공동체주의 논쟁에서부터다. 도덕철학과 정치철학뿐 아니라 철학사와 신학 분야에서도 활동하고 있으며, 현재 노터대임 대학 철학과 고등 연구교수로 재직 중이다.

대표 저서로 《덕의 상실After Virtue》(1981), 《윤리의 역사, 도덕의 이론A Short History of Ethics》(1966), 《누구의 정의이고, 어떤 합리성인가?Whose Justice? Which Rationality?》(1988) 등이 있다. 특히 《덕의 상실》는 공동체주의자와 자유주의자 사이에 논쟁을 불러일으켰으며, 덕 윤리학의 부활 또는 재등장의 신호탄이 되었다.

> 알래스데어 매킨타이어, 이진우 옮김, 《덕의 상실》, 문예출판사, 1996.

18세기 도덕 철학자들은 필연적으로 실패할 수밖에 없는 기획에 매달렸다. 왜냐하면 한편으로 그들은 일련의 도덕명령을 물려받았으며, 다른 한편으로는 인간 본성에 대한 개별적 이해 속에서 도덕적 신념의 합리적 토대를 찾으려하였기 때문이기도 하지만 그들이 물려받고 있는 일련의 도덕적 명령과 인간본성의 개념은 분명 서로 어긋날 수밖에 없도록 고안되어 있었다. 이러한 불일치는 인간본성에 관한 그들의 새로운 신념에 의해서도 제거되지 않았다. 이들은 한때 정합적이었던 사유와 행위의 도식 가운데서 비정합적인 단편들만 상속받았다. 자신들이 처해 있는 독특한 역사적 문화적 상황을 인식하지 못했기 때문에, 그들은 스스로 약속한 과제가 불가능하고 실행할 수 없는 성격을 가졌음을 인식할 수 없었다. 그런 일련의 도덕규범을 계승하고 다른 한편으로는 그것과 모순되게 되어 있는 인간에 대한 이해를 계승하여, 인간 본성에 대한 자신들의 도덕적 신념에 대한 합리적 근거를 찾으려 했기 때문이다. (…) 그들은 예전에는 일관된 사고와 행위체계였던 것을 따로따로 모순되게 계승했으며, 그래서 자신들의 독특한 역사적·문화적 상황을 인식하지 못해서 자신들이 정한 과업이 불가능하고도 비현실적이라는 점을 깨닫지 못했기 때문이다.

왜냐하면 인간에게 좋은 것은 최선을 다해 사는 완전한 삶인데, 덕의 실천은 그런 삶의 필수적이고도 핵심적인 부분이며, 단지 그런 삶을 성취하기 위한 예비적인 연습이 아니다. 따라서 덕에 대해 먼저 언급하지 않고서는 인간에게 좋은 것을 제대로 논할 수가 없다.

나는 실천이라는 개념을 사회적으로 형성된 협동적인 인간 활동의 모든 정합적이고 복합적인 형식에 적용하려고 한다. 활동의 형식은 그것에 내재하는 선들을 갖고 있는데, 그 선들은 활동 형식에 적합하고 또 부분적으로 활동 형식에 의해서 정의되는 탁월성의 기준을 성취하려는 과정에서 실현된다. 그리고 이 선의 실현은 탁월성을 성취할 수 있는 인간의 힘과 관련된 목적과 선들에 관한 인간의 관념이 체계적으로 확장되는 결과를 수반한다.

덕은 하나의 습득한 인간의 성질로서, 그것의 소유나 실천이 우리로 하여

금 어떤 실천에 내재하고 있는 선들을 성취할 수 있도록 해주며, 또 그것의 결여는 결과적으로 그러한 선들의 성취를 방해하는 그러한 성질이다.

우리의 삶은 그 스스로를 우리의 미래로 향해 나아가게 하는 일정한 형식을 지닌다. (…) 우리 개개인의 삶의 이야기가 계속해서 이해될 수 있으려면―그 가운데 어떤 것은 이해되지 않게 될 수도 있다―그 이야기가 어떻게 계속될 수 있는지에 대한 제약이 있어야 하며, 또한 그런 제약 속에서 이야기가 계속될 수 있는 무수히 많은 방법이 있어야 한다.

따라서 덕이란 우리가 해악이나 위험과 유혹 그리고 우리가 맞부딪치게 되는 불화 등을 극복할 수 있게 함으로써 실천을 유지하고 우리가 실천에 내재적인 선을 성취할 수 있게 할 뿐만 아니라, 이와 연관된 선을 추구하도록 우리를 유지해줄 수 있는, 그리고 증대된 자아 인식과 증대된 선의 인식을 우리에게 제공할 수 있는 기질로서 이해되는 것이다.

덕이란, 실천에 내재적인 다양한 선이 성취되려면 필연적인 그것 간의 관계를 유지함에 그리고 개인이 그의 전체적인 삶의 선으로서 그의 삶을 찾는 개인적 삶의 형식을 유지함에서뿐만 아니라, 필연적인 역사적 목적을 지닌 실행과 개인적 삶을 제공하는 전통을 유지함에 그것의 목적을 발견하는 것이다.

공동의 기획으로서의 정치적 공동체에 관한 개념은 오늘날의 자유주의적·개인주의적 세계에는 낯선 것이다. 그러나 우리는 전체의 삶과 관련된―아리스토텔레스가 말하는 것처럼 폴리스는 이런저런 특정한 선과 관련된 것이 아니라 인간 선 자체와 관련되어 있다―공동체의 형식에 관해 어떠한 개념도 갖고 있지 않다. 우애관계가 사적 영역으로 추방되어 그것이 한때 가졌던 성격과 비교해볼 때, 약화되었다는 사실은 그리 놀라운 일이 아니다.

해설

알래스데어 매킨타이어는 《덕의 상실》에서 덕 윤리를 전개한다. 그의 덕 윤리를 이해하는 키워드는 실천, 삶의 이야기, 전통이라고 할 수 있다.

매킨타이어는 현대 윤리학 위기의 원인을 계몽주의 윤리학의 한계와 '이모티비즘emotivism'의 등장에서 찾았다. 그는 아리스토텔레스의 덕 개념을 재해석함으로써 제3의 윤리학이 가능하다고 생각했다. 달리 말해 매킨타이어가 아리스토텔레스에게서 답을 찾은 것은 그가 덕을 인간 삶의 근본으로 자리매김했기 때문이다.

개인의 행복은 각종 개별적인 실천에서 얻는 다양한 선을 초월하여 인생 전체의 궁극적인 목적telos의 관점에서 인식된다. 이때 '전통'은 각종 '실천'을 조정하며 하나의 제도로서 세대에서 세대로 이어진다. 자아는 전통에 의해서 형성된 이야기 속에 드러난다. 이리하여 덕은 관행과 그에 수반하는 내재적 선을 지속시킬 뿐만 아니라 공동체를 배경으로 통일성을 가진 행복한 삶을 추구할 수 있게 한다. 그뿐 아니라 덕은 개인적 삶을 초월해 공동체 안에서 제도를 개선하고 실천을 권장하는 방식으로 전통을 계승, 발전시키는 적극적인 역할도 담당한다.

매킨타이어가 실천, 인간의 삶, 전통이라는 상호 관련된 개념들을 중요하게 여기는 데서 우리는 적어도 그가 공동체주의자임을 알 수 있다.

역사와 현실 속으로

도덕 재무장 운동,
나치의 준법과 히틀러의 연설

'도덕 재무장'으로 도덕의 위기를 극복할 수 있을까

중국에 '도덕 재무장 운동'이라고 할 수 있는 '사회주의 영욕관' 교육·학습·선전 바람이 거세게 불고 있다. 이 바람은 중국 구석구석까지 미치지 않는 곳이 없을 것 같은 기세다.

후진타오胡錦濤 국가주석이 4일 중국인민정치협상회의(정협) 전국위원회 회의 때 제시한 '여덟 가지 영예와 여덟 가지 치욕八榮八恥'이 핵심 내용. 후 주석은 당시 "우리들의 사회주의 사회에서는 시비, 선악, 미추의 경계가 절대 뒤섞여서는 안 된다"면서 사회주의 도덕규범의 필요성을 제기했다. (…)

그는 이어 간부들과 군중, 특히 청소년들을 잘 이끌어 영욕관을 수립하도록 해야 한다는 점을 강조한 후 '팔영팔치'를 제시했고, 이는 즉각 중국 언론에 대서특필됐다.

후 주석의 영욕관은 각급 학교와 당·정·군, 지역사회, 도·농 할 것 없이 "각계 인민들의 강력한 반응을 불러일으켜 분분히 자발적 행동에 나서고 있다"고 중국 언론은 전하고 있다.

다양한 형태의 포스터와 표어가 등장하고 각계에서는 영욕관의 학습과 실천에 대한 '창의서'가 계속 발표 되고 있다. 특별 교육과 좌담회 소식도 잇따르고 있다. '팔영팔치가'라는 동요가 이미 만들어져 불리고, 인민출판사는 14일 선전화보도 출판했다.

주요 언론매체와 상업성 웹사이트들 역시 특별 페이지를 만들기 시작했다. 22일에는 중앙선전부 주관으로 주류 매체의 뉴스 포털인 인민망, 신화망, CCTV 국제·중청망과 주요 인터넷 매체들이 공동으로 대규모 온라인 좌담회를 개최한다.

영욕관 바람은 17일 당중앙 선전부, 19일에는 당중앙 조직부가 각각 관련 '통지'를 시달함으로써 제대로 힘을 받아 기한 없이 강력하게 추진될 조짐을 보이고 있다. 선전부는 후 주석이 제시한 영욕관을 "사회주의 사상·도덕 건설의 중요한 지도 방침"으로 규정하고 가능한 모든 수단 방법을 동원해 대대적으로 선전·교육하라고 주문했다.

이 통지에 따라 모든 간행물, 라디오, TV, 인터넷 웹사이트 등은 고정란을 만들어 뉴스 보도, 언론 논평, 전문가 평론, 대중 토론 및 공익광고 등 다양한 방법으로 '사회주의 영욕관' 확립 여론 분위기 조성에 나선다. 영욕관에 관한 이론과 문학·영화·드라마 등 문예작품도 쏟아질 것으로 보인다.

— 《세계일보》, 2006. 3. 22.

■

오늘날 각종 언론 매체들은 사회 질서에 대한 도전이나 사회적 일탈이라고 여겨지는 일이 발생하면 으레 도덕의 부재, 가치관의 혼란, 윤리의식 실종, 도덕불감증 등의 말로 앞 다투어 시대를 진단한다. 도덕이라는 것은 보수적 성격을 띠기 쉬운데, 그러한 성격으로 말미암아 역사적 전환기에는 도덕적 갈등이 생기게 마련이다. 이런 갈등은 곧 새로운 도덕에 대한 갈망

1970년 박정희 대통령이 제창한 새마을운동의 깃발. 수구적 가치관을 정통 가치로 여기는 집단들은 변화의 시기를 자신들의 위기로 인식해 대대적인 캠페인과 더불어 정치집단에 압력을 행사하기도 했다.

으로 변한다. 오늘날 사회는 급변하는 다문화 사회, 다원사회이다. 기존의 가치들이 해체되고 다시 길을 묻는 시대이기도 하다.

하지만 수구적 가치관을 정통 가치로 여기는 집단들은 변화의 시기를 자신들의 위기로 인식하여 대대적인 캠페인과 더불어 정치집단에 압력을 행사한다. 우리 사회도 예외가 아니어서 '도덕 재무장 운동'을 역설하며 전방위에 나서는 집단들이 있다. 그들은 식민지 시대의 '수신학修身學'을 마치 우리 사회가 따라야 할 절대불변의 규범처럼 여긴다. 이런 전통은 정권이 바뀔 때마다 '새마을운동', '의식개혁운동', '정의사회구현', '신한국 건설', '제2의 건국운동', '바르게살기운동' 등의 모습으로 등장했다.

윤리학 또는 도덕철학은 '나는 어떤 사람이 되어야 하는가', '나는 어떻게 행동해야 하는가'를 묻고 그에 대한 답을 탐구하는 것이라고 할 수 있다. 그런데 '도덕 재무장 운동'과 같은 접근이 윤리학의 물음에 유효한 답이 될 수 있을지는 미지수다.

법인가, 도덕인가

하나 | 나치 정권 여성국 책임자 게르트루데 숄츠 클란크(Gertrude Scholtz-Klink)의 나치의 유대인 정책에 대한 인터뷰

"우리는 언제나 법을 지켰어요. 당신도 미국에서 그렇게 하지 않습

니까? 비록 당신이 개인적으로는 찬성하지 않는 법이라 해도, 그래도 여전히 지키지 않습니까? 그렇게 하지 않는다면 인생이 대혼란에 빠져 버릴 겁니다."

둘 | 1960년대 하버드 대학 졸업식에서 한 법대생의 연설

"우리나라의 거리들은 혼란에 빠져 있습니다. 대학들은 폭동과 소요를 일삼는 학생들로 가득 차 있습니다. 공산주의자들은 우리나라를 호시탐탐 파괴하려 하고 있습니다. 러시아는 완력을 동원해 우리를 위협하고 있습니다. 그리고 국가는 위험에 처해 있습니다. 그렇습니다! 안으로부터의 위험, 또 외부로부터의 위험. 우리는 법과 질서가 필요합니다. 법과 질서 없이 우리나라는 살아남을 수 없습니다."

긴 박수 소리가 이어졌다. 박수소리가 잦아들자, 그 학생은 청중들에게 조용히 말해주었다.

"지금 말한 것들은 1932년에 아돌프 히틀러가 연설한 것입니다."

이것은 하워드 진Howard Zinn의 《오만한 제국Declaration of Independence》에 나오는 이야기이다. 이 이야기는 법과 도덕성의 관계에 대해 근원적인 물음을 던지게 한다. 아리스토텔레스는 법의 역할이란 우리 자신과 사회의 행복을 위해 우리가 도덕적인 삶을 살도록 도와주는 것이라고 생각했다. 가장 많은 힘을 사용할 수 있는 사람들을 뜻하든, 단순히 다수의 사람들을 의미하든, 강한 사람들의 통제가 항상 보편적인 적용을 요구하는 합리적 도덕성의 대안이 되어왔다. 도덕에 기초한 법의 통제가 없다면 항상 노골적인 권력이 승리할 것이다. 도덕성이 중요한 이유는 단순히 그것이 개인의 행동이나 다른 사람들과 관계 맺는 방식을 주도하기 때문만이 아니라, 적절한 질서를 갖춘 사회를 위해서도 필수적으로 요구되는 기초이기 때문이다.

한국 사회는 '헌정질서 회복', '공권력 회복' 또는 '법과 질서'라는 이름 아래 벌어지는 많은 야만적인 일들을 용인하고 있다. 그럴 수 있는 이유는 정부에 대한 강한 불만이 표출되지 않는 한, '법과 질서' 또는 '법질서 수호'라는 구호가 질서를 우려하는 대다수 시민들에게 호소력을 가지기 때문이다. 이러한 일이 지속적으로 벌어질 때, 과연 법에 복종하는 것이 도덕적으로 올바른 것인가 하는 물음이 생긴다. 이 물음은 다수의 힘에 편승한 규범 준수와 개인의 자율성을 기반으로 한 가치가 충돌하면서 일어나는 갈등이라고 할 수 있다. 우리는 이러한 갈등을 어떻게 풀어낼 수 있을까?

가상토론

20세기 윤리학은 진정 윤리적일까?

20세기를 연구하는 역사학자들은 그 시대를 가리켜 폭력의 시대, 극단의 시대, 전쟁의 시대, 불확실성의 시대라고 한다. 인간을 행복으로 이끌어줄 것이라고 생각했던 이성은 전쟁의 포화 속에서 무너지고, 두 차례의 세계대전과 냉전 시대를 거치며 과연 인류의 미래가 도덕으로 지켜질 수 있을지 회의하게 되었다. 이런 의미에서 "20세기 윤리학, 어떻게 평가해야 하나"라는 주제로 덕 윤리학자 알래스데어 매킨타이어, 공리주의자 제러미 벤담, 종교윤리학자 한스 큉Hans Küng, 사회윤리학자 피터 싱어Peter Singer를 초대해 토론하는 자리를 마련했다.

윤리학은 어떻게 나뉠까

매킨타이어 안녕하세요, 여러 선생님. 오늘 우리가 모여서 논의하고자 하는 주제는 다소 도발적입니다. 바로 20세기 윤리학을 평가해보자는 것입니다. 과연 20세기 윤리학이 진정 윤리적이었다고 할 수 있을까요?

싱어 지난 세기 우리는 윤리학의 온갖 위기를 경험하고, 그 대안을 찾아야 한다고 했던 것으로 기억합니다. 20세기 후반 들어 윤리학에서는 한스 큉 선생님이 주장하시는 세계윤리global ethics, 보편윤리universal ethics, 이야기윤리narrative ethics, 담화윤리discourse ethics 그리고 매킨타이어 선생님이 주도하시는 덕 윤리virtue ethics, 여성주의 윤리feminist ethics, 배려윤리care ethics, 엠마누엘 레비나스Emmanuel Levinas가 주창한 타자의 윤리ethic of the other 등 다양한 이론이 제기되었습니다. 그리고 이론윤리학에서 아직도 진행 중인 도덕실재론moral realism 대 반실재론moral anti-realism 논쟁 그리고 동아시아 고전 윤리학에 대한 관심 등 다양한 세계만큼 그에 걸맞은 윤리를 제시하려는 노력이 계속되고 있는 것 같습니다.

매킨타이어 일단 본격적인 토론에 앞서 누구든 윤리학을 먼저 소개해주시지요.

큉 세계 윤리에 관심이 많은 제가 먼저 하지요. 알다시피 보통 윤리학을 설명할 때 크게 셋으로 나눕니다. 기술윤리학, 규범윤리학, 메타윤리학이 그것이지요.

싱어 그렇죠! 윤리학은 그렇게 셋으로 나누어 볼 수 있습니다. 기술윤리학이란 것을 설명하면 이래요. 이것은 도덕을 경험과학적으로 탐구해서 도덕·현상을 관찰, 서술, 설명하는 것을 주된 과제로 삼지요. 다시 말해 인류학자, 역사학자, 심리학자, 사회학자 등이 행하는 것처럼 역사적이고 과학적인 면에서 도덕 현상을 서술하고 탐구하는 것입니다.

매킨타이어 엄밀히 말하면 기술윤리학은 윤리학 영역에 속하지 않는다고 할 수 있습니다.

싱어 이왕 설명한 김에 계속하겠습니다! 큉 선생님이 말씀하신 규범윤리학과 메타윤리학혹은 분석윤리학은 도덕에 관한 철학적 탐구로서 철학적 윤리학이라고 불리지요. 철학적 윤리학이라는 말은 유럽권에서 '신학적 윤리학'과 구분하기 위해서 사용했다고 합니다.

큉 맞습니다. 윤리학은 이론윤리학, 실천윤리학 혹은 응용윤리학으로 나누기도 합니다. 그리고 실천윤리 분야는 다시 개인윤리와 사회윤리로 나누어지지요.

싱어 그러면 제가 이야기를 이어가겠습니다. 20세기 들어 윤리학계에서는 윤리학 또는 도덕철학이라고 하면 규범윤리학과 메타윤리학 분야로 나누어 설명합니다. 폴 테일러Paul W. Taylor에 따르면, 규범윤리학이란 철학적인 사고를 통해 어떤 도덕적 신념을 가지고 있는가를 기술하거나 설명하는 것이 아니라, 도덕에 대한 신념의 진위를 가려냄으로써 합리적인 사람이라면 누구든지 삶의 지침으로 정당하게 채택할 수 있는 객관적인 표준과 규칙이 있는가라는 물음에 체계적으로 답하려는 시도라고 합니다.

달리 말하면, 규범윤리학은 도덕 현상을 단순히 기술하는 것이 아니라, 도덕의 근본 원리 또는 도덕 판단의 보편적 근거를 문제 삼고, 그것을 정당화하려는 것입니다. 규범윤리학은 순수 규범윤리학과, 실천윤리학을 포함한 응용윤리학으로 나눠 생각할 수 있습니다. 공리주의, 칸트의 윤리설, 덕 윤리 등이 규범윤리학에 속한다면 의료윤리, 생명윤리, 환경윤리, 직업윤리, 성윤리, 기업윤리, 정보통신윤리 등은 응용윤리학에 속한다고 할 수 있지요.

메타윤리학은 윤리학에 관한 학문이라고 할 수 있습니다. 달리 말하면 도덕적 논의의 의미론적·논리적·인식론적 구조를 분명하고도 완전하게 이해하려는 것을 목적으로 하지요. 메타윤리학은 도덕적 용어의 의미와 논리, 도덕적 추리의 방법, 도덕적 인식의 가능성, 도덕적 사실이나 속성의 존재 유무를 탐구하는 것이지요.

매킨타이어　윤리학의 핵심은 한마디로 "어떻게 살아야 하는가"이고, 이런 것을 다루는 게 윤리학이라고 할 수 있겠지요.

20세기 윤리학은 과연 무엇을 했는가

벤담　상당히 복잡하군요! 저는 조금 다르게 말하고 싶습니다. 규범윤리학은 다음과 같은 세 가지 물음에 대한 답을 찾는 것이라고 생각합니다. '나는 어떤 삶을 살아야 하나', '난 어떤 사람이 되어야 할까', '도대체 어떻게 살아야 할까'가 그것입니다.

첫 번째 물음에 '좋은 삶' 또는 '이상적 삶'이라고 답한다면, 이것은 가치와 행복의 문제를 다루는 가치론과 행복론에 해당할 것입니다. 두 번째 물음에 '선한 인간' 또는 '성품이 좋고 덕스러운 사람'이라고 답한다면 이것은 덕윤리학, 즉 아리스토텔레스의 윤리학과 현대의 덕윤리학이라고 할 수 있을 것입니다. 마지막 물음에 '옳은 행위'이기 때문에 마땅히 바르게 살아야 한다고 답한다면 이것은 의무론이라고 하겠지요. 저는 최대 다수의 최대 행복을 도덕적 행위의 기준으로 삼습니다. 그래서 사람들이 저를 공리주의의 창시자라고 부르는 것이지요.

매킨타이어　그러면 이제 피로 얼룩졌던 야만의 20세기를 부끄럽게 돌아보고, 그 시대의 윤리학을 반성적으로 고찰해보도록 하겠습니다. 윤리학이란 태생적으로 실천철학이 아닙니까? 그런 운명을 타고난 만큼 윤리학의 시작은 실천적 기반으로서의 현실에서부터이고요. 윤리학의 이론적 발전은 실천 속에서 그 진가가 검증되어야 합니다. 윤리학에서 이론과 실천의 상관성을 말하는 것이 진부하게 느껴질 것입니다. 하지만 20세기 영미 윤리학을 살펴보면 깜짝 놀라지 않을 수 없습니다.

싱어 그렇습니다! 정말 놀라지 않을 수 없지요. 실천적 문제를 도외시하고 거의 전적으로 이론적 문제에만 관심을 쏟았으니까요. "그저 학문적일 뿐이다 It's only academic"라는 말로 당시의 분위기를 전하는 것도 무리가 아니죠?

매킨타이어 20세기 초반 철학은 다른 개별 과학들에게 자신의 콘텐츠를 과감하게 그리고 통 크게 넘겨주었지요. 그리고 자신의 정체성을 찾기 위해 언어의 의미 분석에 몰입합니다. 이것을

로마 신화에 나오는 정의의 여신 유스티티아(Justitia). 왼손에는 평등의 저울을 오른손에는 이성과 정의의 힘을 상징하는 양날의 칼을 들고 있다. '정의'를 뜻하는 영어 'justice'는 이 이름에서 비롯되었다.

'언어적 전회linguistic turn'라고 하지요. 윤리학은 실천이라는 기반에서 점점 멀어진 채, 윤리학의 중핵이라고 할 수 있는 규범윤리보다는 가치 개념의 논리적 분석이나 도덕적 지식의 가능성 여부를 연구하는 메타윤리학의 세계에서 헤어 나오지 못했지요!

큉 맞습니다. 20세기 초반 도덕철학 논쟁은 주로 무어G. E. Moore처럼 행위의 결과가 그 옳음을 결정한다는 공리주의적 개념에 호소했던 사람들과 의무의 원리가 선이 무엇인지를 결정한다는 칸트주의자 사이에서 벌어졌습니다. 의무론을 주도한 인물은 데이비드 로스David Ross 경입니다. 공리주의결과론와 의무론 간의 치열한 논쟁은 2차 세계대전이 일어나기 전인 1930년대 중반에 엄청난 충격을 받게 되지요. 옳고 그름, 선과 악을 말할 때 기껏해야 우리는 시인과 부인이라는 정서적 상태를 표현하고 있을 뿐, 그

렇지 않을 경우 그런 말은 무의미하다는 것이지요.

싱어 제 기억이 맞다면, 아마 1935년 앨프레드 에이어Alfred J. Ayer가 《언어, 진리, 논리Language, Truth and Logic》에서 분석적 진술수학과 논리학의 진술과 종합적 진술과학, 역사 그리고 일상의 실물에 대한 진술만이 의미 있는 진술이라고 주장했지요. 우리가 관심을 가져야 할 것은 종합적 진술인데, 이것은 '검증 가능성'에 그 의미가 있다고 하지요. 종합적인 것처럼 보이면서도 검증할 수 없는 진술은 무의미하다는 것입니다. 윤리학의 진술에 대해 그는 검증 불가능한 진술이므로 무의미하다고 사망 선고를 합니다. "윤리적 진술은 단지 그것을 말하는 사람의 감정을 표현하는 것에 지나지 않는다" 이렇게 이해해야 한다는 거지요. 그래서 이 이론을 보통 '정서주의' 또는 '이모티비즘'이라고 하지요. 이모티비즘을 보다 세련되게 확장시킨 이가 찰스 스티븐슨Charles L. Stevenson입니다. 그럼 그가 주장하는 것을……

매킨타이어 이모티비즘이라! 이것 때문에 20세기 윤리학이 난장판이 되었다고 이야기하는 겁니다. 킹 선생님과 싱어 선생님이 설명하신 것처럼, 20세기 초반에는 공리주의자들과 의무론자들 사이에 치열한 논쟁이 벌어졌던 데다 메타윤리적 접근을 함으로써 윤리적 진술을 무의미한 것으로 만들었지요. 특히 흄을 신봉하는 에이어와 같은 회의주의자들은 윤리학에서 덕 윤리들을 부식시켰어요. 그리고 계몽주의 시대의 것이든 빅토리아 시대의 것이든, 자기들의 주장이 마치 보편적·객관적이라고 잘못 생각하고 있었다고 평가하고 싶네요! 아쉽게도 칸트는 도덕성을 너무 차갑게 이해해서 냉혹한 이성의 활동으로 만들었지요. 그래서 나치 치하에서 유대인 집단학살을 주도했던 아돌프 아이히만 같은 사람도 자신은 의무를 다했을 뿐이라는 말로 자기변명을 하게 했다고 하지요. 도덕적 가치는 언제든 필요합니다. 그렇지 않으면 극심한 혼돈에 빠져들게 되어 있어요. 그런데 이것을 피할 수 있는 그런 윤리학이 있지요!

제3의 윤리학은 가능한가

벤담 아니, 제3의 윤리학이란 게 있다는 건가요? 내가 주장한 '최대 다수의 최대 행복'을 넘어서는 것이 있다고요? 내가 듣기로는 1971년 존 롤스 John Rawls가《정의론A Theory of Justice》을 쓰면서 등장한 사회계약론에 대한 새로운 이해도 좋은 것 같던데……

매킨타이어 이 문제를 중점적으로 연구한 제가 확실하게 말씀드리지요. 20세기 윤리학의 위기는 개인의 권리만을 강조하는 자유주의 윤리에서 그 원인을 찾을 수 있습니다. 그렇다면 이 이 위기를 어떻게 극복할 수 있을까요? 전통의 상실, 그러니까덕 윤리를 주장한 아리스토텔레스의 윤리학이 회복되어야 한다는 것입니다. 그렇습니다. 개인의 자유 대신에 전통과 공동체를 윤리의 중심에 놓아야 합니다. 인간은 아리스토텔레스가 말한 것처럼 정치적 동물이라는 것이 나의 생각입니다. 인간은 '순수한 개인'으로 있는 존재가 아니라 공동체와 전통에 의해서 자리매김을 한다는 거죠.

벤담 매킨타이어 선생님의 말씀은 마치 지금의 시민사회를 포기하고 공동체 사회로 복귀하자는 소리처럼 들리네요! 시민의 자유가 보장된 현대 사회를 버리고 아리스토텔레스 시대와 같은 과거로 돌아가자는 말씀인지 궁금하군요.

매킨타이어 제가 말하고자 하는 것은 영웅도 없고 덕스러움도 없으며 우애라고는 눈곱만큼도 없는 세대의 지나친 개인주의적 사고에 대한 윤리적 반성, 뭐 그런 게 필요하다는 것이지요. 제가 말하는 덕 윤리는 자유가 나쁘다는 것이 아니라, 우리가 처한 도덕적 위기를 극복하기 위해서는 공동체성을 회복해야 한다는 것이지요.

도덕을 이야기할 때 전통과 공동체적 가치를 간과해서는 안 됩니다. 나는 인간을 이야기하는 존재로 이해하고, 공동체와 전통이라는 배경을 통해 이해해야 한다고 생각합니다. 자아 또는 인간이란 일정한 이야기 전통 **서사적 전통**을 배경으로 하는 공동체적 존재입니다. 그리고 윤리 또는 도덕이 물어야 할 근본적인 문제는 '사람이 무엇을 해야 하는가'보다는 '어떤 사람이 되어야 하는가'라고 생각합니다.

싱어 제가 보기에는 매킨타이어 선생님이 제시한 근세 이후 공리주의나 의무론을 대체할 만한 진정한 대안을 제시하지 못한 것 같아요. 저는 공리주의자입니다! 저는 모든 인간에 대해 동등하게 관심을 가져야 한다고 생각합니다. 내 결정에 영향을 받게 되는 모든 사람들의 이익을 공평하게 고려해야 한다는 것이지요. 벤담 선생님이 말씀하시는 "모든 사람은 하나로 계산되며, 어느 누구라도 하나 이상으로 계산되지 않는다"와 같은 뜻이지요. 참 매력적이지 않나요? 공리주의는 최소한의 규범 윤리입니다. 그래서 전 이것을 넘어서는 다른 윤리 이론이 나올 때까지 공리주의자로 남을 것입니다.

큉 여기서도 논쟁이 만만치 않은 것 같습니다. 다른 곳보다 영미문화권에서 진행되는 공리주의와 덕 윤리의 논쟁은 우리에게 많은 것을 시사해주는 것 같네요! 아직도 유효한 규범 윤리와 그것을 비판하고 새로운 윤리를 제시하려는 덕 윤리의 등장은 20세기 도덕적 위기를 넘어 새로운 세계 윤리에 대한 요청처럼 들립니다.

매킨타이어 아무래도 윤리학의 방향에 대한 논의는 간단치 않은 문제인 듯합니다.

벤담 그렇습니다. 보다 체계적이고 절박한 논의가 필요합니다.

매킨타이어 어쩌면 우리보다 더 젊고 활기찬 논의를 펼쳐줄 새로운 인재를 기다려야 하지 않나 싶습니다. 이것으로 제러미 벤담, 알래스데어 매킨타이어, 한스 큉, 피터 싱어 선생님과 함께한 토론을 모두 마치겠습니다.

더 읽어야 할 자료

책

- 레이첼즈, 제임스, 《도덕 철학》, 김기순 옮김, 서광사, 1989.
- 레이첼즈, 제임스, 《도덕 철학의 기초》, 김기덕·노혜련 옮김, 나눔의 집, 2006.
  도덕 철학에 관해 쉽게 풀어쓴 입문서. '도덕이란 무엇인가?'라는 물음을 출발점으로 삼아 윤리학의 다양한 이론들을 소개한다. '바람직한 도덕 이론'에 대한 고민이 잘 서술되어 있다. 특히 규범윤리학의 큰 줄기인 공리주의 이론과 그 현실 응용에 대해 관심을 가지고 있는 연구자들에게 좋은 길잡이가 되어줄 것이다.

- 김상봉, 《호모에티쿠스》, 한길사, 2004.
  서양 윤리학에 관심을 갖고 무엇을 읽을까 고민하는 이들에게 윤리라는 것이 무엇인지를 맛볼 수 있게 해주는 입문서. 이 책은 윤리적 인간의 탄생이라는 부제처럼, 인간이 왜 윤리적이어야 하는가라는 물음에 고대철학의 자연철학자로서 근세의 칸트에 이르기까지 서양 철학자들이 고민을 따라가며 스스로 답을 찾을 수 있도록 이끌어준다.

- 벤담, 제레미, 《파놉티콘》, 신건수 옮김, 책세상, 2007.
  푸코의 《감시와 처벌》을 통해 잘 알려지게 된 《파놉티콘》은 공리주의와 초기 자본주의의 결합이 어떻게 되어있는가와 공리주의의 한계를 볼 수 있는 책이다. 이 책은 효용성이라는 원리가 인간의 삶을 어떻게 통제 할 수 있는지에 대해 생각해 볼 수 있는 기회를 제공한다. 특히 시선을 통해 모든 것을 감시할 수 있고, 그것 때문에 항상 자기 검열을 해야 하는 통제 시스템에 대해 고민할 수 있게 한다.

■ 김완진외, 《공리주의 개혁주의 자유주의》, 서울대학교출판부, 1996.
영국의 자유주의 전통에서 전개된 도덕철학 및 사회철학의 흐름을 한 눈에 알 수 있게 소개하고 그 현대적 의미를 살핀 책. 여기서는 공리주의의 성립과정과 의의, 개혁주의의 철학적 토대, 자유주의의 역사성과 유형 등을 다룬다. 공리주의가 어떻게 성립되었는지에 대해 관심 있는 이들에게 유용한 자료다.

■ 마이클 슬롯, 장동익 옮김, 《덕의 부활》, 철학과현실사, 2002.
이 책은 토마스 아퀴나스 이후 자취를 감춘 덕의 윤리가 왜 20세기 후반에 다시 주목 받게 되었는지에 관심이 있는 사람들에게 좋은 길잡이가 되어준다. 특히 계몽주의의 규범윤리인 칸트 윤리학과 공리주의와 덕 윤리의 관계를 잘 정리하고 있다.

■ 황경식, 《철학과 현실의 접점》, 철학과현실사, 2008.
'철학이 현실에 만날 수 있는 지점이 어딜까'하는 고민을 응용윤리학 또는 실천윤리학에서 풀어놓은 책이다. 현대사회의 고민인 '생명, 의료, 정보, 성, 환경, 인간, 행복, 교육'의 문제를 다루고 있다. 특히 16장에서는 왜 21세기에 '덕의 윤리학'이 주목 받을 수밖에 없는가에 대한 이유를 잘 설명한다. 또한 동서양의 덕 윤리를 비교하며 접근하는 점은 주의 깊게 볼 필요가 있다.

■ 스테판 뮬홀, 김해성 역, 《자유주의와 공동체주의》, 한울, 2007.

이 책은 제목에서 알 수 있듯이 자유주의와 공동체주의 사이의 논쟁을 논제 중심으로 파악할 수 있는 책이다. 롤스의 '정의론'에 대한 개관에서 시작하여, 마이클 샌들, 매킨타이어, 찰스 테일러, 왈쩌 등 대표적인 공동체주의자들의 저작들과 롤스의 《정치적 자유주의》를 다룬다.

영화

■ 리들리 스콧, 〈블랙 호크 다운〉, 2001.

이 영화는 저널리스트 마크 바우덴이 쓴 책 《블랙 호크 다운-현대 전쟁에 관한 이야기》(1999)를 원작으로 하고 있다. 이책은 1993년 10월 3일, 소말리아 수도 모가디슈에 파견된 미군 정예부대 델타포스와 레인저의 블랙호크 61호와 64호가 차례로 격추되면서 벌어진 18시간 동안 처절했던 전쟁에 참전한 12명의 유격병들을 일일이 만나 인터뷰를 하여 완성한 작품이다. 이 작전으로 소말리아인 천 명이 죽었고, 미군병사 19명이 죽었다. 죽은 자만이 전쟁의 끝을 본다는 플라톤의 말이 떠오르는 영화이다.

■ 올리버 스톤, 〈월스트리트〉, 1987.

세계 금융시장의 중심가인 월 스트리트에서 벌어지는 야망과 파멸을 다룬 영화다. 자본주의의 총아인 세계 금융의 중심가인 월스트리트를 배경으로 산업 스파이와 부당 내부거래 등 기업 윤리 따위는 아랑곳하지 않는 자본주의 사회의 추악한 비즈니스 전쟁을 다루고 있다.

■ 장 피에르 주네, 〈아멜리에〉, 2001.

이 영화의 원 제목은 〈아멜리 풀랑의 환상적인 운명〉이다. 주인공인 아멜리에는 자신에게 내려진 가혹한 운동을 남다른 발상과 톡톡 튀는 행동을 한다. 그런 그녀가 사랑에 빠지면서 벌어지는 여러 가지 일들 담아낸 영화이다. 이 영화에서 주목할 만한 것은 아멜레에가 "남을 돕는 게 인형과 노는 것보다는 낫다"라고 생각하며 삶을 산다는 점이다. 배려와 덕의 윤리를 생각하게 하는 영화다.

9

사이보그

사이보그지만 괜찮아

현남숙 (가톨릭대학교 강의전담 초빙교수)

생각 속으로 | 사이보그화, 몸이 기술의 대상이 되어도 좋은가?
고전 속으로 | 다나 해러웨이와 한스 요나스
역사와 현실 속으로 | 성형, 성전환, 인공생식 그리고 사이보그화
가상토론 | 당신의 몸을 컴퓨터와 연결한다면?

 생각 속으로

사이보그화,
몸이 기술의 대상이 되어도 좋은가?

사이보그가 만연하는 시대

인간의 보철화는 도구적 존재로서의 인간의 오랜 역사 속에 그 편린이 나타난다. 중국의 고대 문헌에는 묵자墨子가 만들었다는 스스로 움직이는 전설의 수레가 등장하고, 인간의 신체 기능을 대신하는 기계의 도안을 스케치한 레오나르도 다 빈치Leonardo da Vinci의 문서도 남아 있다. 연대표의 아래를 보면 산업혁명은 육체노동을 돕는 기계들의 박람회장이며, 오늘날 정보혁명은 인간의 정신노동마저도 대신할 정도로 문명을 사이보그화했다.

'사이보그cyborg'는 자동 제어 장치를 나타내는 '사이버네틱스cybernetics'와 생물을 의미하는 '유기체organism'의 합성어이다. 이 용어는 대개 기술에 의해 생물체의 능력을 강화할 목적으로 만들어진 것을 의미한다. 이 용어는 1960년대 맨프레드 클라인스Manfred E. Clynes와 나단 클라인Nathan S. Kline이 쓴 논문에서, 우주에서 생존할 수 있는 인간의 개념으로 최초로 언급되었다. 사이보그는 좁게는 기계와 유기체의 합성체, 즉 한 개체의 몸 안에서 자연과 기술이 매개된 형태를 말하지만, 넓게는 기술과학에 둘러싸인 자연문화적 환경

전체를 의미하기도 한다. 즉 인간-기계의 측면만이 아니라 한 유기체와 기술적으로 매개된 다른 모든 존재들을 포괄하는 것이다. 의미를 이렇게 넓혀 보면 사이보그는 기술문명 시대 존재자들의 체현 방식이자 그들 간의 네트워크를 형성하는 인터페이스로 기능하는 것이다.

인간의 타고난 몸과 기술문명의 직간접적 매개는 노동, 생명연장, 생식, 미, 성의 영역 등 인간의 삶 전반에 관여하고 있다. 노동의 경우 육체노동만이 아니라 정신노동의 일부까지 기계가 인간을 대신해가고, 생명연장의 경우 안락사와 같은 현실적 문제에서 냉동인간과 같은 공상의 영역에 이르기까지 기술이 관여한다. 또 생식의 경우 이미 이루어지고 있는 인공수정, 난자와 정자의 공여, 대리모 출산에서 영화 〈아일랜드〉에 나오는 복제인간까지 그 폭이 다양하다. 미의 영역에서는 성형수술과 보톡스 그리고 다이어트에 이르기까지 이미 우리 사회에 일상화되어 있다. 그 밖에 타고난 성을 거부하고 다른 성으로 살고자 하는 사람들을 위한 성전환 수술도 몸의 사이보그 사례에 해당할 것이다. 이는 범사이보그화, 즉 사이보그의 일상화가 도래했음을 보여준다. 하지만 현실이 그렇다고 그것의 정당성까지 보장하는 것은 아닐 것이다. 범사이보그 시대에 몸이 기술의 대상이 되어도 좋은지 이와 관련한 입장들을 살펴볼 필요가 있다.

몸의 사이보그화, 인류의 희망일 수 있는가

먼저, 몸의 사이보그화에 조건부로 찬성하는 입장이 있다. 여기서 조건부란 삶의 질을 향상시키고 그 혜택이 고루 주어지는 사이보그화만을 지향한다는 의미이다. 이러한 입장에서는 몸의 사이보그화를 공포가 아닌 비판적 실천의 과제로 본다. 사이보그는 현재 공상과학 소설이나 영화에서 자연성의 담론에 반하는 괴물 같은 존재로 표상되지만, 어느 공동체에서나 괴물은 그 공동체의 한계 혹은 불완전함을 드러내는 역할을 해왔다. 생식과학의 도움으로 아이를 가진 여성은 일부일처제의 공동체 안에서 '괴물'로 보이겠지만, 왜 그런 선택을 하게 되었나를 살펴보면 그 자체가 가족제도의 획일성, 즉 아버지 있는 아이만이 적법하다는 가족제도의 획일성을 드러낸다. 몸의 사이보그화는 잘만 추구하면 인류의 복지와 평등, 삶의 양식의 다양성에 기여할 수도 있다는 것이다. 이처럼 몸의 사이보그화에 동조하는 입장의 근저에는 다음과 같은 몇 가지 이유가 있다.

첫째, 현대 문명의 특성상 몸의 사이보그화가 불가피하다는 판단이다. 이러한 입장에 따르면, 정보혁명 이후 자연과 문화의 이분법이 내파된 상황에서 인간의 몸도 타고난 그대로 유지된다는 것은 자연성의 신화에 불과하다. 기계/유기체의 이분법적 관계는 시대에 뒤떨어진 것이고 불필요하다. 우리의 상상력과 실천 속에서 기계들은 이제 우리에게 부가적인 장치들이고 친근한 구성 요소이며 자아의 일부로 삼을 수 있다. 즉 자동차와 같은 문명의 이기와 연결된 넓은 의미의 사이보그화든, 유전공학과 같은 좁은 의미의 사이보그화든, 기술과학의 이점이 있는 한 이것은 포기할 수 없는 문명의 조건이라는 것이다.

둘째, 기술은 자본주의나 정치 체제의 구조 안에서 배태되지만 기술을 입안하고 변화시켜가는 힘 역시 인간에게 있다고 보기 때문이다. 몸을 기술과 별개의 것으로 보는 것은 기술과학에 대한 혐오에서 비롯된 것으로 인간의 더 나은 진보를 위해 기술이 할 수 있는 기여를 간과한다는 것이다. 기술이 세상에 나오고 나서 사후 문제를 논의하는 것이 아니라 과학기술적 민주주의, 즉 기술이 입안되는 과정에서부터 전문가, 시민, 대중이 참여하면 몸에 관련된 기술-노동 관련 정보기술, 생명 관련 유전공학-을 최대한 신중하게 발전시켜갈 수 있으리라 본다.

셋째, 인류 전체의 복지를 위해서 몸의 사이보그화에 동조하기도 한다. 사이보그는 원래 인류의 복지와는 거리가 먼 군사문화, 즉 1960년대 미국과 소련의 우주 개발 경쟁 시에 우주인 프로젝트의 일환으로 등장한 개념이다. 하지만 민주주의적 방식으로 방향을 재조정하면 인류 전체, 특히 여성이나 동성애자, 장애인과 같은 사회적 약자를 위해 발전시켜나갈 수 있다. 다시 말해 기술이 노동과 생식에서 인류 전체의 자유와 평등, 특히 여성이나 동성애자, 장애인과 같은 사회적 약자에게 다양한 선택의 기회를 제공하고 사회 전체에 만족을 가져다줄 수 있으리라 보는 것이다.

몸의 사이보그화, 미래의 책임에서 자유로운가

한편 몸에 대한 기술의 개입에 반대하는 입장에서는 사이보그화야말로 인간이 한 여러 행위 중 가장 위험한 행위라고 본다. 그동안 테크네기술는 생명을 가지지 않은 질료, 즉 자연을 대상으로 했지만 이제는 생명을 가진 것, 더 나아가 인간 자신에게 행하게 되었다. 다시 말해 자기 자신을 조립 기술의 직접적인 대상으로 삼아 호모 파베르가 자기 예술을 스스로에게 적용하기 시작한 것이다. 이러한 입장에 따르면 생명과 죽음에 관한 기술의 개입은 그것이 약속하는 듯이 보이는 유토피아적 전망보다는 위험성이 클 수 있다. 몸의 사이보그화를 반대하는 입장의 근거로는 다음과 같은 것들이 거론된다.

첫째, 몸의 사이보그화는 인간의 실존적 조건에 위배된다는 것이다. 실존

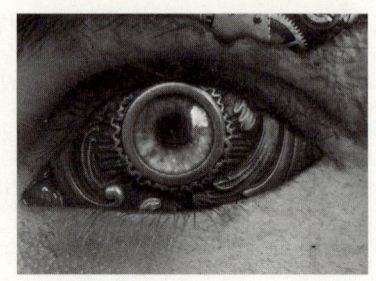

■ '사이보그cyborg'라는 말은 자동 제어 장치를 나타내는 '사이버네틱스cybernetics'와 생물을 의미하는 '유기체organism'의 합성어다. 이 용어는 대개 기술에 의해 물체의 능력을 강화할 목적으로 만들어진 것을 의미한다.

이란 지금 그리고 여기라는 각자가 처한 한계상황 내의 존재를 의미한다. 영화 〈가타카〉에서 유전학적 우성인 동생이 자연 방식으로 태어난 형에게 수영 경기에서 지고 만다. 동생이 어떻게 이런 일이 있느냐고 묻자 형은 "나는 돌아올 곳을 남기지 않고 갔기 때문"이라고 말한다. 이와 같이 철저히 자신의 전부를 거는 태도는 한계상황에 대한 처절한 인식에서 나오는 것이고, 이는 인간이 기계를 넘어설 수 있는 조건이기도 하다. 사이보그가 되느니 실존적으로 사는 것이 인간적으로 더 우월한 가치라는 것이다.

둘째, 몸을 실험 수단으로 삼는다는 점에서 몸의 사이보그화에 반대한다. 일반 기술과 달리 생물학적 기술은 그 대상이 몸, 특히 생명이 된다. 다른 기술은 원본에 대한 모델을 갖고 실험할 수 있지만, 생물학적 기술은 원본이 곧 실험의 모델이 되어야 하므로 실험은 생명과 직결된다. 생물학적 과정은 매순간 확정적이고 폐기 처분도 불가능한 생명권의 문제를 갖는다는 것이다. 사이보그 생물 복제 동물이든, 기형아 출산이든, 아직은 영화에나 등장하는 복제인간들의 생명권 문제든, 이처럼 다양한 윤리적 문제를 남긴다고 본다.

셋째, 미래세대에 대한 책임의식에서 사이보그화에 반대하기도 한다. 몸을 기술의 대상으로 삼는 유전공학은 그것이 득이 될지 실이 될지 한참이 지난 후에야 밝혀진다. 이 경우 미래세대의 생존을 담보로 지금 세대의 호기심을 충족시키고 이익을 취하는 것이 된다. 따라서 어떠한 경우에도 인간의 실존과 본질은 도박 행위의 담보가 되어서는 안 된다고 본다. 이러한 대책 없는 낙관은 아직 태어나지 않은 세대를 상대로 지금의 세대가 권력을 휘둘러 예속시키는 것으로서 미래세대에 대해 무책임한 행동이라는 것이다.

몸, 기술과 접합되어도 좋은가

몸은 기술의 대상이 될 수 있는가? 범사이보그화 시대에 인간의 몸은 이렇게 기술과학에 접합되어가도 되는 것일까? 아니면 몸의 사이보그화는 인간 자신을 도구화함으로써 돌이킬 수 없는 위기를 초래할까? 몸의 사이보그화는 인류를 더 나은 삶의 단계로 올려놓을 '프로메테우스의 불'을 갖는 일일까? 아니면 호기심 때문에 고유한 인간성을 상실하게 만들고 온갖 부작용을 초래할 '판도라의 상자'를 여는 일일까?

뒤에서 살펴보게 될 사이보그 옹호론자 해러웨이Donna Haraway는 정보기술과 생식과학에 주목해 사이보그를 성평등의 문제와 연결 짓는다. 여성은 남성에 비해 생식과 노동에서 열등한 지위에 있었는데, 몸의 사이보그화는 성평등을 위한 정치학을 제공할 수 있다고 보는 것이다. 즉 생식기술은 가부장적 결혼제도 밖에서의 생식을 가능하게 하여 아버지 중심의 오이디푸스적 서사가 아닌 다른 조건에서 성장할 수 있는 계기를 제공한다는 것이다. 또 사이보그화는 가사노동의 혁명과 더불어 공적 노동에서 육체노동의 비중을 줄여 노동을 개성과 선택의 문제로 정립할 것이다. 이러한 몸의 기능에 대한 기술의 적극적 활동은 몸 때문에 열등한 위치에 놓인 여성들에게 양성평등의 기회를 제공하리라는 것이다. 이 논의를 확장해보면, 몸의 사이보그화는 단지 여성만이 아니라 자연적 몸의 확장으로 더 많은 평등과 행복을 얻을 수 있는 인류 전체를 위한 기획이라는 것이다.

한편, 요나스Hans Jonas는 생명공학의 문제에 주목해 인간이 자신의 몸을 기술의 대상으로 삼는 것, 즉 몸의 사이보그화에 반대한다. 요나스는 사이보그의 문제를 생명윤리적 측면에서 접근한다. 그래서 지금 우리에게는 다음 세대와 생태계 전체의 안전을 담보로 모험을 할 권리가 없다고 주장한다. 생명공학에 관한 문제들은 당대에는 나타나지 않는다. 따라서 언제 벌어질지 모르는 위험을 안고 가시적인 이익을 바라는 것은 인간의 책임을 넘어서는 일이므로 신중해야 한다는 입장이다. 이 역시 생명공학만이 아니라 모든 종류의 사이보그화에 관한 우려로 확장해볼 수 있을 것이다.

오늘날과 같이 자연과 문명의 구분이 사라져가는 시대에 해러웨이처럼 사이보그적 존재 조건은 받아들이되 '어떤' 사이보그가 되어야 할지, 즉 인류의 자유와 평등에 기여하는 사이보그가 되는 길이 무엇인지 고민할 것인가, 아니면 요나스처럼 인간의 몸은 개인 혹은 그가 속한 한 세대의 것만이 아닌 공동의 생물학적 토대이니만큼 인간의 몸만은 기술이 매개되지 않는 불가침의 영역으로 둘 것인가? 이는 범사이보그화 시대에 자신과 문명에 관한 성찰을 필요로 하는 더 많은 논쟁들로 채워져야 할 부분이다.

고전 속으로

다나 해러웨이와 한스 요나스

다나 해러웨이 Donna Haraway (1944~)

미국 콜로라도 주 덴버에서 태어났다. 20세기 발생생물학에서 사용된 유기체에 관한 성차적gendered 은유들을 주제로 예일대에서 생물학 박사 학위를 받았다. 현재 샌타크루즈 소재 캘리포니아 대학교의 의식사학과 교수로 있다. 그녀는 영장류학에 내재한 가부장적 은유들을 분석하고, 과학기술을 통한 여성 몸의 확장을 주장하는 사이보그 페미니즘을 주창했으며, 자본주의 사회의 기술과학을 비평하는 등 활발한 활동을 하고 있다. 기술과학에 관한 일면적 지지나 비판 대신 여성과 소수자의 관점에서 기술과학을 비평하는 일에 전력을 다하고 있다. 기술과학 시대의 몸에 대해서 조건부이긴 하지만 긍정적 입장을 취하고, 특히 여성주의적 입장에서 기술문명을 수용하는 사이보그 옹호론의 대표자이다.

> 다나 해러웨이, 민경숙 옮김, 《유인원, 사이보그, 그리고 여자》, 동문선, 2002.

우리 몸은 피부에서 끝나지 않는다

특정한 이원론이 서양 전통 속에서 지속되어왔다. 그것들은 여성, 유색인, 자연, 노동자, 동물 등의 지배 논리와 관습에 관한 것이었다. 이 골치 아픈 이원론 중 주요한 것은 자아/타자, 정신/몸, 문화/자연, 남성/여성, 문명화된/원시적인, 실재/외양, 전체/부분, 행위자/자원, 제조자/제조물, 능동적/수동적, 옳은/그른, 진리/환상, 총체적/부분적, 신/인간 등이다. (…) 하이테크 문화는 흥미로운 방식으로 이러한 이원론에 도전한다. 인간과 기계의 관계 속에서 누가 만들고 누가 만들어지는지 분명치 않다. 코드로 용해되는 기계 속에 무엇이 정신이고 무엇이 몸인지 분명하지 않다. 공식적 담론과 일상적 실천 모두에서 우리는 우리 자신이 사이보그, 잡종, 모자이크, 키메라임을 발견한다. (…) 우리의 몸은 왜 피부에서 끝나거나, 기껏해야 피부에 싸여 있는 다른 존재들을 포함하는가? 17세기부터 현재까지 기계에 생명을 '불어넣는' 일이 가능했다. 즉 그들이 말하거나 움직이도록 만들거나 그들의 질서정연한 발달과 정신적 능력들을 설명하기 위해 그들에게 귀신의 영혼을 부여할 수 있었다. 혹은 유기체들이 기계화될 수 있었다. 즉 정신의 자원으로 이해된 몸으로 환원될 수 있었다. 하지만 이제 이런 기계와 유기체의 이분법을 전제한 관계는 시대에 뒤떨어진 것이고 불필요하다. 우리의 상상력과 실천 속에서 기계들은 이제 우리에게 부가적인 장치들이고 친근한 구성 요소이며 친근한 자아이다.

사이보그, 여성 해방의 메타포

우리의 시대이며 신화적 시기인 20세기 말에 서 있는 우리는 모두 기계와 유기체의 잡종인 키메라이다. 요컨대 우리는 사이보그이다. 사이보그는 우리의 존재론이다. 사이보그는 우리에게 우리의 정치를 준다. 사이보그는 어떤 역사적 변형의 가능성을 구성하는 두 개의 결합된 중심인 상상력과 물질적 실재의 응축된 이미지이다. 이른바 서양 과학 및 정치의 전통 —인종차별주의적이고 남성지배적인 자본주의 전통 대 진보의 전통, 문화의 생산을 위해 자원으로서의 자연을 전유하는 전통 대 타자의 반영으로부터 자아를 재생산하는 전통 —에서 유기체와 기계의 관계는 경계 전쟁이었다. 경계 전쟁의 이해관계는 생산, 생식, 상상력의 영역에 있었다. 나는 경계들의 혼란 속에 내재한 쾌락을 주장하며, 경계선들을 구성할 때의 책임을 주장한다. (…)

사이보그 세계에서 가장 끔찍하지만 아마도 가장 유망한 괴물들은 우리가 생존하기 위해 반드시 이해해야 하는 오이디푸스적이지 않은 서사 속에 구현된다. (…) 이른바 서양의 인본주의적 의미의 기원 설화는 원래의 통일성, 완전함, 환희, 공포의 신화에 의존하며, 이 신화를 대표하는 것이 남근적 어머니이다. 모든 인간들은 이 남근적 어머니로부터 분리되어야 한다. (…) 공적인 것과 사적인 것의 양극성에 더 이상 구조화되지 않는 사이보그는 가사, 즉 가정 내 사회관계의 혁명에 부분적으로 기초를 둔 과학기술의 폴리스를 규정한다. 자연과 문화는 상호 침투한다. 자연은 더 이상 문화에 의한 전용이나 통합의 자원일 수 없다. (…) 프랑켄슈타인의 희망과 달리 사이보그는 자신의 아버지가 낙원의 회복을 통해, 즉 이성애 짝의 제작을 통해 자신을 구원하리라고 기대하지 않는다. 사이보그는 유기적 가족을 모델로 하는 공동체를 꿈꾸지 않는다.

몸과 기술의 결합에 책임을 지는 인간

　괴물들은 언제나 서양의 상상력 속에서 공동체의 한계를 명확하게 규정했다. 고대 그리스의 켄타우로스와 아마존은 결혼을 붕괴시키고, 전사의 경계를 동물과 여성으로 오염시킴으로써 남성 중심 폴리스의 한계를 드러냈다. 자연적인 것과 초자연적인 것, 의학적인 것과 법적인 것, 불길한 전조들과 질병들에 대한 담론을 수립한 근대 초기 프랑스에서 분리되지 않은 쌍둥이와 자웅동체들은 혼란스러운 인간 존재들이었다. (…) 페미니즘 과학소설의 사이보그 괴물들은 남자와 여자에 관한 세속적 소설에서 보던 것과는 매우 다른 정치적 가능성과 한계들을 정의한다. 사이보그 이미저리를 우리의 적이 아닌 것으로 심각하게 받아들이는 데는 여러 중요성이 있다. 우리의 몸은 권력과 정체성을 보여주는 지도이다. 사이보그도 예외가 아니다. (…) 사이보그는 단일 정체성을 추구하지 않으며, 그럼으로써 적대적 이원론을 발생시키지도 않는다. 그것은 아이러니를 당연한 것으로 받아들인다. (…) 기계 안에서의 강렬한 기쁨은 더 이상 죄가 아니며 체현의 한 양상일 뿐이다.

　기계는 생명을 불어넣거나 경배하거나 지배해야 할 대상이 아니다. 기계는 우리이고, 우리의 과정이며, 우리의 체현의 한 양상이다. 기계에 대한 책임은 우리에게 있다. 기계는 우리를 지배하거나 위협할 수 없다. 그 경계에 대한 책임은 우리에게 있다. 지금까지 여성의 체현은 주어진 것이고 유기적이며 필연적인 것처럼 보였다. 또 여성의 체현은 모성과 그것의 은유적 확장을 의미하는 것처럼 보였다. (…) 하지만 사이보그는 그러한 자연적 신화를 깨고 성과 성적 체현의 그 부분적이고 유동적인 간헐적 양상을 보다 심각하게 고려할 수 있게 한다. 젠더가 이제 더 이상 지구적으로 동질적인 정체성일 수 없게 한다.

해설

해러웨이는 오늘날 인간은 누구나 이미 사이보그이고, 그러한 사이보그화는 여성해방에 도움을 주며, 나아가 기계와 인간의 경계가 허물어져도 사이보그화에 대한 책임은 여전히 인간에게 있음을 보여주고자 한다.

먼저, 해러웨이는 인간과 기계의 이분법에 저항하는 사이보그는 공상과학이 아니라 이미 우리 삶의 일부가 되었다고 본다. 기계의 도움을 받는 순간 우리는 이미 사이보그라는 것이다. "우리의 몸이 왜 피부에서 끝나야 하는지" 물으면서, 기계와 유기체의 이분법적 구분은 더 이상 유효하지 않다고 주장한다.

해러웨이는 이어서 사이보그로 대표되는 기술문명이 특히 여성해방에 도움이 될 것이라는 논의로 나아간다. "사이보그는 유기적 가족을 모델로 하는 공동체를 꿈꾸지 않는다"라는 말에서 드러나듯, 기술과학의 도움으로 여성이 생식과 가사노동에서 자유로워지면 지금의 가부장적 가족과는 다른 가족 형태가 가능하리라 내다본다. 기존의 오이디푸스 서사, 즉 아버지의 법에 순응하는 가부장적 문화를 넘어선 대안적 문화를 상상하는 것이다.

그럼에도 해러웨이는 이 모든 과정에서 인간이 몸의 사이보그화에 책임을 질 수 있는 주체임을 여전히 강조한다. "기계가 우리를 지배하거나 위협할 수 없고, 그 경계에 대한 책임은 우리에게 있다"는 부분은 여타의 기술결정론과 달리 해러웨이가 인간의 기술 통제를 전제하고 있음을 보여준다. 인간과 기계의 물리적 경계는 무너졌어도 문명을 끌고 나가는 주체는 여전히 인간임을 포기하지 않으려는 것이다.

한스 요나스 Hans Jonas (1903~1993)

독일 태생의 유대인으로 마르부르크 대학에서 그노시스 개념에 관한 논문으로 박사 학위를 받았다. 히틀러가 집권하자 1933년에 영국으로, 1935년에는 팔레스타인으로, 마침내 1949년에는 캐나다로 이주한다. 예루살렘 대학, 캐나다 맥길 대학 및 칼레톤 대학에서 강의했고, 미국 뉴욕에 정착하여 사회과학연구소의 철학부 교수로 재직했다. 그의 연구 분야는 초기 그노시스주의로부터 생명철학, 윤리학, 사회철학 그리고 우주론과 유대 신학에 이르기까지 매우 광범위하다. 서양 문명의 위기에 대한 지적 근원을 찾는 일에 몰두하면서 기술문명이 가정하는 유토피아적 사고의 위험성과 그 대안으로 인간과 자연에 대한 윤리적 책임을 강조하는 굵직한 논의를 펼쳤다.

> 한스 요나스, 이진우 옮김, 《책임의 원칙》, 서광사, 1994.

호모 파베르, 자신을 기술의 대상으로 삼다

행위의 새로운 종류들과 차이들은 이와 일치하는 예견과 책임의 윤리를 요청한다는 것이 우리의 명제이다. 그런데 이 윤리는 그것이 다루게 되는 우발성만큼이나 새로운 것이다. 이것은 기술과학 시대에 발생한, 즉 호모 파베르의 제작물로부터 발생하는 우발성인 것이다. 그러나 이 새로운 종류의 제작물에 관해서는 아직 언급된 바가 없다. 우리는 테크네를 비인간적 영역에 적용되는 측면에서만 해명했다. 그렇지만 인간은 이제 기술의 대상으로 전락했다. 호모 파베르는 자기 예술을 스스로에게 적용하여, 다른 모든 것의 발명자와 제작자를 새롭게 완성시키려는 준비 태세를 갖추고 있다. 참으로 인간의 제어를 의미할 수도 있는 인간 권력의 완성, 자연에 대한 예술의 마지막 투입은 윤리적 사유의 마지막 노고를 요청한다. 이러한 윤리적 사유가 필요한 영역으로 첫째, 생명 연장의 분야를 들 수 있다. 죽음은 이제 더 이상 생명체의 본성에 속하는 필연성이 아니라 유기체적 실패로서 피할 수 있는 것이며, 어쨌든 원칙적으로 다룰 수 있고 오랫동안 지연시킬 수 있는 것처럼 보인다. 하지만 죽음을 지연시킴으로써 청년의 자리를 가로막는 것이 과연 정당한 것인가? 극단적으로, 인간이 죽지 않더라도 삶이 유한할 때처럼 적극적 삶의 태도를 취할 것인가? 둘째, 기술의 진보는 인간의 행동도 부분적으로 통제할 수 있게 해주었다. 이는 의학적 적용을 넘어 사회적 적용에서도 나타날 것이다. 하지만 학생들의 학습 태도나 종업원들의 능률 향상을 위해 기술이나 약물로 통제하는 것이 정당한가? 셋째, 유전자 조작의 영역을 들 수 있다. 자신의 구상에 따라 인류를 개선하고 변화시키려는 시도는 호모 파베르의 가장 야심찬 꿈을 대표한다. 하지만 우리가 과연 그러한 권리를 가지고 있는가? 누가 그 '상'의 제작자가 될 것이며, 어떤 원형을 따르고 어떤 지식을 근거로 할 것인가? 이러한 물음들은 우리가 모든 전통적 윤리 밖으로 얼마나 내몰려 있는가를 극명하게 보여준다.

한스 요나스, 이유택 옮김, 《기술 의학 윤리》, 솔, 2005.

생물학적 기술이 일반 기술과 다른 이유

지금까지 기술이 맺어온 것은 생명을 가지지 않은 질료^{주로} 금속였으며, 기술은 이 질료로부터 인간이 사용하기 위한 비인간적 보조 수단을 생산해왔다. 이때 구분은 분명했다. 인간은 주체였고 자연은 기술적 지배의 대상이었다. 그러나 생물종의 '계획들'을 변경하는 – 원칙적으로 인간종의 계획에 대한 변경도 포함하여 – 생물학적 기술의 도래는 이러한 구분, 즉 형이상학적으로 중요한 의미를 가지는 단절에 근본적인 변화를 가져왔다. 인간은 자기 자신을 조립 기술의 직접적인 대상으로 삼을 수 있게 되었다. 다시 말해 자기 유전자의 물리적 구조마저도 바꿀 수 있게 되었다. 그러나 인간에 대한 적용과 그로부터 야기되는 기술을 넘어선 물음들을 굳이 고려하지 않더라도 생물학의 유기체 기술과 기계 기술은 형식적 관점에서 이미 상이하다.

첫째, 생산의 범위에서 차이가 있다. 죽은 물질을 대상으로 한 기계적 구성의 경우, 생산은 원료에서 최종 생산물에 이르기까지 전 과정을 거치며 전적으로 독립해 있는 부분들을 연결함으로써 이루어진다. 이에 반해 생물학적 기술은 기존 구조를 변형시키고자 한다.

둘째, 이로부터 기존 질료를 대상으로 이루어지는 '행위' 관계에서 중요한 질적 차이가 빚어진다. 죽은 물질의 경우 수동적인 재료를 대상으로 행위하는 유일한 존재는 생산자밖에 없다. 그러나 유기체의 경우 행위는 또 다른 행위와 관계한다. 다시 말해 생물학적 기술은 능동적인 '재료'의 자기 활동성, 즉 자연스럽게 기능하는 새로운 유전자가 편입될 생물학적 시스템과 공조한다. 이 경우 기술적 행위는 더 이상 조립이 아닌 간섭의 행태를 띠게 된다.

셋째, 이것은 예측 가능성에 지대한 영향력을 행사하게 된다. 안정적이고 동질적인 질료를 가지고 행하는 정상적 구성의 경우 미지의 가능성은 사실상 전무하며, 따라서 기술자는 생산물의 속성을 정확하게 예견할 수 있다. 그러나 생물학 '기술자'에게는 전체 계획이 미지수로 남는다. 왜냐하면 그는 부분적으로 숨겨져 있는 기존 유전자의 자기 활동성을 아무런 검토도 거치지 않고 받아들여야 하기 때문이다.

넷째, 이것은 단순한 실험과 진짜 행위 사이의 통상적인 관계에도 큰 변화를 가져온다. 일반적인 영역에서 이루어지는 실험들은 모델을 바꾸거나 파괴할 수 있으며, 검사와 재검사도 가능하다. 그러나 생물학적 조작, 특히 인간을 대상으로 하는 조작의 경우에는 어떤 식의 대체도 불가능하다. 생물학적 실험이 제대로 이루어지기 위해서는 원본 자체, 즉 진정한 의미에서 현실적이고 살아 있는 것을 대상으로 해야 한다. 이때 실험의 시작과 끝에 놓여 있는 것은 개인 혹은 인류 전체의 생명이다. 여기서 실험은 현실적 행위이며, 현실적 행위는 곧 실험인 것이다.

다섯째, 유기체적 과정을 기계적 과정과 구분해주는 비가역성이라는 속성도 하나 더 추가할 수 있다. 기계적 구성에서는 모든 것이 비가역적이다. 그러나 유기체의 구조 변경은 가역적이다. 일반적인 기술의 경우 계획과 검사의 단계는 물론이거니와 그 이후 단계에서도 오류는 언제나 수정 가능하다. 그러나 생물학적 기술은 그렇지 않다. 생물학적 행위는 매 단계마다 확정적이다. 그 결과가 가시화되었을 때 수정하는 것은 이미 늦다.

> 한스 요나스, 이진우 옮김, 《책임의 원칙》, 서광사, 2004.

근거 없는 희망에 대한 책임의 우선성

유토피아의 오류는 거기에 전제되어 있는 인간학, 즉 인간의 본질에 대한 관점의 오류이다. 인간의 현재는 나비가 되는 애벌레의 현재와는 달리 불확실한 지금 그대로 항상 충분한 가치가 있다. 어떠한 다른 존재에도 없는 이 불확실성은 항상 내재해 있는 초월성, 양면성에서 결코 빠져나올 수 없는 그것의 열린 양자택일성, 대답 불가능한 '왜', '무엇 때문에'와 함께 자연의 한계상황이며, 그것은 그 자신을 넘어설 수 없다. 그 불확실성은 견뎌내야만 하는 인간 존재의 근거인 것이다. 그것은 한 점 그림자 없는 밝음으로 향하여 '앞으로 나아갈 수도', 동물적 본성의 확실성을 향해 '뒤로' 후퇴할 수도 없다. 모든 희망과 공포, 개인이나 인류를 위한 기대는 그 불확실성 안에서 움직여야만 한다. 이러한 맥락에서 볼 때 불확실성 속에서는 희망보다는 공포와 책임이 더 중요하다. 희망은 모든 행위의 전제조건이다. 왜냐하면 행위는 무엇인가를 실행할 수 있다는 것을 전제하고 의도하기 때문이다. (…) 그러나 성공적으로 일을 수행하는 것은 하나의 희망사항에 불과할 수 있다. 행위 책임의 조건은 희망의 결과가 항상 불확실하다는 것을 염두에 두고, 이러한 불확실성에 대한 보증을 서야 한다는 것이다. 바로 이것이 우리가 '책임에 대한 용기'라고 부르는 것이다. 행위를 못하게 하는 공포가 아니라 행위를 하도록 북돋우는 공포가 바로 책임의 본질적 속성이며, 우리가 뜻하는 공포도 바로 그런 뜻이다. … 우리가 적극적으로 책임 있는 행위를 시작하면서 상상할 수 있는 원초적 질문 속에 이 공포는 이미 하나의 잠재력으로 내포되어 있다. 즉 '내가' 그것을 내 일이라 생각하지 '않는다면 그에게' 무슨 일이 일어날까? 대답이 어두우면 어두울수록 책임은 더 밝게 그려진다. 그리고 두려워해야 할 것이 먼 미래에 일어날수록, 자신의 평안이나 고통과는 상관이 없을수록, 또 그 방식이 낯설수록 우리는 고의적이라도 더 많은 천리안적 상상력과 예민한 감수성을 동원해야만 한다. 공포를 탐지하는 발견술은 새로운 대상을 찾아내어 공포에게 서술할 뿐 아니라, 그것이 일깨운 이전에는 전혀 없었던 특별한 도덕적 관심을 알게 해준다.

해설

요나스는 현대 문명을 진단하면서 오늘날 인간은 자신의 몸마저도 기술의 대상으로 삼게 되었고, 이러한 생물학적 기술은 예측 불가능성 때문에 위험천만하며, 따라서 기술문명에 관한 막연한 희망보다는 최악의 경우를 상상하는 공포를 기반으로 한 책임감이 요구된다고 말한다.

요나스는 그동안의 기술이 비인간적 영역에만 적용되어왔다면 이제는 "인간이 자신을 기술의 대상으로 전락시켰다"고 우려한다. 이러한 변화는 생명연장, 행동통제, 유전자 조작 등과 같은 분야에서 이미 이루어지고 있는데, 이와 관련한 긍정적 비전들이 난무해도 근본적으로 재고해보아야 할 위험한 상황이라는 것이다.

몸이 기술의 대상이 되는 데 따른 요나스의 우려는 특히 유전공학, 즉 인간 자신의 유전자 구조를 바꾸려는 시도에 집중된다. "생물학의 유기체 기술과 기계 기술은 형식적 관점에서 이미 상이하므로" 생물종 특히 인간에게 기술을 적용하는 것은 옳지 않다고 본다. 무기물을 대상으로 한 기술과 달리 생물학적 기술은 유기체 자체의 변화 가능성을 예측하지 못할뿐더러, 그 결과가 가시화되었을 때 대처하면 이미 늦다는 것이다.

따라서 요나스는 기술문명 시대 인류의 진보는 무책임한 유토피아적 낙관보다는 불확실성 안에서 움직여야 한다고 역설한다. 기술과학 자체를 부정하는 것은 아니지만 현재와 미래의 인류에게 어떤 영향을 끼칠지를 염두에 두고 최악의 상황을 고려해야 한다고 본다. 어떤 기술도 막는 공포가 아니라 특히 몸의 기술화에 대한 낙관이 갖는 불확실성에 대면하여 인류에 대한 책임을 우선시하는 태도가 필요하다는 것이다.

역사와 현실 속으로

성형, 성전환, 인공생식 그리고 사이보그화

성형, 얼굴을 덧입는 사회

■

세희는 지우와 만난 지 2년의 시간이 흘러 지우가 권태를 느끼자 자신의 얼굴을 바꾸어 새로운 사람이 되려고 한다. 그녀는 얼굴을 성형한 후 새로운 세희, 즉 '새희'가 되어 지우 앞에 나타난다. 하지만 지우는 여전히 예전 여자친구인 세희를 잊지 못하고 그리워한다. 세희의 부재는 지우에게 새로운 욕망을 불러일으켜, 새희가 아무리 새로운 얼굴이어도 세희만큼 그리운 대상일 수는 없는 것이다. 새희는 다시 이전의 세희로 돌아가고 싶어 세희의 사진을 가면으로 쓰고 지우 앞에 나타난다. 이렇듯 몸과 욕망이 어긋나는 과정에서 세희의 얼굴에 다른 얼굴들이 덧씌워질수록 세희 자신은 존재를 상실해간다. ― 김기덕, 《시간》, 2006.

■

김기덕 감독의 영화 〈시간〉에 등장하는 세희는 관계의 권태를 성형으로 벗어나려는 인물이다. 사람들은 타인이 나를 봐주기를, 혹은 관계를 새롭게 하기 위해 시간과 익숙함에 도전하여 성형을 한다. 이제 성형은 화상 환자나 연예인 같은 특수한 경우만이 아니라 일반인들에게조차도 일반화 되었다. 하지만 과연 새로운 얼굴, 새로운 몸이 우리 자신을 혹은 관계를 새롭게 해줄까? 성형은 나의 얼굴을 잃어버리는 것일까, 아니면 나를 다시 만들어가는 것일까? 얼굴도 몸도 미적인 이유로 사이보그화되어가는 시대에 우리의 타고난 얼굴이 갖는 의미는 무엇일까? 자신의 얼굴을 바꾸고 싶다면 그 정당성의 근거를 찾을 수 있을까? 이는 자신의 정체성과 관련된 철학적 물음들을 던지게 한다.

인공생식, 또 다른 출산의 방식

■

허수경의 '싱글맘' 선택은 현대 사회 여권의 신장과 관련해 많은 점을 시사한다. 육아를 홀로 책임질 수 있을 만큼 여성의 사회경제적 지위가 향상됐음을 뜻하는 동시에 결혼으로 이뤄진 전통적인 가부장적 가족제도가 완벽하지 않음을 예고한다. (…) 또한 허수경의 경우처럼 건강이 허락하지 않아 자연 임신을 하지 못하는 여성들에게는 인공수정의 성공 사례가 큰 위안이 될 수도 있을 것이다. 이미 해외에서는 이러한 '싱글맘'의 길을 선택하는 여성들이 많다. 할리우드 스타 조디 포스트나 안젤리나 졸리를 들먹이지 않아도 일반 여성들 중에서도 결혼은 않고 아이만 낳아 키우는 사례가 많은 것. 결국 보수적인 한국 사회도 이런 움직임을 피할 수 없게 됐다. —《중앙일보》, 2007. 7. 26.

■

생식이 몸과 분리되어 기술에 의해 가능해지는 것은 사회적으로 어떤 의미를 가질까? 싱글맘을 통해 알려진 정자 공여에 의한 임신이나 불임부부의 대리모 출산 혹은 동성애 부부들의 생식기술 의존은 몸의 기능 중 생식에 기술이 관여하는 대표적인 사례들이다. 이러한 생식기술의 발전은 불임부부나 결혼제도 밖에서 아이를 낳고자 하는 싱글들, 자연적 방식으로는 아이를 낳을 수 없는 불임부부와 동성애 커플에게 새로운 가족을 갖게 하는 희망일까? 그것이 아니라면 대리모 출산은 '자궁 대여', 즉 몸의 상품화이자 기존 가족제도에 대한 위협일까? 이러한 사례들은 타인의 몸과의 관계맺음에 대해 이제껏 고민하지 않아도 되었던 윤리적 물음들을 던진다.

성전환, 몸을 다시 쓰다

■
혜진은 입양아, 트랜스젠더, 레즈비언, 성노동자로서, 이 사회에서 주변부라 일컬어지는 여러 가지 것들을 지닌 채로 살고 있다. 그녀에게 'home'은 지금 살고 있는 암스테르담일 수도, 오래전 자신이 태어난 땅인 한국일 수도, 수술을 받고 자리 잡은 몸일 수도, 자신을 이해하는 여자친구의 존재일 수도 있다. 술에 취한 밤, 이태원 길거리에서 혜진은 "내가 누구인가와 관계없이 즐겁고 싶었다"라고 토로한다. ― 김영란, 《Un/going Home》, 2007.
■

김영란 감독의 다큐멘터리 〈Un/going Home〉은 한국인, 여자, 이성애자로 태어나자마자 부여받고 간주당하고 자기 것인 양 인지하고 마는 정체성의 문제에 질문을 던지며 트랜스젠더로서 몸을 다시 쓰는 한 '여성'의 이야기이다. 트랜스젠더들은 타고난 몸을 기술과학의 도움으로 바꾼 자들이다. 사람들은 그들을 이해하지 못하지만, 그들에게는 여성 또는 남성이 되고 싶은 절박한 이유들이 있다. 대부분의 사람들과 달리 타고난 몸의 정체성과 심리적 정체성이 다

인간에게 과연 자신의 성을 바꿀 권리가 있을까? 그렇다고 이들에게 몸의 자연성만을 강요하는 것은 정당한 일일까?

른 사람들, 이들에게 성전환 수술과 그것을 통한 새로운 몸의 획득은 이러한 분열을 극복하는 유일한 출구인지도 모른다. 하지만 인간에게 과연 자신의 성을 바꿀 권리가 있을까? 그렇다고 이들에게 몸의 자연성만을 강요하는 것은 정당한 일일까? 이는 개인의 성적 자유와 관련하여 근본적 문제를 제기한다.

사이보그여도 괜찮은가?

그동안 호킹 박사처럼 사지가 불편한 사람을 위해 생각만으로 컴퓨터 등을 제어하는 연구가 활발하게 진행되어왔다. 사이보그 학자로 유명한 레딩대의 인공두뇌학과 케빈 워릭 교수는 이 분야의 선구자로, 그는 지난 1998년 2주일간 자신의 왼팔에 컴퓨터 칩이 포함된 길이 2~3cm의 얇은 유리 캡슐을 이식, 자신의 사무실에 접근하면 문이 저절로 열리고 불이 켜지도록 하는 실험을 했다. 이를 반영

하듯 지난해 7월《네이처》에 목이 부러져 마비가 된 25세의 미국 환자가 2004년 뇌에 컴퓨터로 연결되는 장치를 이식해 생각만으로 이메일을 열고, 텔레비전을 조종하고, 로봇팔을 이용하여 물체를 이동시킬 수 있다는 연구 내용이 소개돼 관심을 끌었다.
―《부산일보》, 2007. 3. 7.

■

사이보그를 문명 안에서의 기계―몸 관계보다 좁혀 한 개인의 몸 안에서의 기계―몸 합성체로 한정할 때, 그동안 사이보그 연구는 주로 신체의 결함을 보완하는 방향으로 이루어져왔다. 의수나 의족, 인공투석기, 보청기 등 잃어버린 손과 발, 제 기능을 발휘하지 못하는 눈과 심장을 대체할 바이오닉 장기는 신체 기능의 결함을 보완하는 유용한 수단이 되어왔다.

하지만 장차 사이보그화가 일반인들에게까지 확대된다면 어떻게 될까? 마이클 잭슨Michael Jackson처럼 피부색을 바꾸고, 인공 보철물로 키를 늘이거나 성형을 하고, 나아가 아이를 엄마의 뱃속에서가 아니라 수정 직후 인큐베이터에서 키운다거나, USB와 같은 기억장치를 우리 몸의 일부에 넣고 뺄 수 있게 된다면 어떻게 될까? 이러한 사례들을 포괄하는 차원에서 몸의 사이보그화에 동의하는가, 아니면 거부하는가? 동의한다면 그 한계는 어디까지인가? 기술과학이 몸에 개입하는 정도가 잦아지는 만큼, 그 허용 기준에 관한 개인의 결단과 공동체의 합의가 요구된다.

가상토론

당신의 몸을 컴퓨터와 연결한다면?

사회자 안녕하세요. 오늘 토론에서는 세계적인 두 석학을 모시고 "몸, 기술의 대상이 되어도 좋은가"를 주제로 이야기를 나눠보도록 하겠습니다. 한 분은 미국의 생물학자이자 '사이보그 선언'으로 더 잘 알려진 다나 해러웨이 박사님이시고, 다른 한 분은 독일의 철학자로서 '기술과 의학 시대의 윤리'에 관해 독보적 작업을 해온 한스 요나스 박사님이십니다. 두 분 안녕하세요?
요나스 안녕하세요.
해러웨이 예, 반갑습니다.

사이보그, 몸의 확장인가 도구화인가

사회자 해러웨이 박사님은 몸과 기술의 결합을 사이보그 개념을 중심으로 페미니즘 맥락에서 전개하셨고, 요나스 박사님은 몸의 기술화를 생태와 의료 윤리의 맥락에서 논의해오셨습니다. 전공 분야는 다르지만 몸과 기술의 결합에 대해서 누구보다 관심이 많으실 텐데요, 먼저 몸이 기술과 결합하게 된 배경에 대해 설명을 부탁드리고 싶습니다. 먼저 해러웨이 박사님, 어떻게 생각하시는지요?

해러웨이 몸이 기술의 대상이 된 배경은 근본적으로 현대 문명이 자연과 문화가 내파된 자연문화naturecultures에 근거한다는 데서 찾을 수 있습니다. 오늘날과 같은 문명 조건에서는 기계와 단절된 순수한, 그리고 자기 완결적인 유기체는 존재하지 않습니다. 저는 이러한 결합을 몸이 어떤 식으로든 기술과 연결된 체계에서 살아갈 수밖에 없다는 의미에서 '사이보그'로 명명한 바 있습니다. 사이보그는 기계와 유기체의 직접적 결합만이 아니라 기술과 매개된 자연문화 내의 인터페이스 전체를 의미합니다.

요나스 오늘날이 인간의 몸이 기술과학과 접합된 시대라는 점에는 동감합니다. 저는 그 배경을 과학기술에 대한 근거 없는 낙관에 기댄 유토피아적 열망에서 찾습니다. '자연의 인간화', '몸의 기술화' 배경에는 휴머니즘의 외피를 두르고 실제로는 투자처를 찾는 거대자본과 첨단기술로 주도권을 장악하려는 정치적 욕구가 존재합니다. 사이보그 개발도 사실 냉전시대 미국과 소련의 우주 개발 경쟁이 본격화한 것임을 되돌아볼 필요가 있습니다.

사회자 여하튼 두 분 모두 현대를 기술과학의 시대이자 인간의 몸마저도 기술과학과 결합된 시대로 본다는 점에서는 일치하는군요. 그렇다면 구체적으로 우리 문명의 어떤 단면들에서 기술과학과 몸의 결합이 잘 드러난다고 보시는지요?

해러웨이 지금 우리들 자체가 사이보그죠. 우리가 토론하는 이 스튜디오, 휴대전화, 자동차 등등. 이러한 도구들은 모두 우리 몸의 기능을 확장해주는 것입니다. 스튜디오의 녹음 시스템은 기억의 확장이고, 휴대전화는 소통의 확장이며, 자동차는 이동의 확장이죠. 우리는 이런 도구들에 매개되어 있고, 그런 의미에서 사이보그입니다. 사이보그가 기계-유기체 합성체라고 하면 '뇌는 인간, 몸은 로봇'인 로보캅을 떠올리는데 그건 사이보그의 한 극단적 형태에 불과해요.

요나스 해러웨이 박사님, 사이보그 개념을 넓혀서 그 존재의 불가피성을 보여주려 하시는데요. 사실 우리가 일상적으로 사이보그라고 할 때는 도구와 매개된 정도가 아니라, 몸 자체가 기술의 대상으로 전락한 것을 떠올립니다. 이처럼 몸의 사이보그화를 도구에 의한 몸의 확장이 아닌 몸 자체의 도구화로 이해해야 사이보그의 문제점도 선명해집니다.

사회자 그럼 요나스 박사님, 특히 문제가 되는 사이보그는 어떤 것이라고 생각하시는지요?

요나스 단연 생명보조기구처럼 생사의 시간에 직접 개입하거나, 난자나 정자 공여 및 대리모 출산처럼 생식을 관장하거나, 유전자 조작처럼 자연의 생태적 균형에 균열을 일으키는 인위적 조절들을 말하는 겁니다. 사례는 각각 다르지만 모두 기술이 몸에 직접 개입하는 경우들을 말하는 거죠.

사이보그, 한계의 극복인가 실존의 제약인가

사회자 사이보그 개념을 넓게 잡든 좁게 잡든, 기술과학과 몸의 결합을 보여주는 사이보그 개념에 대한 논의는 이쯤에서 접고, 이제 본격적인 논의에 들어가도록 하겠습니다. 두 분은 기술과학이 몸에 개입하는 것이 정당한가 하는 점에서 상반되는 입장을 보이시는데요, 몸의 사이보그화를 옹호하거나 비판하는 핵심 논점을 각각 밝혀주시겠습니까?

해러웨이 무엇보다, 몸과 기술의 결합은 현대 문명에서 우리 삶의 체현의 한 양상이므로 피할 수 없다는 조건 때문입니다. 누구도 이러한 조건을 벗어날 수 없어요. 의료, 교통, 노동, 생식 등에서 육체가 기술의 도움으로 받는 이득을 생각할 때 꼭 벗어나려 할 필요도 없고요.

요나스 저 역시 약자를 돕고 고통을 줄이는 것과 같이 인간적 상황을 개선하는 데 도움을 주는 기술은 인정합니다. 자연이나 인간을 수단화하지 않는 방식, 즉 자연의 원리에 순응하는 방식의 농경과 의술로 인류의 행복을 증진시키는 것은 필요한 일입니다. 문제는 기술이 생식이나 생사 및 생태계의 항상성에 직접 관여하는 경우 기술 사용의 한계를 넘어선다는 것입니다.

해러웨이 과연 그럴까요? 일례로 생식에 관한 기술은 잘만 사용하면 인류, 특히 몸과 관련해 불평등한 위치에 있는 여성의 평등을 도모하는 데 이롭습니다. 생식과학에 의한 오이디푸스 가족 관념의 철폐는 가족을 다원화하고, 노동의 자동화는 성별 분업을 없애 개성적 노동으로 나아가는 교두보를 만들어줄 수 있어요.

사회자 해러웨이 박사님, 좀 어렵군요. 노동의 자동화가 기존의 성별 분업 체계를 무너뜨리는 데 유효하다는 점은 이해가 됩니다만, 오이디푸스 가족이란 무엇이고 생식기술이 왜 그것의 철폐에 기여한다는 것인지요?

해러웨이 생각보다 간단합니다. 한 번도 경험해본 적 없는 세계에 관한 얘기라 생경하게 느껴지는 거예요. 오이디푸스 콤플렉스란 프로이트가 일부일처제 가족에서 나타날 수밖에 없는 가부장적 상황을 언급한 겁니다. 하지만 생식기술 덕분에 이러한 제도 밖에서도 가족을 구성할 수 있다면 오이디푸스 콤플렉스가 인간의 본래적 심리가 아닌 시대적 산물로 상대화되고, 이것을 기반으로 한 성심리인 젠더가 아닌 다양한 개성이 가능해질 것입니다.

요나스 말은 그럴듯한데, 실제로 누가 그런 기술을 필요로 한다는 겁니까?

해러웨이 예를 들면 싱글맘, 싱글파파, 동성애 커플 등에게 생식기술은 무의미한 공상이 아니라 삶의 일부로서 절실히 필요한 것들입니다. 이들에게 생식이 허용된다면 이성애적 일부일처제만이 아닌 여러 방식의 가족 형태, 나아가 삶의 형태들이 가능해질 거예요. 그리고 이는 결국 가부장제를 떠받치는 성역할 저장소인 여성성, 남성성이라는 이분법적 젠더가 아닌 다양한 개성을 가진 인간을 만들어낼 것이고요. 젠더 이분법에 충실한 인간에서 개성적 인간으로의 전환은 남성 중심의 서사에 바탕을 둔 문화가 아닌, 전혀 다른 가족관계들을 포용하는 데서 비롯되는 새로운 문화의 토대가 되어줄 것입니다.

요나스 저는 해러웨이 박사님의 의견과 달리, 기술 문명에 대한 그런 유토피아적 낙관이야말로 위험하다고 생각합니다. 기술이 생식에 관여하는 것은 인간의 이기심과 근거 없는 낙관에서 비롯된 것으로 부작용만 낳을 뿐입니다. 인간의 몸과 결박된 죽음, 행위, 생식이 인간의 필연이 아닌 통제의 문제가 되면 더 근본적으로는 인간 실존의 한계 인식으로부터 오는 많은 것을 잃게 될 것입니다.

사회자 인간 실존의 한계 의식으로 요나스 박사님이 의도하시는 바가 뭐죠?

요나스 제가 인간 실존의 한계 의식으로 의미하고자 하는 바는, 인간이 그가 처한 자연적 조건을 받아들일 때 생겨나는 인간만의 고유한 의식입니다. 생식, 유전, 죽음 등은 인간의 자연적 조건이고, 인간은 이러한 조건을 받아들일 때 비로소 자신이 누구이고 어떻게 사는 것이 올바른 것인지 진정한 성찰을 할 수 있어요. 이러한 맥락에서 볼 때 자연의 흐름을 끊거나 그에 역행하면서 오직 인간 종을 위해 자연에 조작을 가하는 행위는 위험천만한 일입니다.

사회자 요나스 박사님! 생식 이외에 죽음과 유전도 언급하셨는데요, 죽음과 유전은 기술과 어떻게 연관되는지 좀더 자세히 설명해주시겠습니까?

요나스 인간 실존의 한계 의식을 낳는 조건에는 "죽음의 경고가 주는 삶에의 긴장 그리고 의지와 책임에 대한 인간적 차원"이 있습니다. 인간에게 청춘만 있다면 과연 어떻게 될까요? 그러면 더 이상 열심히 일하지도, 삶을 의미 있게 살려고 노력하지도 않을 거예요. 또 삶의 질이 유전자로 결정된다면 어떻게 될까요? 자기 몸의 미래를 상당 부분 예측한다 한들, 그것이 그 사람의 실존적 잠재성까지 설명해줄까요? 도리어 인간의 변화를 고려하지 않은 유전자 맹신은 삶을 예정된 것으로 보아, 할 수 있는데도 하지 않는 식으로 의지를 꺾고 말 것입니다.

해러웨이 저 역시 기술이 아무리 발달해도 인간의 실존을 대신하리라고는 생각지 않습니다. 그것은 그야말로 요나스 박사님이 싫어하시는 공상과학에서나 가능한 얘기죠. 좀더 실제적으로 접근해보면 생명연장 기술이라 해도 죽음의 한계를 인정하는 범위 내에서의 연장일 수밖에 없습니다. 또 유전자에 근거한 미래 예측도 몸을 기반으로 한 몇 가지 병리적 차원에서밖에는 해당사항이 없고, 그나마도 환경적 요인들을 변수에 넣어야 해서 자신의 유전자는 곧 자신의 미래라고 맹신하지는 않을 겁니다.

사이보그 권력 지형 안에서 우리의 선택

사회자 실제로 2차 세계대전 이후 우리는 기술과학을 낙관하기엔 너무나 파괴적인 결과를 목격했습니다. 이런 측면에서 해러웨이 박사님, 몸과 기술의 결합이 놓여 있는 권력의 지형을 어떻게 보시는지요?

해러웨이 저 역시 몸의 사이보그화가 언제나 좋은 방향으로 가리라고는 보지 않습니다. 사이보그와 관련된 것도 개발과 유통에서 자본과 제도로부터 자유로울 수 없기 때문이죠. 실제로 유방암 치료 목적으로 쥐에게 유전자를 이식한 앙코마우스는 다국적 기업인 듀퐁의 특허 받은 상품이 되었어요. 자본주의적 상품화 기제 안의 몸의 대상화가 쥐와 같은 동물에게만 행해지리란 보장은 없죠. 게놈 프로젝트에 투자한 회사들의 인간 유전자에 관한 '지적 재산권'은 그 지식을 제공한 당사자이자 의료 등의 목적으로 그 기술을 필요로 하는 인류의 보편적 인권과 경쟁하게 될 것입니다.

요나스 해러웨이 박사님께서 스스로 그런 측면을 짚어주시다니 의외입니다.

해러웨이 〈사이보그 선언〉을 발표한 이후 기술과학의 맹목적 추종자로 오해받고 있는데 좀 억울합니다. 저 역시 과학에 대한 비판적 수용의 입장을 취하고 있습니다. 다만, 기술과학에 대해 밖에서 비판만 하지 말고 그것이 실행되는 장으로 들어가 이전과는 다른 차이를 만들어내자는 것이지요. 다시 말해 비판적으로 접근하되 좋은 점까지 버리지는 말고, 또 좋은 방향으로 가도록 유도해야 한다는 거죠.

사회자 예, 그렇군요. 하지만 어떻게 이른바 '좋은' 기술을 만들어낼 수 있을까요? 몸과 기술의 결합이 정당성을 얻으려면 이 점을 설득할 수 있어야 할 것 같은데요.

해러웨이 문제는 우리 사회가 어떤 기술을 선택하는가 하는 점이지요. 저는 과학기술에 관한 보편적 객관성의 신화를 버리고 약자의 입장에서 상황적 지식에 입각한 선택이 중요하다고 봅니다. 이제 과학기술은 그것이 놓여 있는 지점, 즉 과학기술을 둘러싼 산업, 국가 간 권력, 그로부터 영향받을 시민들과의 연관 하에서 모순, 갈등, 문제 들을 대면하면서 이루어져야 합니다. 특히 그 사회 가장 약자들의 입장에서 과학기술 연구를 설계하고 진행해나가야 합니다. 그러기 위해서는 과학자들이나 기업 또는 국가가 과학기술을 독점하지 않도록 약자들의 목소리를 대변할 과학기술에 관한 토론 구조도 갖춰야 하고요. 이러한 관점과 방식을 잘 운용하면 몸에 관한 기술들을 충분히 좋은 방향으로 이끌어갈 수 있지 않을까요?

요나스 약자의 관점이라고 언제나 올바른 것이 아니고, 토론 구조를 갖는다고 해서 언제나 올바른 결정이 내려지지는 않습니다. 인류의 미래에 관한 문제는 특정 관점이나 토론보다는 더 근본적으로 도덕 원칙에 입각한 결정이 필요합니다. 근본적 도덕 원칙이란 어느 한 시대의 이익이 아닌, 인간 존재 자체의 생존에 관한 것이어야 합니다.

해러웨이 사이보그 자체가 인류의 복지에 기여할 수 있지 않을까요? 기술과학의 진보에 대해서는 의문을 제기하면서 왜 재앙에 대해서는 의문을 제기하지 않는지 의문입니다. 그렇게만 생각한다면 인류는 두려움 때문에 많은 것을 놓쳤을 거예요.

요나스 그때 그 인류는 누구를 말하는 것인가요? 인간의 몸에 관한 기술은 뭐든 지금 세대만이 아니라—물론 지금 세대에도 모든 집단에게 그 이익이 고루 돌아간다고 보지 않습니다만—다음 세대까지나 생태계 전체를 고려하는 것이어야 하는데 과연 그럴까요? 몸에 관한 기술, 특히 생명공학의 특성상 당대에는 그 득실을 판단할 수 없습니다. 그런 점을 고려할 때 인류의 미래를 담보로 하는 생명과 관련된 경우, 불확실한데도 낙관하는 '희망'보다는 조금이라도 불확실하면 저어하는 '공포'가 더 나은 윤리입니다. 아니, 공포라는 말에 부정적 어감이 있으니 생태계 전체와 그에 연관된 인류, 특히 미래의 인류에 대해 책임을 느끼는 태도라고 하는 것이 좋겠네요.

■■■■■ 1998년, 자신의 팔에 컴퓨터 칩을 이식해 일주일 동안 자신의 위치 신호를 컴퓨터에 전송하는 실험을 한 영국 레딩대학의 케빈 워릭 교수와 그의 아내. 그의 실험은 스스로가 사이보그가 되려는 시도였다는 점에서 세계의 주목을 받았다.

해러웨이 물론 그 희망이 지금 세대나 소수 기득권층에게만 보장되는 희망이라면 문제겠지요. 하지만 그 희망이 그 사회, 나아가 미래의 소수자들 입장에서 바라본 것이라면 어떻습니까? 모든 기술이 현재든 미래든 인종, 성, 민족에서 소수자 입장에 처한 집단이 갈망하는 것에 맞춰진다면, 그런 꿈은 꿔볼 만하지 않습니까? 몸에 관한 기술도 이러한 평등에 가장 가까운 척도에서 볼 수 있는 자들의 입장에서 기획된 것이라면, 기술과학과 사이보그화에 희망을 걸어도 좋으리라 생각합니다.

요나스 현실적으로 기술은 이미 자본의 이익 추구와 정치적 패권에 종속되어 있습니다. 이처럼 왜곡된 상황에서 소수자의 관점으로 생각하는 것이 가능할까요? 가능하다 해도 그러한 관점이 현실적으로 시장과 국회에서 힘을 발휘할 수 있을까요? 우리는 무엇이 좋을지보다는 무엇이 나쁠지를 더 구체적으로 상상할 수 있는 능력이 있습니다. 몸에 관한 기술들이 자본에 종속된 시대에 해러웨이 박사님의 전략은 지나치게 낙관적이에요. 의심스러울 때는 좋은 말보다는 나쁜 말에 더 주의를 기울여야 하는 법이지요.

사회자 우리는 몸과 함께 세상에 태어났고, 몸의 중지는 존재론적 사멸을 의미합니다. 그만큼 몸이 인간에게 중요한 것인데, 현대 사회는 우리에게 어떤 몸으로 살 것인가를 묻고 있습니다. 토론을 마무리하는 시점에 스코트 니어링Scott Nearing과 케빈 워릭이 생각나는군요. 두 분 박사님, 니어링과 워릭에 대해 알고 계시나요?

요나스 알다마다요!

해러웨이 예, 물론이지요.

사회자 니어링은 생태적 삶의 전형을 보여준 《조화로운 삶Living the Good Life》의 저자이자 환경운동가로, 평소 기계에 의존한 생명연장에 대해 비판적 견해를 보여왔습니다. 실제로 그는 기력이 쇠잔해지자 스스로 음식과 물을 끊고 죽음을 맞이했지요. 한편 워릭은 영국의 사이버네틱스 학자로 인류의 발전을 위해 한시적으로 부인과 함께 사이보그가 되었습니다. 자신의 신경과 기계장치를 직접 연결하여 전기 신호를 통해 외부와 커뮤니케이션하는 식으로 말이죠. 두 분은 어떤 삶을 살고 싶으신지요?

해러웨이 워릭처럼 몸의 자연성을 넘어 사이보그로 실존하는 것!

요나스 니어링처럼 몸의 자연성 안에서 유기체적 존재로 실존하는 것!

사회자 지금까지 몸이 기술의 대상이 되어도 좋은가, 라는 주제를 갖고 토론을 해보았는데요, 두 분 박사님 모두 기술의 위험성을 알고 있지만 그럼에도 몸과 기술의 결합을 수용하느냐 거부하느냐의 관점에서 차이를 보이는 토론이었습니다. 박사님들의 토론을 지켜보면서 시청자 여러분도 어떤 몸으로 살 것인가에 대한 실존적 결단을 해보는 시간이 되었기를 바랍니다.

더
읽어야 할 자료

책

■ 브루스 매즐리시, 김희봉 옮김, 《네번째 불연속 - 인간과 기계의 공진화》, 사이언스북스, 2001.
  인류 역사상 존재했던 거대한 의식의 변화, 즉 불연속적이라고 보았던 것들의 연속성을 다룬다. 인간과 기계의 연속성을 밝힌 부분이 흥미롭다. 인간과 기계, 자연과 기계의 이분법에 문제를 제기하면서 기계도 인간 진화자연 진화의 일부분임을 보여주려 한다.

■ 스코트 니어링·헬렌 니어링, 류시화 옮김, 《조화로운 삶》, 보리, 2000.
  산업사회의 고속 성장과 대공황의 침체 속에서 한 부부가 선택한 시골에서의 대안적 삶을 다룬 책이다. 남편인 스코트는 죽음이 가까워 오자 스스로 식음을 끊고 죽음을 맞이하는데, 생명 연장을 꿈꾸는 사이보그 시대에 육체적 한계를 받아들이는 이 선택의 의미를 생각해 보게 한다.

■ 케빈 워릭, 정은영 옮김, 《나는 왜 사이보그가 되었는가》, 김영사, 2002.
  인공두뇌학과 교수인 저자가 1998년과 2002년 두 차례에 걸쳐 자신과 아내의 몸에 전자 칩을 이식해 사이보그가 된 경험을 담았다. 저자는 유기체의 사이보그화가 이제 현실이 되었고, 생각만큼 두려운 것이 아님을 보여준다. 사이보그에 대한 비판적 논의들에 맞서 실제적 사례를 통해 낙관적 전망을 전달하려 한 점이 흥미롭다.

■ 한스 요나스, 한정선 옮김, 《생명의 원리》, 아카넷, 2001.
유전공학의 발달로 생명에 관한 새로운 발견과 모험이 이어지는 시대에 생명에 대한 근본적 성찰을 담은 책이다. 사이보그라는 주제와 관련지어 볼 부분은 저자가 기계로 대치할 수 없는 생명의 특성을 짚어내는 지점이다.

영화

■ 앤드류 니콜, 〈가타카〉, 1997.
유전자 조작으로 계층적 우생학이 실현되는 미래 사회에 자연 임신으로 태어난 한 청년의 좌절과 꿈을 다룬 영화이다. 주인공 빈센트는 심장에 결함이 있지만 우주항법사가 되고자 고군분투한다. 기술이 인간의 삶을 결정하는 상황에서도 자신의 전부를 거는 인간의 실존적 태도가 갖는 힘에 대해 생각해보게 한다.

■ 제인 앤더슨·마샤 쿨리지·앤 헤이시, 〈더 월 2〉, 2000.
레즈비언 커플에 관한 세 편의 에피소드로 이루어져 있다. 이 중 아이를 갖기 위해 레즈비언 커플이 정자은행을 찾는 이야기는 사이보그와 관련해 주목할 만하다. 생식기술이 생물학적 가족과 구분되는 새로운 가족을 가능하게 하지만, 다른 한편으로 생식기술조차도 일부일처제적 '정상 가족'만을 가족으로 인정하는 사회적 시선을 넘지는 못함을 동시에 보여준다.

| 글쓴이 소개 | 게재순 |

연효숙

청소년 시절, 이유 모를 불안과 끝없는 생각 때문에 철학 공부를 시작한 이래, 이보다 더 좋은 선택이 있을 수 없어 아직도 철학에 흠뻑 빠져 산다. 일상적으로는 자주 우울과 허무의 늪에서 허우적거리지만, 개인의 사소한 삶이 즐겁고 활기찰 수 있는 새로운 공동체의 삶을 늘 의욕적으로 희망한다. 차이, 욕망, 시간, 기억, 생명, 소수자, 여성 문제에 귀를 쫑긋 세우고, 이에 대해 글도 쓰고 강의도 한다. 언젠가는 모든 것을 훌훌 털고 유유자적 살아갈 날을 기대하고 있다.
《생각하고 토론하는 서양 철학 이야기 3》, 《철학으로 과학하라》(공저) 등을 썼고, 〈차이의 존재론과 그 여성주의적 함축〉, 〈헤겔, 스피노자, 들뢰즈의 욕망론에 대한 한 해석〉, 〈헤겔과 들뢰즈에서의 기억의 형이상학과 주체의 문제〉, 〈들뢰즈, 가타리의 소수적 여성주의〉 등의 논문이 있다. 연세대학교에서 〈헤겔에서의 노동과 목적론〉으로 박사 학위를 받았다. 아주대학교 인문과학연구소 연구교수를 지냈고, 현재 연세대학교 인문학연구원 전문연구원으로 있다.

이정은

나는 어렸을 때부터 사람들이 끊임없이 충돌하고 싸우는 것에 예민하게 반응했다. 왜 그렇게 싸워야 하는지가 늘 궁금했고, 그것이 불만스럽기도 했다. 이유를 찾는 과정에서 사람들은 자신이 잘났다고 생각하며, 타인에게 인정받고 싶은 욕구가 충돌을 일으킨다는 것을 알게 되었다. 인정 욕구는 여러 변형 욕구로 나타나기에 그와 관련된 공부를 하고 싶어 연세대학교 철학과에 입학했고, 이후 동 대학원에서 헤겔 철학으로 석사 및 박사 학위를 받았다.

박사 논문은 〈헤겔 대논리학의 자기의식 이론〉이고, 인정과 관련하여 《사랑의 철학》, 《사람은 왜 인정받고 싶어하나》를 출간했다. 그밖에 헤겔 종교철학, 법철학, 여성철학과 관련하여 다수의 논문과 공저가 있다. 현재 연세대학교에서 강의하고 있다.

김세서리아 이 땅의 여성들이 억압받지 않고 살아갈 날을 꿈꾸며, 그 꿈을 현실화하기 위한 여성주의 이론을 모색하고 있다. 성균관대학교에서 동양철학을 공부했고, 유가철학의 실체화 과정이 유교적 여성관에 어떻게 영향을 미쳤는가를 연구한 논문으로 박사 학위를 받았다. 이후 지금까지 동양철학적 사고를 바탕으로 한 여성주의 이론을 구성하는 데 주력하고 있다.

현재 성신여자대학교 연구교수로 재직 중이며, 한국여성철학회와 한국철학사상연구회 여성과 철학 분과 등에서 활동하고 있다. 《동양 여성철학 에세이》는 나의 관심이 집결된 대표적 성과물이며, 그밖에 다수의 논문과 저서 및 공저 등이 있다.

박영균 왜 그랬는지 모르지만 나는 언제나 일상의 고통과 고뇌를 짊어지고 살아가는 사람들의 삶에 항상 관심이 많았다. 특히 사람들의 삶을 왜곡하거나 생명력과 자유를 억압하는 기제들에 늘 분노가 일었다. 그래서 철학을 했는지도 모른다. 철학은 언제나 현실과 호흡하고 생명의 무한한 잠재력을 일깨우는 역할을 해야 한다고 믿기에 사회정치철학을 전공했다. 이런 관점에서 한때 기술철학에도 관심을 가졌으며, 지금도 현대 문명의 핵심을 파헤치기 위해서는 기술철학을 해야 한다고 믿는다. 그동안 펴낸 책으로 《칼 마르크스》, 《맑스, 탈현대적 지평을

걷다》 등이 있으며, 그밖에 다수의 논문이 있다. 현재 건국대학교 HK교수로 재직 중이다.

김택중 나이로 치면 이른바 386에 속하지만 본의 아니게 모라토리엄 상황이 길어져 또래에 비하면 철이 없다는 생각을 하며 산다. 휴전선 가까이에서 졸병으로 복무하다 서른 살에 병장으로 전역했고, 한때는 집안의 전통인 십자가의 보혈을 신봉했으며, 또 한때는 환자를 돌보는 의사이기도 했으니 대한민국에서 보수주의자로 살아갈 기본조건을 골고루 갖추었다고 자처한다. 물론 여기서 '보수주의'란 글자 그대로 변화라면 일단 거부감부터 갖고 보는 필자의 일상에서의 단순 경향을 가리킬 뿐이다.

인제대학교 의과대학 의학과를 졸업했고, 현재는 동 대학교 의과대학 인문의학교실의 연구강사로 있으면서 박사학위 논문을 준비하고 있다. 의사가 되기까지 우여곡절이 있었던 까닭에 자연히 한국 의사들의 역사적 정체성에 대해 학문적으로 관심을 가지게 되었고, 앞으로도 지속적인 연구를 진행해나갈 계획이다. 그밖에 의학에 대한 진화학적 접근 및 해석에 관심을 두고 있으며, 정신의학과 생물학, 종교학, 영화학에 대한 관심의 끈도 아직 놓지 않고 있다. 같이 쓴 책으로 《생명, 인간의 경계를 묻다》가 있다.

김상현 중·고등학생 시절, 나는 주로 독서실에서 공부했다. 공부보다는 시간을 때우고 밤늦게 집으로 돌아오던 그 길은 어린 마음에 삶의 고달픔을 더해주었다. 그 시절에는 별도 꽤 많이 볼 수 있었는데, 밤하늘의 별들을 보면서 이렇게 뇌까렸던 기억이 난다. '신은 왜 나를 이 모양으로 만들었을까?' 이후 아주 건방진 태도가 하나 생겼고,

그것이 오늘까지 이어져오고 있다. 그것은 신과 '맞장'을 뜨는 것이다. 맞장의 내용은 '도대체 이 온 세계의 비밀을 내가 알아낼 수 있을까'이다. 그 답을 얻기 위해 철학에 입문했고, 내가 지금까지 그나마 동의할 수 있는 대답을 임마누엘 칸트가 주었기 때문에 칸트 연구로 석사와 박사 학위를 취득했다. 칸트의 《판단력 비판》을 발췌·번역하고 해제했으며, 그 밖에 칸트의 미학과 형이상학에 대한 다수의 논문을 발표했다. 서울대학교 강의교수로 재직했으며, 현재 성균관대학교 등에 출강하고 있다.

신정순 지역감정의 골이 깊었던 내 어린 시절, 서울에서 광주로의 이주와 경상도 아낙네였던 내 어머니의 힘겨웠던 광주살이는 늘 내게 전이되어왔다. 그리하여 나의 화두는 늘 '한 개인으로서의 나 또는 그녀는 어떻게 하면 자유로울 수 있을까', 또 '그 자유가 나 이외의 다른 존재들타자을 배제하거나 억압하는 것이 아닐 수 있을까' 하는 것이었다.

그것이 계기가 되어 서강대학교 사학과에서 역사를 공부했고, 홍익대학교 대학원 미학과에서 〈아도르노의 미메시스를 통한 근대적 주체 반성〉으로 석사 학위를 받았으며, 박사 논문을 준비 중인 지금까지도 이 문제를 고민한다. 그런 와중에 철학 잡지 《이슈투데이》에 〈예술을 보는 눈〉을 연재했으며, 고교생을 위한 월간지 《논술 스펙트럼》의 집필진으로도 활동했다. 철학 시간에 읽는 명작 이야기 《철학을 만나면 즐겁다》를 공동 집필했고, 홍익대학교와 조선대학교에서 예술과 미학을 강의했으며, 현재 홍익대학교 입학사정관으로 활동하고 있다.

오지석 고등학교 다닐 때 국민윤리 시간에 살짝 맛본 철학에 마음이 가서 철학과에 입학했고, 윤리학이 뭔지 잘 몰라도 그냥 친숙해서 전공하고 있다. 좋은 선생님들과 동학들을 만나 귀동냥하다가 어쩌다 보니 강의도 하고 있다. 요즘에는 명말청초에 중국에서 활동한 예수회 전교사들의 책들 서학서을 통해 동서양 윤리의 물림과 엇물림에 대해 고민하고 있다.

숭실대학교 한국기독교박물관에서 편찬한《한국기독교박물관 소장 기독교 자료 해제》작업에 참여했다. 〈한국교회 초기 혼인관에 관한 연구〉, 〈조선 후기 유교 지식인과 서학 윤리사상〉, 〈한국 기독교 윤리학, 그 처음 이야기〉 등의 논문이 있다. 숭실대학교에서 〈조선 후기 지식사의 서학 윤리사상의 수용과 이해〉이라는 주제로 박사학위 논문을 썼으며, 루터대학교에 출강하고 있다.

현남숙 나는 나답게 사는 것을 중요하게 생각하지만, 다른 한편 타인의 요구에도 꽤 민감하다. 이 두 가지는 자주 충돌하여 괴롭지만 간혹 수렴되는 순간, 즉 나와 타인의 변화가 동시에 경험되는 순간을 좋아하고, 그래서 그것이 지나간 후엔 늘 다시 그러한 순간을 꿈꾼다. 철학을 전공하지만 관심 분야는 여러 번 바뀌었다. 학부에서는 나와 사회의 관계, 석사 과정에서는 행위에서 마음의 작용, 박사 과정에서는 문화의 사회적 역할에 관심을 두었다. 관심사가 자주 변하는 것이 스스로 부담이기도 하지만 그런 관심의 모자이크가 나이려니 한다.

이화여자대학교에서 〈헤게모니와 문화적 실천-다원사회와 문화적 동의의 조건〉으로 박사 학위를 받았고, 〈여성주의 문화에서 감정의 중요성〉,

〈문화적 헤게모니와 동의의 조건〉, 〈여성, 사이보그 그리고 생태〉, 〈해러웨이-기술과학의 전략적 장으로서의 물질-기호적 몸〉 등의 논문을 발표했다. 현재 가톨릭대학교 교양교육원 초빙교수로 글쓰기와 토론을 가르치고 있으며, 여성과 문화 그리고 진정한 글쓰기에 관심을 두고 있다.